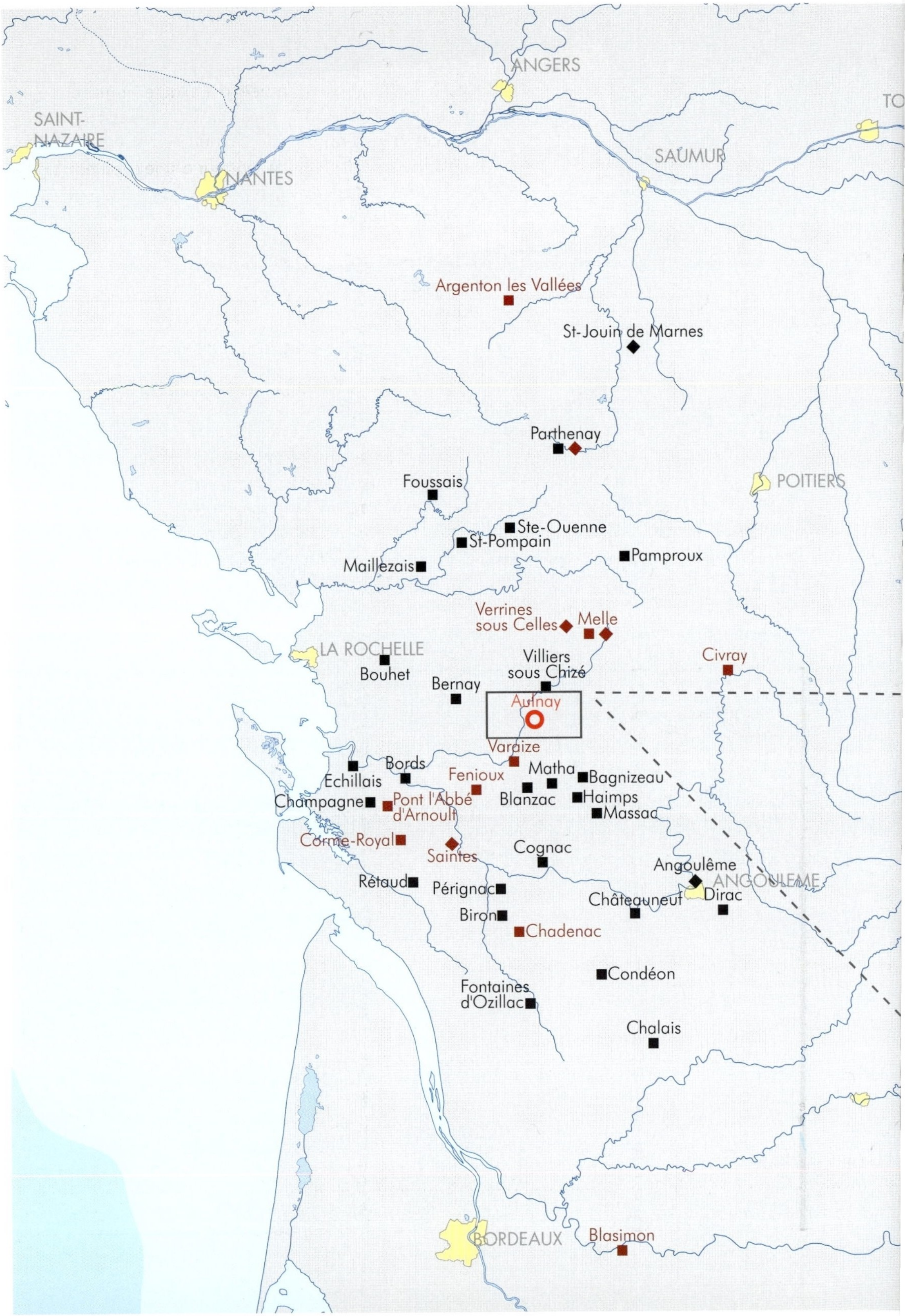

ANGERS
SAINT-NAZAIRE
NANTES
SAUMUR
Argenton les Vallées
St-Jouin de Marnes
Parthenay
POITIERS
Foussais
Ste-Ouenne
St-Pompain
Pamproux
Maillezais
Verrines sous Celles
Melle
LA ROCHELLE
Bouhet
Villiers sous Chizé
Civray
Bernay
Aulnay
Varaize
Echillais
Bords
Fenioux
Matha
Bagnizeau
Champagne
Pont l'Abbé d'Arnoult
Blanzac
Haimps
Massac
Corme-Royal
Saintes
Cognac
Angoulême
Rétaud
Pérignac
Châteauneuf
ANGOULÊME
Dirac
Biron
Chadenac
Condéon
Fontaines d'Ozillac
Chalais
BORDEAUX
Blasimon

Le réseau d'Aulnay

L'église d'Aulnay est située à l'exacte limite entre le Poitou et la Saintonge. Ses bâtisseurs ont puisé leurs sources d'inspiration dans les deux provinces. Ils ont édifié là un chef-d'œuvre, porteur d'une évolution significative de la sculpture romane, qui a rayonné loin vers le Nord et le Sud

Cette carte présente la plupart des lieux romans en lien avec Aulnay. Une partie de ces lieux sont évoqués dans ce livre.

Une église en questions ► 170

Rayonnement d'Aulnay ► 185

- ◆ Lieu source d'inspiration présent dans ce livre
- ◆ Autre lieu source d'inspiration
- ■ Lieu où l'on retrouve une influence d'Aulnay, décrit dans ce livre
- ■ Autre lieu où l'on retrouve une influence

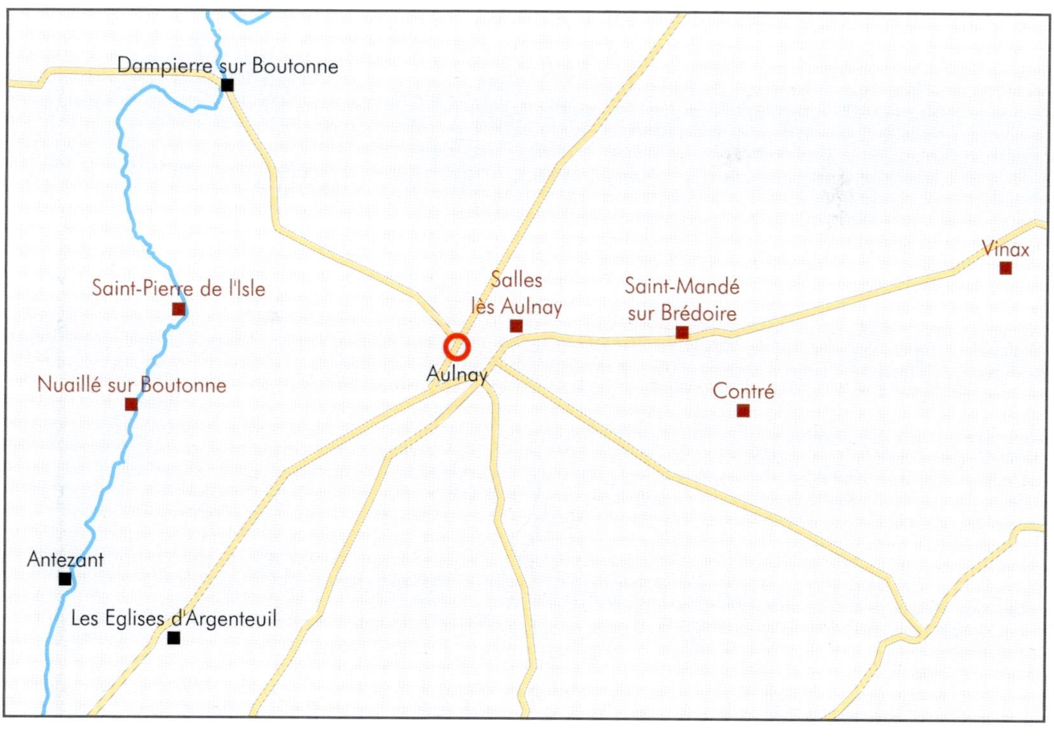

ISBN 978-2-916344-34-8
Dépôt légal avril 2009
www.editions-bordessoules.com.

Rémy Prin

textes et photographies

AULNAY

d'ombre et de lumière

préface :
Christian Gensbeitel

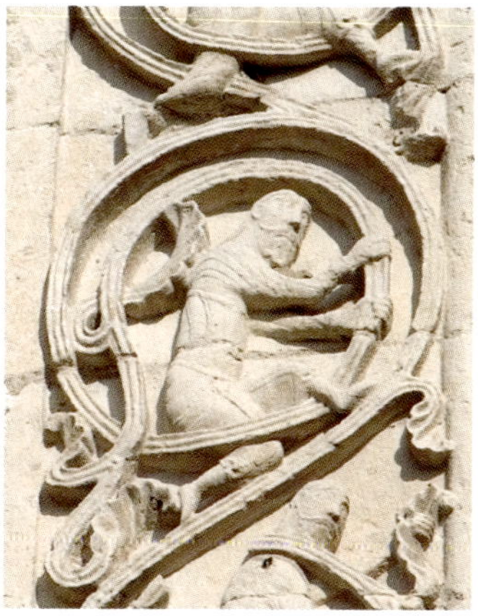

Un art roman d'exception

EDITIONS Jean-Michel BORDESSOULES

En couverture

- *Le monstre et le pygmée, quatrième voussure du portail sud*
- *Le chevet de l'église au matin*

◀***Page précédente***

- *L'homme dans les entrelacs du monde, fenêtre centrale de l'abside*

Page sommaire ▶▶

- *Les éléphants, chapiteau du bas-côté sud*

“ Le *local* est un bivouac à la lisière de l'universel ”

Jean-Claude Guillebaud
Le Commencement d'un monde
Seuil (2008)

A Jean-Michel, le sourcier de ce livre
et Monique, pour la veille et l'éveil

Préface

Préface

Parmi toute la gamme des possibles qu'il peut susciter, voici bien un livre que ce monument méritait… Saint-Pierre d'Aulnay est une œuvre hors du commun posée sur le rebord d'une frontière invisible aux confins du Poitou. Poitevin, donc, mais si saintongeais aussi, c'est un édifice qui conjugue le mystère le plus épais à la beauté la plus lumineuse. Si le scientifique demeure souvent perplexe devant le silence des textes et si l'on peine encore à trouver la place exacte qui revient à cette église majeure dans l'histoire de l'art, le poète a le privilège d'entrer en communication directe avec ce lieu d'exception. Quelle que soit la démarche, plus ou moins objective, que l'on peut suivre pour l'aborder, le sanctuaire d'Aulnay ne manque jamais de nous saisir par son superbe isolement et par la qualité presque irréelle de ses formes. Comme le rappelle fort justement Rémy Prin, par sa seule présence, l'église Saint-Pierre magnifie un site qui se fondrait autrement dans l'anonymat d'un paysage relativement austère. Comment parler d'une architecture qui représente la quintessence de ce que les bâtisseurs romans ont produit de plus abouti entre Loire et Gironde ? Comment aborder une construction qui à bien des égards frise la perfection ? Comment entrer en relation avec cette multitude d'images qui semblent façonnées par la pierre elle-même ? La perfection, le génie du lieu, la transcendance des formes... Autant de termes et d'expressions que l'historien de l'art hésite à employer, soucieux toujours de tenir à distance les émotions qui pourraient fausser la rigueur de l'analyse. Mais c'est à bon escient qu'ils trouvent ici leur place, autour des magnifiques photographies de l'auteur, fruits d'une quête patiente, presque amoureuse, pour apprivoiser cette beauté rude et énigmatique.

Rémy Prin est cet amoureux des belles choses et esthète des mots qui sait faire parler les pierres. Il n'en est d'ailleurs pas à son premier dialogue avec l'église Saint-Pierre, qu'il a abordée par le biais d'une production informatique voilà quelques années. Il y faisait déjà chanter les pierres romanes, mais ce ne devait être qu'un coup d'essai, dont le présent ouvrage apparaît comme la concrétisation. Il nous offre ici une approche sensible et globale assortie d'une mise en évidence exhaustive des moindres détails de ce monument, le tout porté par une langue poétique et une réflexion nourrie d'une profonde érudition. Car jamais le poète ne cède à la facilité, et en cela, il mérite pleinement le titre d'amateur, au sens le plus noble de ce terme. S'il n'a pas la prétention d'apporter des réponses à toutes les questions scientifiques que pose encore ce chef-d'œuvre de l'art roman, il sait enrichir ces interrogations par une ouverture culturelle dont le dilettantisme apparent cache une immense curiosité encyclopédique. Il sait d'ailleurs apporter une synthèse rigoureuse des écrits les plus savants, qu'il nous offre non pas comme une rapide introduction, mais comme un complément indispensable à ses propres questionnements. Il n'omet pas non plus, dans le prolongement des observations des historiens de l'art, d'évoquer le rayonnement de la sculpture d'Aulnay dans ses environs immédiats évidemment, mais aussi dans toute la Charente-Maritime actuelle, et jusqu'en Gironde. En se défiant de la tentation de l'ésotérisme bon marché, en échappant au lyrisme éthéré autant qu'à la sécheresse académique, Rémy Prin a su trouver le ton juste pour nous emmener à la rencontre de ce haut lieu de l'art et de la spiritualité du Moyen Âge, en toute simplicité.

Christian Gensbeitel
Maître de conférences en histoire de l'art du Moyen Âge
Université Bordeaux 3 – CNRS UMR 5060/ IRAMAT/CRPAA

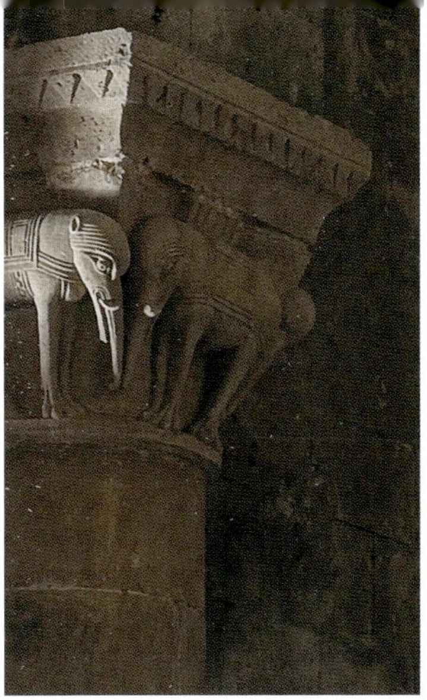

Sommaire

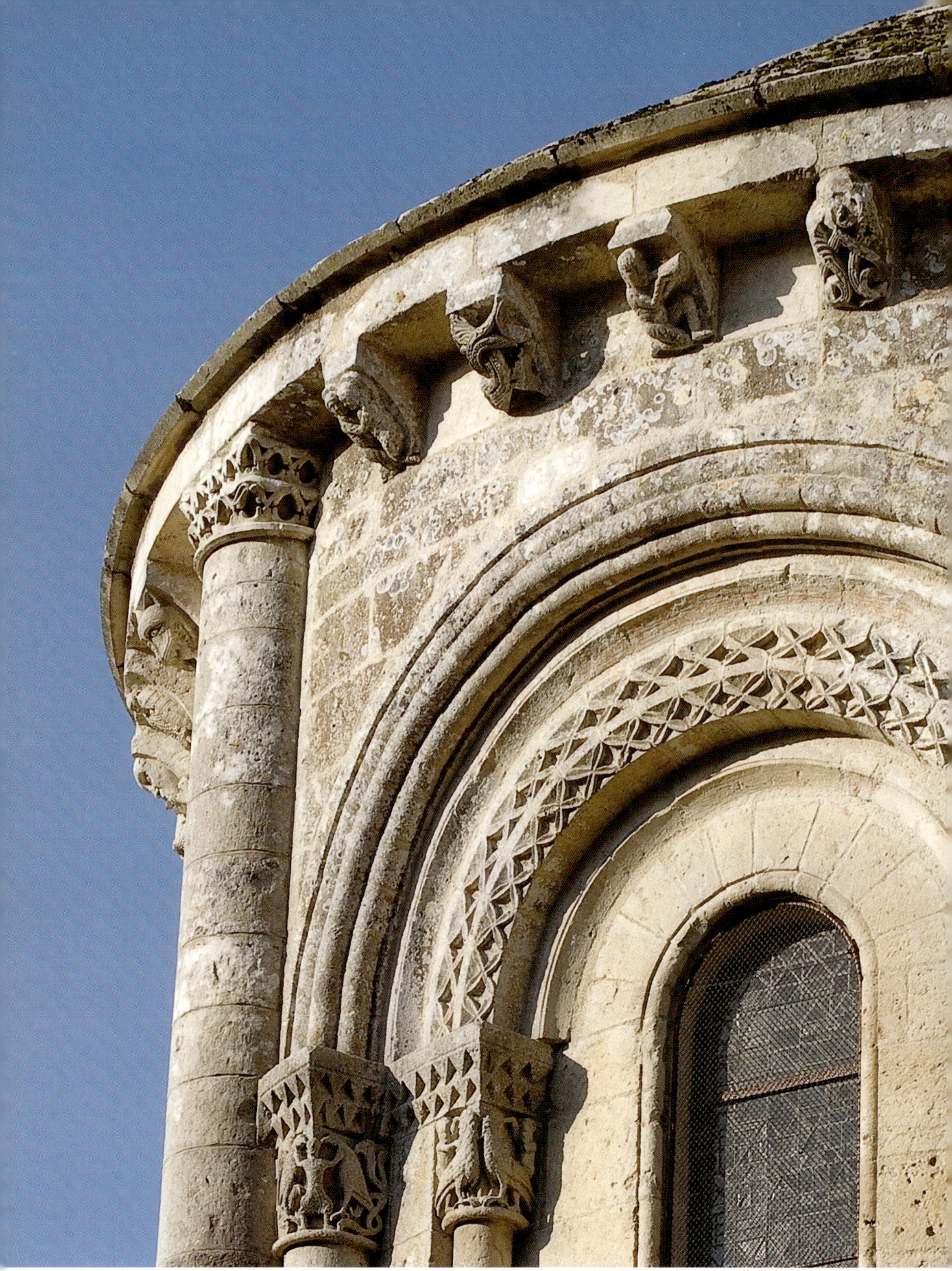

Partie de l'abside, au soleil du matin
Au seuil de la rosée boire l'alliance des courbes de lumière, des signes, des images, acquiescer à la beauté du monde

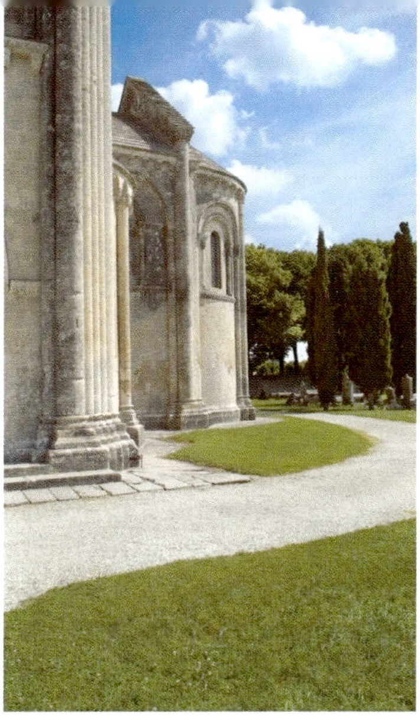

Colonnes du transept sud et du chevet
Sur l'allée, les pas du voyage
le corps dans le dialogue
des pierres qui s'élèvent

Certains lieux...

Certains lieux, quand vous les approchez, vous touchent d'évidence. Comme si de se retrouver là, en écho avec le paysage, le patrimoine, l'œuvre des hommes et du temps, c'était d'abord se réconcilier avec soi-même.

L'église romane d'Aulnay de Saintonge est de ces lieux d'exception qui vous font un peu différents une fois que vous les avez parcourus. Expérience de rencontre d'abord, comme on pourrait le dire de la totalité du partage d'un visage aimé. Dialoguer avec les pierres romanes d'ici, c'est d'un même mouvement puiser dans une lumière qui ne s'épuise pas, respirer mieux parmi les courbes et les volumes qui donnent à voir l'espace autrement, et se laisser porter aussi par ce chant des sculptures bientôt millénaire qui vous charme et vous questionne à la fois, dans une acuité renouvelée pour aujourd'hui.

Tout art ne vaut que par la plénitude de la rencontre qu'il suscite et la part de mystère en même temps qu'il creuse en vous. Parcourir Aulnay, c'est ainsi éprouver corporellement un lieu, s'en abreuver, et puis au-delà de l'émotion puissante, tenter de le situer, de le comprendre, de nous comprendre à travers lui. Comme après le premier regard amoureux, ce qu'on cherche de cohérence pour créer un parcours en commun.

C'est un matin de mai, tôt dans le bleu, dans le frais du jour, vous êtes au chevet, devant les courbes des fenêtres et les courbes de lumière, vous dites : " Je suis venue ici par hasard il y a deux ans... j'avais besoin de revenir ". Un long silence et votre regard qui se promène sur les pierres, puis qui revient " Comment on peut dire cela, c'est la beauté du monde ? "

C'est plus tôt dans la saison et le matin toujours, vous êtes devant le portail sud dans l'ombre encore, votre guitare sur le dos et votre jeunesse de pèlerin barbu en bandoulière. Je vous vois fasciné par les figures. Je m'approche, je trouble votre regard. Vos yeux doux sur moi, et ce mot seul soudain avec votre accent d'une lointaine langue " Merveille... " – et vous partez timidement, vos pas dans le gravier, vos yeux à nouveau vers le haut, quêtant dans les pierres l'inoubliable.

Ou c'est dans la mémoire, ce souvenir d'amis nous disant que " toujours, oui, on fait un détour quand nous passons à moins de cent kilomètres, depuis quinze ans... "

Sait-on bien ce qui fait la puissance d'un lieu ? En ces confins de la Saintonge et du Poitou, le paysage n'est pas grandiose et le site lui-même, à première vue, peut sembler modeste. Tout ici ou presque est à portée de main, de regard. Mais c'est peut-être cette modestie apparente qui crée l'échange, à hauteur d'homme. Et, pas à pas, peu à peu, la magie opère, de ces pierres, de ces images et de leur lumière, l'église comme un grand corps de femme vous prend avec elle, vous enveloppe à peine, vous protège. Elle vous mène en voyage, profondément, au cœur du temps tout autant qu'au cœur de vous-mêmes.

Il n'est pas étonnant que ceux qui viennent à Aulnay, s'ils le peuvent y reviennent. Ce que les hommes ont bâti là au XIIe siècle tient de l'exception, d'un équilibre précaire entre une harmonie simple mais puissante de l'architecture et la profusion luxuriante des sculptures. Et ces figures de pierre disent à la fois le Moyen Âge et le temps d'aujourd'hui : le message de paix, proprement religieux, y côtoie un monde d'une extrême violence, et les scènes de l'imaginaire médiéval renvoient dans leur parcours une telle plénitude d'humanité qu'elles nous offrent comme une sorte de permanence, un miroir de nous-mêmes.

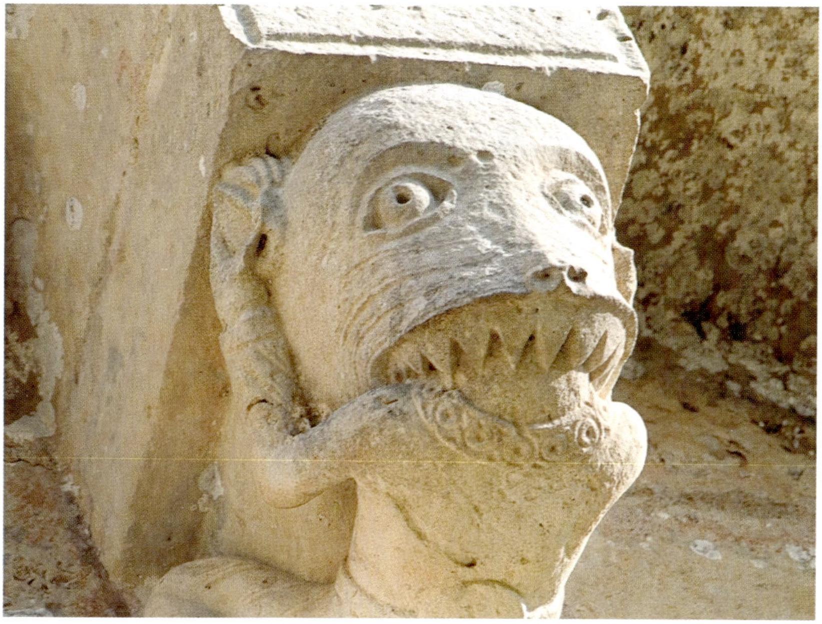

Absidiole sud, troisième modillon, un monstre engloutit un personnage

L'homme tient à bras le corps
cette hantise qui le dévore, qui le dissout

C'est donc à un voyage multiple que vous convie ce livre. Voyage d'abord dans l'enclos si particulier d'Aulnay et dans l'espace des formes, cet équilibre dont l'exactitude d'emblée vous touche. Voyage du religieux où l'architecture et la sculpture se mêlent pour élever l'âme, voyage du bestiaire et ses fantasmes, de l'imaginaire, voyage creusé dans l'espace d'un lieu, son architecture, son décor, dans son rayonnement aussi – qui fut grand – vers d'autres territoires.

Voyage dans le sensible et l'intelligible à la fois, qui mène comme un dialogue intime entre les images et les mots, entre les mots qui décrivent et ceux qui portent au rêve. Voyage truffé d'images, d'*ymages* même, tant l'art roman est à l'émergence de ce mode de représentation que l'Occident portera à son paroxysme.

L'entrée des Ymages ► 41

Au Moyen Âge, l'ymagier – le faiseur d'ymages – désigne le sculpteur

Certains lieux semblent s'offrir inépuisables à notre quête d'humanité. Le patrimoine qui a traversé les siècles ne vaut pas d'abord comme mémoire, mais comme viatique pour demain, comme bagage pour les voyages à venir, matériau pour les mondes à construire, au cœur de nos incertitudes et de nos espoirs d'aujourd'hui.

C'est peut-être pourquoi, au long d'un de ces chemins de Compostelle qui traversent l'Europe, Aulnay est un patrimoine d'humanité. Parcourir ce lieu, c'est y puiser, comme on le fait parfois dans les rêves éveillés de l'enfance, autant d'émotion que de mystère, autant de savoir que de questions, dans le bonheur éperdu de la lumière sur les pierres.

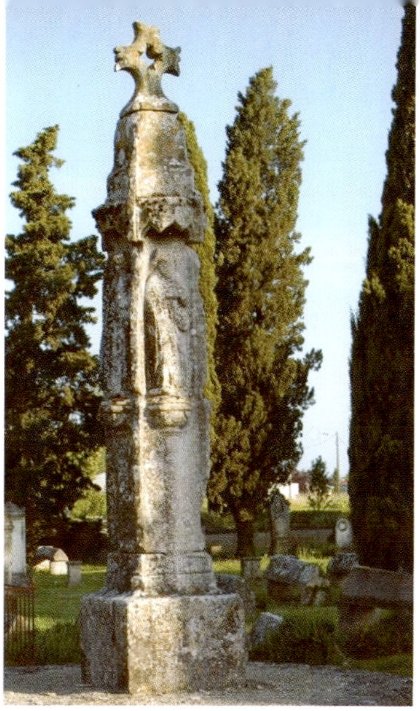

Sur la croix hosannière (XVe siècle), la statue de saint Jacques fait face à l'église

Terres qu'on traverse
sur le chemin,
un lieu, des arbres
et puis l'on passe

Terre de limites, terre de passage

Si vous venez du nord aujourd'hui, de Poitiers la grande ville ou d'étapes plus proches comme Lusignan, Melle ou Brioux, à peine sentirez-vous le changement du paysage, les bois moins clairsemés dont le vent souligne les contours au versant des collines, l'insensible montée – quelques dizaines de mètres et l'air à peine semble plus vif. Et juste avant d'arriver, rien ou si peu – la descente lente qu'on aborde, la brise plus douce, presque marine certains jours – vous fera deviner le site d'Aulnay.

Et si c'est en randonneur ou en pèlerin que vous abordez ce pays, le rythme des pas vous dira mieux peut-être la montée d'une solitude un peu sauvage, quand vous serez dans ce qu'on nomme aujourd'hui la marche boisée, où les champs et les bois alternent dans un relief aux si légères courbes. Et vous percevrez mieux, dans le balancement du corps, cette transparence plus marquée de la lumière, cette allongée des horizons comme si déjà on pressentait confusément la mer. Pas de prémices là non plus du site, sauf peut-être une vue fugace du clocher sur la ligne des blés. Vous venez, pourtant, de changer de pays.

un bout du monde

Si la *marche*, cette zone aux confins de deux territoires, est désormais gentiment *boisée*, c'était autrefois une forêt immense, la Sylve d'Argenson, qui séparait les Pictons des Santons, ces deux peuples celtes établis côte à côte dans cette région de la Gaule. Ce massif courait des rivages – ce qui est aujourd'hui le Marais Poitevin – jusqu'aux forêts de la Dordogne, marquant une frontière naturelle, dense, dangereuse, espace où rôdent des êtres menaçants, siège de forces obscures.

Si la forêt des Gaulois est déjà un univers qui terrifie, elle restera au Moyen Âge encore un monde étrange, imprégné de violence, mais aussi espace originel, sauvage, la nature par excellence, où l'on pourra dans la solitude rencontrer le divin si l'on se fait ermite, tout autant qu'y trouver refuge, si l'on se fait brigand.

" ... un espace submergé par les symboles et les passions, la forêt, équivalent occidental du désert oriental. "

Jacques Le Goff, *L'imaginaire médiéval* Gallimard (1991)

Le lieu qui deviendra Aulnay est situé au sortir de cette vaste forêt, ouvert au sud, et comme tel il peut revendiquer géographiquement l'appellation " de Saintonge " qu'il s'est donnée au début du XIXe siècle. Mais l'histoire le range dans l'autre pays, l'autre province, en Poitou. Les vicomtes d'Aulnay feront allégeance aux seigneurs de Poitiers, et ce sont des clercs poitevins qui feront bâtir l'église romane.

Terre incertaine, entre deux mondes, lieu d'interface dirions-nous aujourd'hui, il fut, très tôt pourtant, un lieu de vie.

une implantation de frontière

Au milieu du XIXe siècle, on met à jour, dans l'ancien pavement de l'église qu'on s'apprête à refaire, trois stèles funéraires de légionnaires romains, maintenant conservées au Musée Archéologique de Saintes. D'où proviennent ces pierres tombales ?

L'énigme n'est levée qu'en 1976, quand Jacques Dassié, un des pionniers en France de l'archéologie aérienne, découvre lors d'une campagne photo, l'emplacement d'un camp militaire, à cinq cents mètres environ à l'ouest de l'église.

Plusieurs campagnes de fouilles ont lieu jusqu'en 1992, qui fournissent une moisson abondante de renseignements sur l'architecture militaire du camp, et d'objets : pièces de monnaie, équipements militaires, verres,

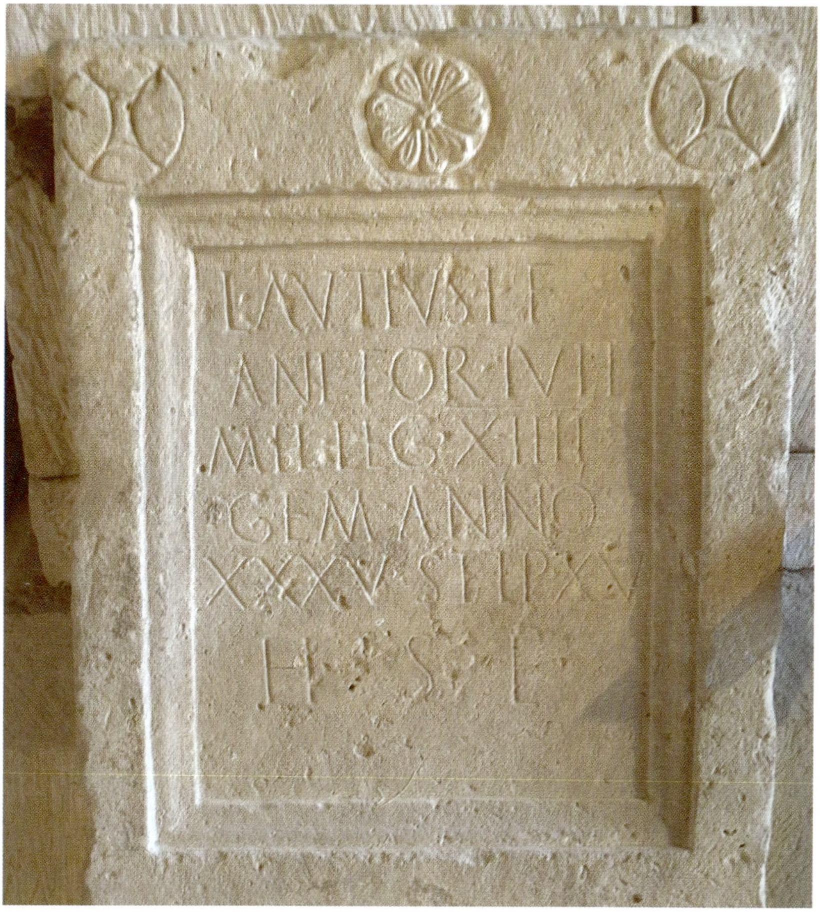

Stèle du légionnaire Lucius Autius, retrouvée au XIXe siècle, en pavement dans l'église (Musée archéologique, Saintes)
Après des siècles, la tombe devenue sol

La stèle de Lucius Autius

La stèle porte une inscription qui peut se lire ainsi :

" L*(ucius)* Autius, L*(ucii)* f*(ilius)*, Ani*(ensi)*, For*(o)*Iuli*(i)*, mil*(es)* leg*(ionis)* XIIII Gem*(inae)*, anno*(rum)* XXXV, stip*(endiorum)* XV, h*(ic)* s*(itus)* e*(st)* "

et se traduire :

" Lucius Autius, fils de Lucius, inscrit dans l'Aniensis, originaire de Fréjus, soldat de la quatorzième légion jumelle, âgé de 35 ans, après 15 ans de service, est enterré ici "

Pour plus d'infos...
Pierre Tronche,
Un camp militaire romain à Aulnay de Saintonge
Association d'Archéologie et d'Histoire d'Aulnay et de sa région (1994)

amphores, lampes, restes d'animaux... et un autel légionnaire dédié à la victoire militaire de Rome.
Le camp, implanté là aux dires des scientifiques dans les années 20 de notre ère, pouvait abriter près de deux mille hommes, en provenance d'après les inscriptions des stèles retrouvées, de légions de Mayence et de Strasbourg.
Ainsi, l'Empire romain, pour combattre sans doute les révoltes gauloises, décida de cette présence militaire, en frontière des pays des Pictons et des Santons. Présence bien provisoire : après dix ans tout au plus, les légionnaires rasèrent leur base et s'en furent combattre les Frisons rebelles, à l'embouchure du Rhin. Et la mémoire des hommes les oublia pour des siècles.

à la croisée des voies

Mais ces légionnaires étaient-ils seuls en ce lieu adossé à la grande forêt ? Sans doute pas. Ce qu'on nommera plus tard Aulnay est mentionné sur les plus anciens itinéraires routiers qui nous soient parvenus. L'itinéraire d'Antonin d'abord (IIIe siècle apr. J.-C.) cite *Aunedonnacum*, et la table de Peutinger qui couvre tout l'empire, *Auedonnaco*, entre *Mediolanum Santonum* (Saintes) et *Brigosium* (Brioux sur Boutonne).
Cette table montre Aulnay au croisement de deux voies romaines. L'une relie Bordeaux à Autun et passe notamment par Saintes et Poitiers. L'autre prolonge sans doute la voie d'Agrippa qui va de Lyon à Saintes.
Aux premières années de notre ère, Aunedonnacum est donc une halte, une étape pour ceux, peu nombreux alors, qui s'aventurent sur les chemins. Et vraisemblablement, une petite agglomération gallo-romaine a déjà pris corps ici. C'est en son sein, à l'écart du bourg actuel, que sera bâti le joyau de l'art roman qui va nous occuper dans les pages qui suivent.

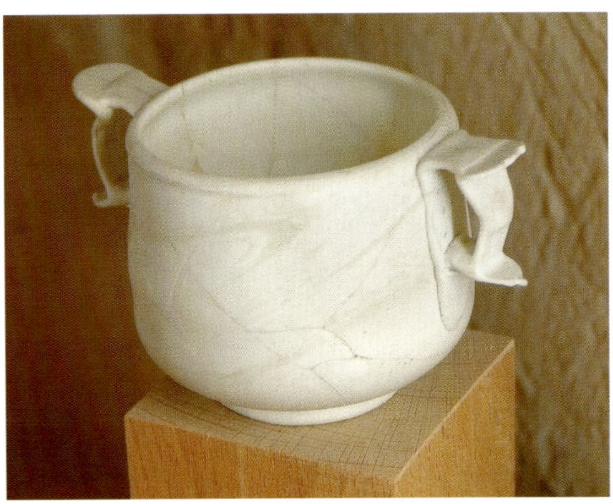

Skyphos, petit vase à boire en verre blanc laiteux, sans doute destiné aux officiers, camp romain d'Aulnay (Musée du Donjon, Aulnay)

Que dit vraiment la trace retrouvée et cet objet, à nouveau, né ?

Longtemps, on s'est posé la question du vocable de l'édifice – Saint-Pierre à la Tour. De quelle tour s'agissait-il ?
Deux sources écrites, en 1785 et 1850, mentionnent des vestiges de construction, dans la

prairie en contrebas, au sud de l'église. Dans la foulée de la redécouverte du camp militaire, une analyse sur site et des photos aériennes révèlent l'existence d'un temple celtique de grande ampleur dont la cella circulaire – la pièce principale – était entourée d'une galerie octogonale.

Ainsi, après une longue absence, la mémoire de ce lieu s'étoffait, l'agglomération antique d'Aulnay revenait à la surface de la terre, dans une proximité du bâtiment roman qui dit sinon une filiation, du moins un prolongement.

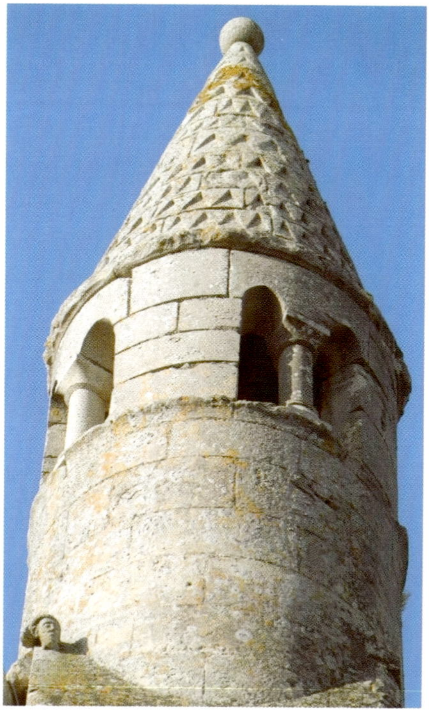

Lanternon, au nord de la façade ouest

Pour la lumière dans la nuit
du pèlerin qui va,
visage minuscule
dans le périple des pierres

Les pèlerins qui passent...

On le sait, le pèlerinage a été pour l'Occident cet " appel vers l'ailleurs " qui a mis en branle sur les chemins d'Europe de nombreux fidèles – gens de pouvoir, gens d'Eglise, modestes pénitents, aventuriers...

Au début du IXe siècle, on retrouve au lieu-dit le Champ de l'Etoile – *Campus Stellae* – en cette Galice de la fin des terres d'Espagne, une sépulture qu'on attribue à l'apôtre Jacques. Dès le Xe siècle, le pèlerinage à Compostelle prend son essor. Et au XIIe siècle, le *Liber Sancti Jacobi*, un manuscrit qui rend gloire au saint, contient en son cinquième livre un " Guide du Pèlerin ", écrit, dit-on, par Aymery Picaud un moine poitevin, et qui commence ainsi : *" Il y a quatre chemins, qui menant à Saint-Jacques... "*

Description des chemins donc, des pays traversés et des étapes. Aucune mention d'Aulnay en ce guide, mais Poitiers bien sûr, et Saint-Jean-d'Angély, et Saintes, lieux où l'on doit aller se recueillir devant des reliques. De Poitiers pourtant, après trois jours de marche et des étapes à Lusignan et Melle, le pèlerin en route pour la Galice arrivait à Aulnay, au soir tombé peut-être et guidé au sortir de la grande forêt par le fanal allumé aux lanternons de l'église à la Tour.

" Il faut aller voir aussi le chef vénérable de saint Jean-Baptiste qui fut apporté par des religieux depuis Jérusalem jusqu'en un lieu appelé Angely en pays poitevin... "

Guide du Pèlerin de Saint-Jacques-de-Compostelle
édité par Jeanne Vielliard
Vrin (1978)

Mis à part quelques grands noms, comme Guillaume X comte de Poitiers qui mourut à Compostelle, on connaît peu les pèlerins de ce temps, ni vraiment leur nombre, ni vraiment les chemins qu'ils empruntaient. Mais tout près d'Aulnay, des noms de villages – Curegousset, Gatebourse – témoignent encore des dangers de la route dans les zones ténébreuses des bois. Et la présence d'une aumônerie et d'un hôpital (au lieu-dit actuel L'Hôpiteau) atteste que sur le Grand Chemin, Aulnay fut une halte régulière.

Au XVe siècle, on érigea face à l'église, au milieu de ce qui devait être déjà un cimetière, une croix hosannière, qui servait pour l'office ou la fête des Morts. A côté des saints Pierre, Paul et Jean, est figuré saint Jacques, avec en bandoulière la besace du pèlerin, qui porte son regard vers le portail de la façade. C'est dire combien cette terre, après avoir été une frontière, fut un havre de repos pour ceux, nombreux, qui passaient.

Sans doute ce qui fait l'identité d'un lieu se construit dans la durée longue. Et sans doute reste-t-il ici, dans les regards des paysages, de l'habitat, ce peu de la frontière d'autrefois et beaucoup de sentiment du changement, du passage. Les chemins de Compostelle sont devenus en 1987 le premier itinéraire culturel du Conseil de l'Europe. Il suffit, à Aulnay d'abord, mais aussi dans les petits villages alentour, de consulter le cahier où dans les lieux romans chacun peut laisser en mémoire quelques mots : ils continuent de passer aujourd'hui, de toute l'Europe et de plus loin parfois, ceux qui s'enivrent de cette lumière qui soudain change le paysage, de cet air bientôt maritime et de ces pierres romanes qui racontent d'extraordinaires histoires.

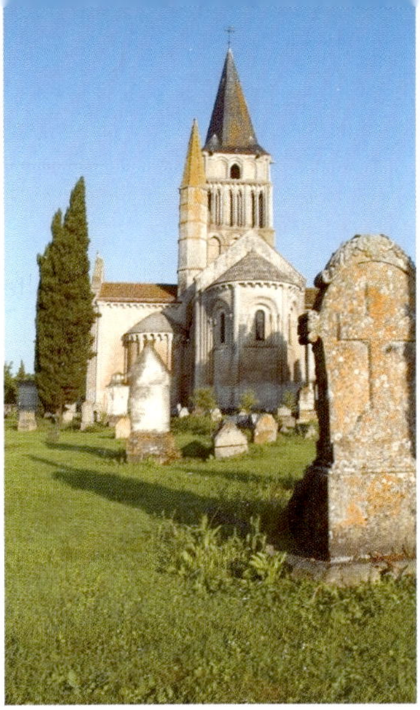

Tombes et chevet au matin
Dialogue, les premiers pas,
la première image
entre soi et les pierres

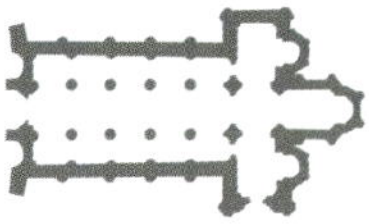

Le premier dialogue

C'est au matin, et si l'on peut dans les premiers moments du jour, qu'il faut venir à Aulnay pour la première fois. Les pierres sont comme des paysages ou des rencontres humaines, le premier regard fait l'empreinte, la trace initiale dans la mémoire, il vous irrigue tout entier, et pour longtemps.

C'est au matin qu'il faut venir car, comme toute église romane, celle-ci est orientée, littéralement, tournée vers le levant, offerte en quelque sorte à la lumière qui naît. Et la lumière, ici plus qu'ailleurs, joue avec les pierres tout au long du jour, elle les révèle, elle en dit sur elles un peu plus à chaque heure. Plus qu'ailleurs, car l'édifice est posé au milieu d'un enclos vaste qui donne à la lumière toutes ses aises, et à celle ou celui qui entre ici toutes les perspectives pour une découverte vraie et un partage.

Marcher

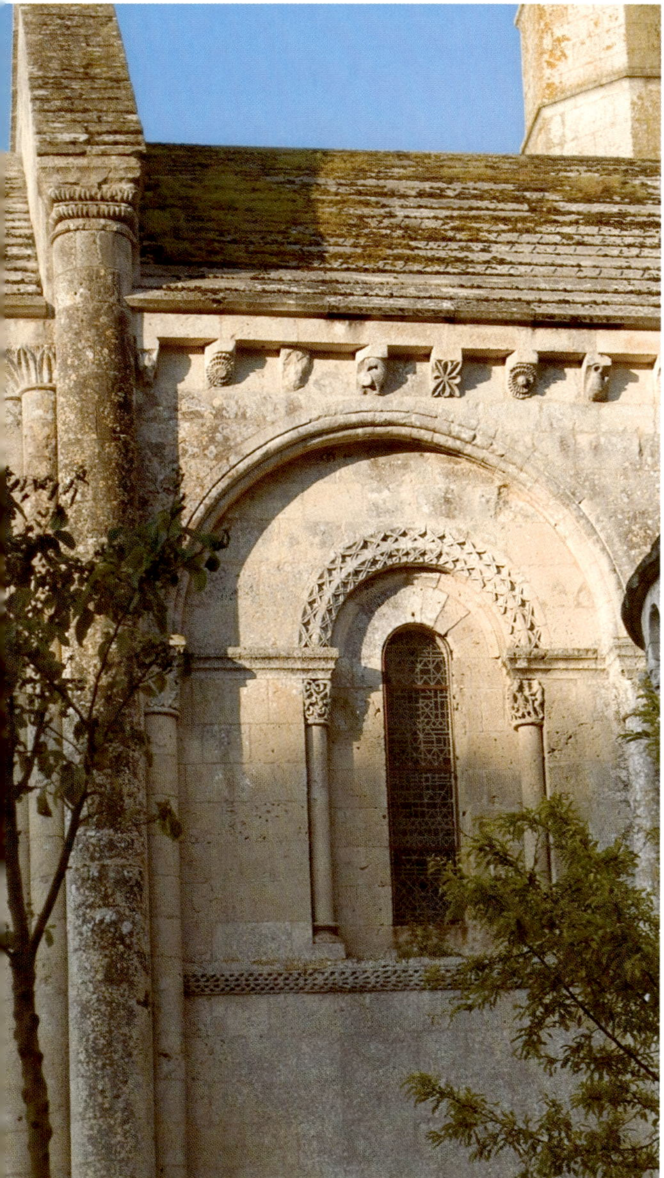

Imaginons. Vous entrez dans l'enclos, il est tôt et l'air est vif encore, vous allez vers le soleil. Si vous venez à la saison des jours longs, quand vous lèverez d'abord votre regard, ce sera peut-être pour cette fenêtre et cet arc au-dessus d'elle que l'ombre en se retirant dévoile, laissant dans la portée des reliefs sa musique d'ombre.

Et le soleil, lui, met dans l'évidence cette courbe si simple de la fenêtre romane, et son décor, et ses sculptures qui sont sur elle comme des appels au rêve. Tout cela se mélange dans une image, le corps s'arrête, il prend le temps de l'émotion qui le submerge. Peut-on dire vraiment cette harmonie d'Aulnay que tous ceux qui connaissent cet endroit ressentent ?

Toute première image appelle, quand elle fascine ainsi. Retenez pourtant votre désir d'approcher plus dans l'immédiat les pierres, d'entrer en elles. Marchez d'abord dans cet enclos d'Aulnay où vous venez d'entrer. Voyez la terre, encore embuée de rosée, et le trait sombre des cyprès, et ces vieilles pierres tombales disséminées sur l'herbe. Prenez le temps du dialogue, de la respiration, le temps des pas sur l'herbe, que le corps se fasse à l'espace.
Allez à l'est de l'enclos, tout au bout. Voyez, de là, le chevet de l'église, presque loin de vous maintenant et

Fenêtre et son arc, au nord de l'abside

Prendre en soi l'émergence, la naissance de la lumière, des pierres, des courbes sur le monde...

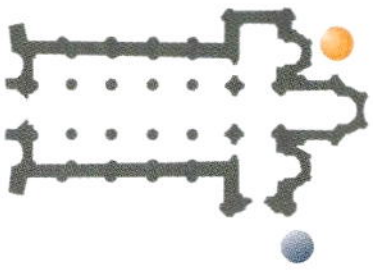

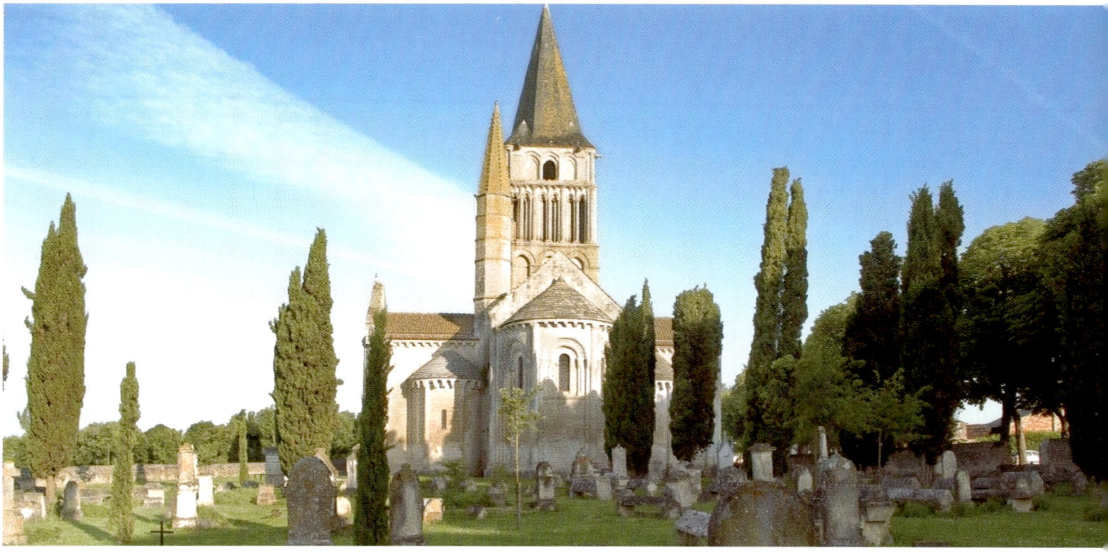

Le cimetière à l'est et le chevet, tôt un matin d'été

...et chercher encore, dans les pas, l'angle pour mieux voir, du dedans

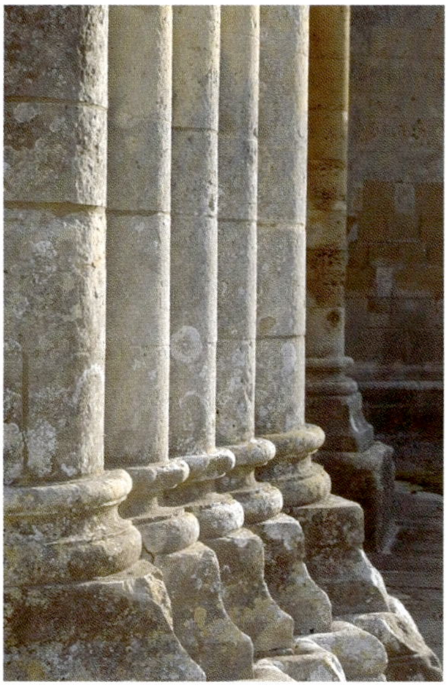

Base des colonnes du transept sud

L'édifice, profondément, dans la terre

que le soleil inonde, l'édifice comme au centre d'un vaste paysage d'arbres et de tombes emmêlées.

Marcher, se mouvoir, s'émouvoir... comme dans la rencontre amoureuse, il y a le lent périple du corps, le lent parcours des yeux tout autour. Ce qu'on voit de loin – l'élévation si exacte de l'édifice, si modeste presque au regard de ces tombes multipliées qui raturent la terre. Ce qu'on devine quand on s'approche, l'extrême assise d'un bâtiment comme ancré dans le sol, comme si ce qui se levait là avait eu besoin de racines profondes, dans les couches des roches comme dans la mémoire.

Découvrir, saisir au vol l'avancée perceptible de la lumière contre les colonnes du transept, et ce qui est encore un territoire d'ombre au midi – on voit à peine aux voussures du portail sud les invraisemblables monstres du bestiaire. Vous marchez, vous remplissez votre corps d'images, vos pas sur le gravier vous mènent vers l'autre bord, à l'ouest – façade plus sombre encore, et ce sont les tombes à nouveau qui vous appellent, touchées de biais fragilement par la lumière.

Voussure

Un des arcs qui encadrent le haut d'un portail. Le portail roman est souvent entouré de plusieurs voussures, en retrait les unes des autres.

La paix d'un lieu

Avancez donc vers elles, encore. Voyez comme certaines semblent rangées, côte à côte, immobiles, dans un vouloir d'ordre, et comme d'autres au contraire, à demi couchées sur le sol, de guingois, pourraient se lever à l'instant, pour une danse ou pour la parole...

Ce lieu dit comme un étrange bonheur de la mort. L'allée centrale, qui mène à la croix hosannière a beau régler l'espace, tracer sur la mémoire de ceux qui sont enterrés là une séparation, les tombes sont rebelles, elles tiennent à leur enchevêtrement, à leur diversité de formes, de postures. Au matin, sous les frises de lumière, certaines semblent rire. Les morts, ici, font un pied de nez à la mort.

Penchez-vous sur ces tombes. Certaines, à l'allure de couvercle de sarcophage, paraissent avoir défié les siècles. A déchiffrer leurs inscriptions pourtant, on comprend qu'elles datent seulement d'un peu plus d'un siècle. D'autres sont des fûts de pierre, d'autres sont octogonales. Et parfois, seule une courbe en fer rouillé signale l'emplacement d'un être. Penchez-vous sur ces mots gravés dans la pierre, les signes brefs des histoires vécues là. Imaginez, en passant de l'une à l'autre dans le frêle éclairage du matin, toutes les couches de femmes et d'hommes allongés ici dans le repos.

Car depuis les soldats légionnaires, nul doute qu'en ces parages la mémoire des vies s'est agrégée pour des siècles. Ce qu'on voit aujourd'hui, et qui fait ce superbe écrin à l'édifice roman n'est que la trace des générations proches, quand tout l'enclos devint un ensemble patrimonial.

A côté de l'héritage des pierres, il y a l'héritage des vies. Tous deux presque anonymes, tant les lichens et l'érosion effacent peu à peu les noms qui restent sur les tombes. Et parce que, bien sûr, les bâtisseurs romans

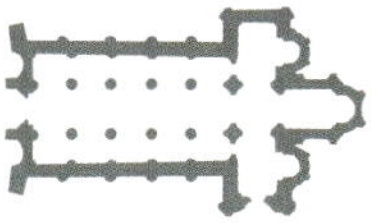

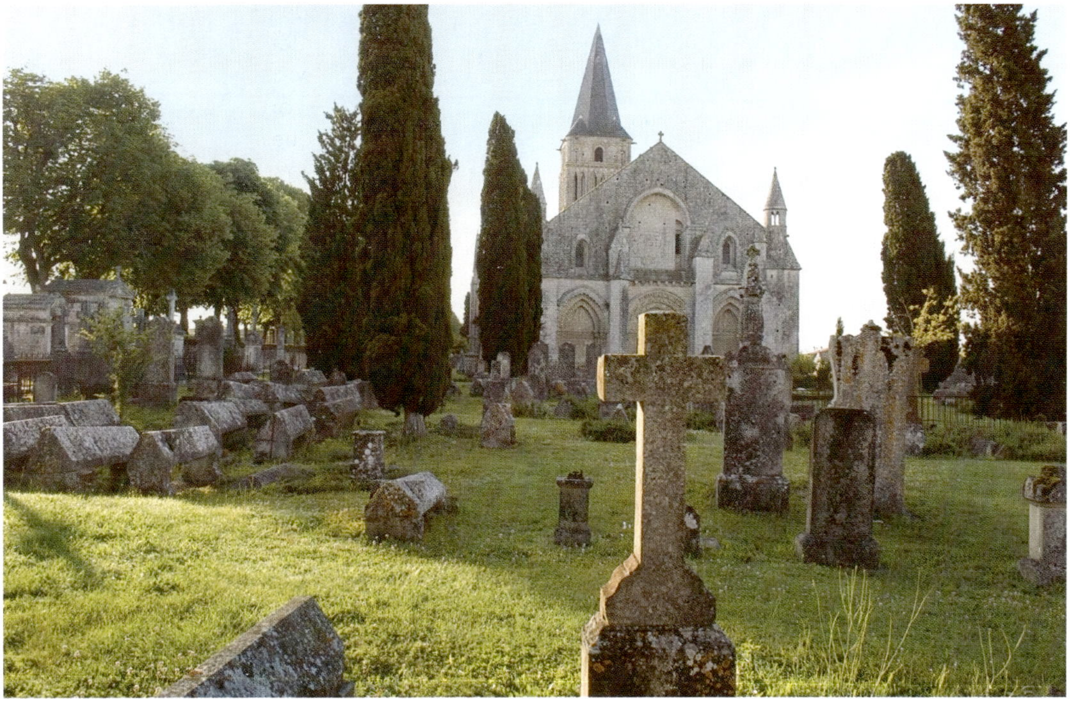

A la fin de l'enclos des tombes, la façade ouest

Pierres romanes, pierres des tombes, que dit la profusion des vies, là, que les pierres révèlent ?

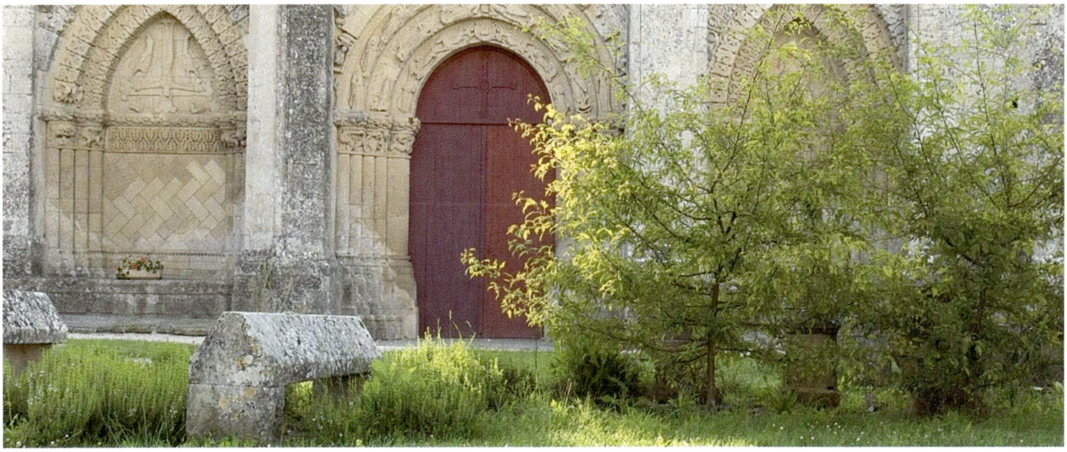

L'arbuste devant le portail ouest

Ce qui fait différence au regard, ce qui fait le dialogue

dont certains gisent peut-être encore en quelque endroit de cet enclos, nous sont tous inconnus.

C'est pourquoi sans doute, il faut marcher de ces allées de gravier à l'herbe entre les tombes, avant de prendre bonheur à l'architecture et la sculpture. Comprendre la paix de ce lieu, s'en irriguer, c'est aussi tracer en soi ce dialogue de la vie et de la mort, sans quoi nul patrimoine ne peut faire sens.
Le lieu, c'est un morceau de l'espace, ce qui est ici précisément à l'abri, dans le clos. Pierres romanes, pierres des tombes, ce par quoi les hommes luttent contre le temps. Et ces arbres, qui perpétuent dans la durée longue les saisons et les vies. Et nous, voyageurs, qui venons là dans l'insouciance ou le questionnement intérieur, pour y quêter dans la mémoire les chemins d'aujourd'hui.

Des flots de lumière

Maintenant que la lumière monte un peu, qu'elle donne à voir mieux les volumes et les tracés des courbes, il est temps de revenir vers elle, vers le chevet, la " tête " de l'édifice. Au bout de l'allée nord – et la façade que vous longez se prépare pour son retrait dans l'ombre, c'est un jaillissement soudain.

Absidiole

L'abside est l'extrémité arrondie de l'église, à l'est. L'absidiole a la forme d'une petite abside, construite en général de chaque côté de l'abside, ou qui rayonne à partir de l'abside même.

Modillon

Pièce disposée horizontalement, souvent sous une corniche, et qui fait saillie. Son extrémité est sculptée.

A l'absidiole nord, le soleil fait la pierre des murs si blonde, si dense de reflets, d'ondulations, que malgré vous c'est comme une femme et sa chevelure dans le regard. Dans ses rondeurs de formes, dans son intériorité, l'art roman touche comme une présence féminine, dont on ne sait jamais quelle part en elle d'innocence, et quelle part de séduction.

L'art roman est un art que le soleil écrit chaque matin dans la différence des jours. Levez les yeux, voyez ces modillons sous la corniche, et ce chapiteau à droite au sommet de la frêle colonne.
Qu'est-ce qu'un relief ? L'acuité des traits sur la pierre, la subtile variation de la blondeur du calcaire, le sentiment accru d'une précision dans les volumes... Bien plus encore, l'exactitude sans doute d'une évidence, d'un rythme entre les ymages. Et sur chacune, c'est comme si la lumière tentait l'impossible pour y écrire du vivant, musique troublante de pleins et de déliés, douceur si dense des sculptures qui cherchent la part d'humanité de toutes les figures.

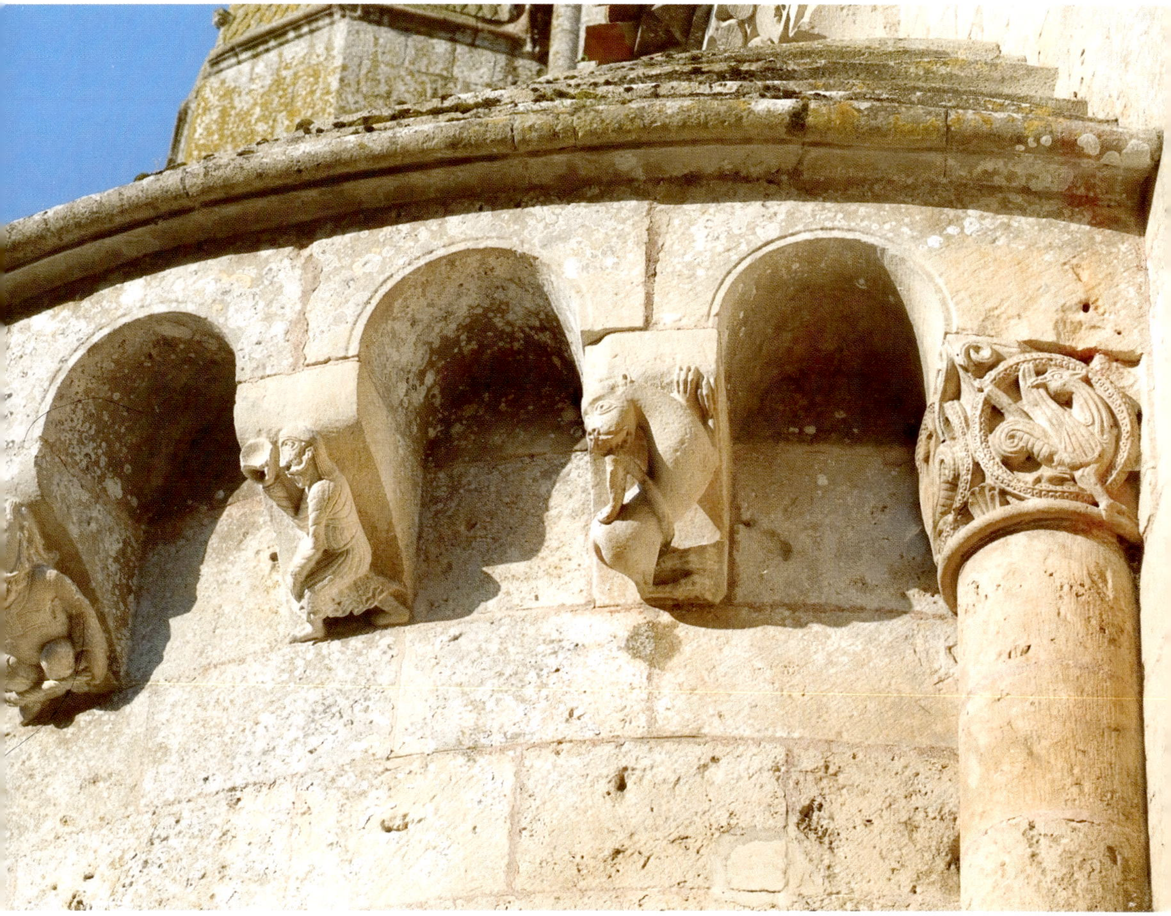

Modillons et chapiteau de l'absidiole nord

Figures,
tendues, déliées
dans les corps, dans les traits,
aux points denses des murs
l'étrange imaginaire des hommes

Le basilic ► 130

La tête et les ailes du basilic sont celles d'un coq, son corps est celui d'un serpent.

Les acrobates ► 146

Acrobates et jongleurs, qui vont de village en village, sont très populaires au Moyen Âge.

Les figures justement, après l'enchantement. Ce qu'on a montré là, et pourquoi. Vous passerez vite peut-être, sans savoir que, dans la finesse extrême du chapiteau, c'est l'oeil maléfique du basilic qui vous guette. Ou bien vous vous attarderez pour comprendre le regard étrange, tendu dans l'effort de cet homme. Devinerez-vous que c'est un acrobate ? Et ce corps d'animal, merveilleusement courbé comme dans la puissance de la danse, dans quel dessein a-t-il été placé là ?

Premier dialogue, où l'on va de l'ampleur d'un espace qui respire dans ses mouvements de la naissance du jour, à ces flots de lumière qui vague après vague font reculer l'ombre.
Et c'est comme un appel au voyage, au désir de mieux voir ce qu'on voit, de le connaître – de naître avec lui donc, de s'immerger dans ces pierres romanes, vague sur vague, comme sur le bateau l'inépuisable de la mer à venir.
Faites quelques pas encore, jusqu'à la proue de l'édifice, la fenêtre centrale de l'abside. La lumière vient sur elle, elle la met au monde. Et vous, qui savez que les ombres vont s'amenuisant, vous guettez ce mouvement précaire vers ce qui se découvre.

Qu'est-ce qu'un regard, quand ce qu'on voit dissout à ce point l'ailleurs, vous porte comme les magies merveilleuses de l'enfance ? La rencontre des pierres romanes d'Aulnay, c'est une profusion, une présence entière où le sensible et l'intelligible se mêlent, où comme tout lieu où le génie humain s'exprime avec force, " cela déborde ".
Mais sans doute faut-il cette fulgurance pour pénétrer ensuite cette œuvre qui se révèle, qui se refonde, qui se nourrit aux saisons et aux heures du jour. Il faut avoir vécu cette totalité du lieu pour savoir que les différents parcours qu'on va y tracer et les ymages qu'on va tenter de lire ne l'épuiseront pas. C'est à cette puissance qui ne s'achève pas, qu'on reconnaît le patrimoine et l'œuvre d'exception.

Fenêtres de l'abside au matin

Le mouvement de la lumière, de l'ombre
devant ceux qui font mouvement de leurs corps,
qui guettent dans le silence
comme l'approbation entre soi et les pierres

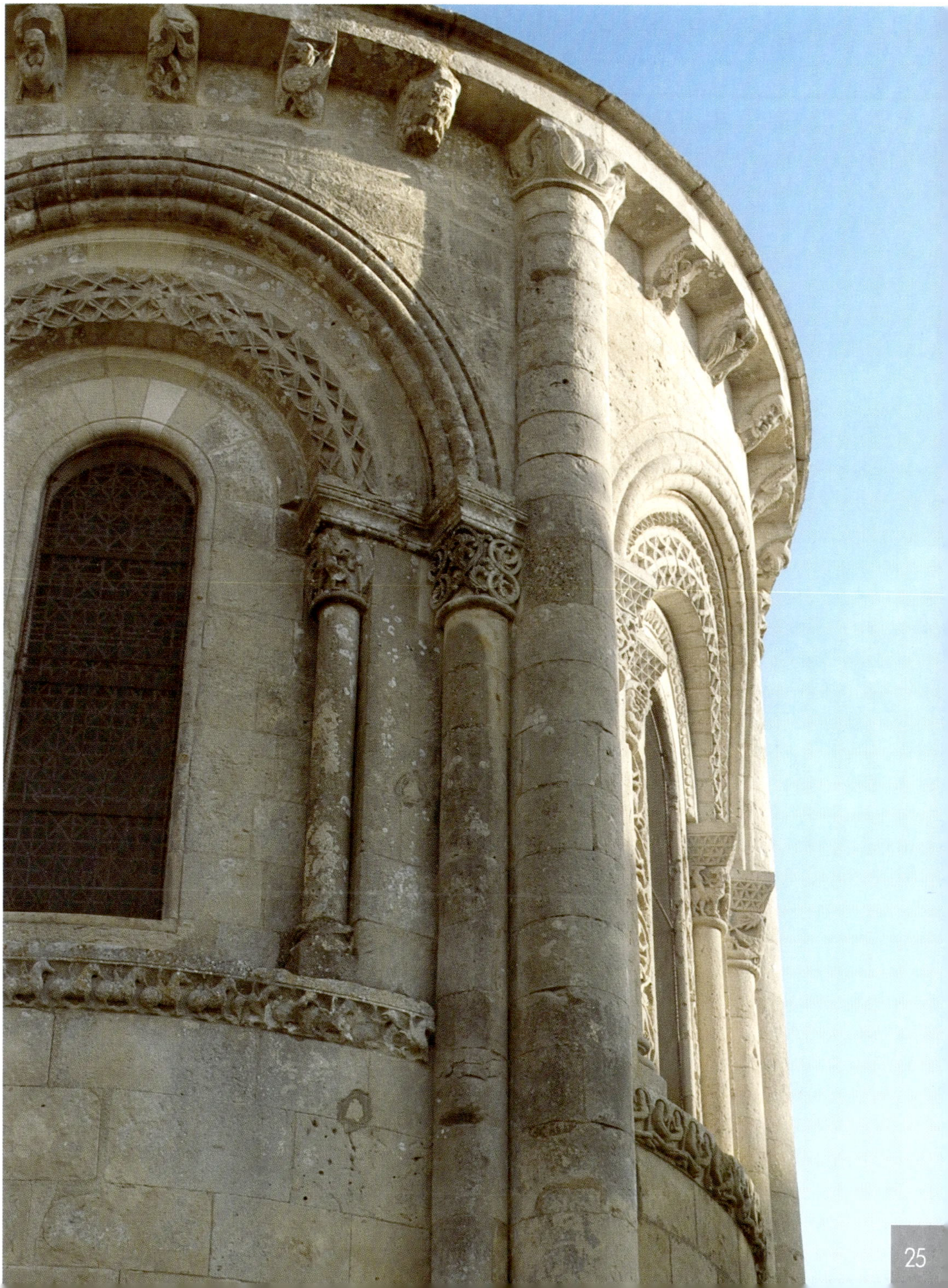

Avoir fait le tour
avoir parlé aux vies passées
sous les graviers
dans la lumière en fête
avoir baigné
touché de son front le temps
que les pierres prolongent

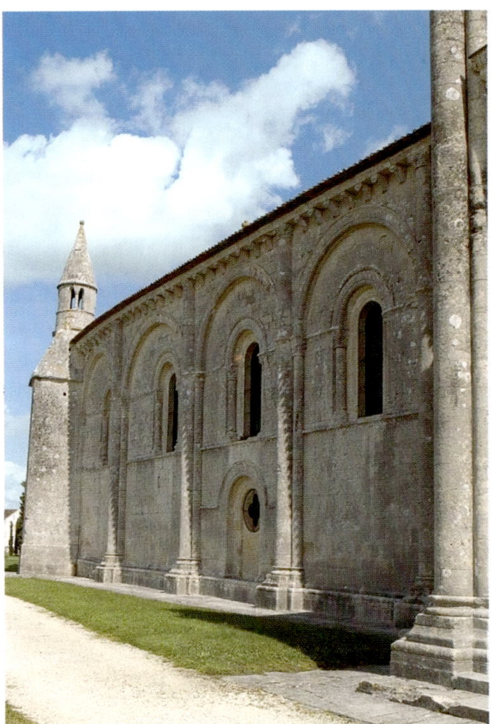

L'allée de la façade sud

Rythme de la façade,
ces enjambées dans l'espace qui fondent l'édifice

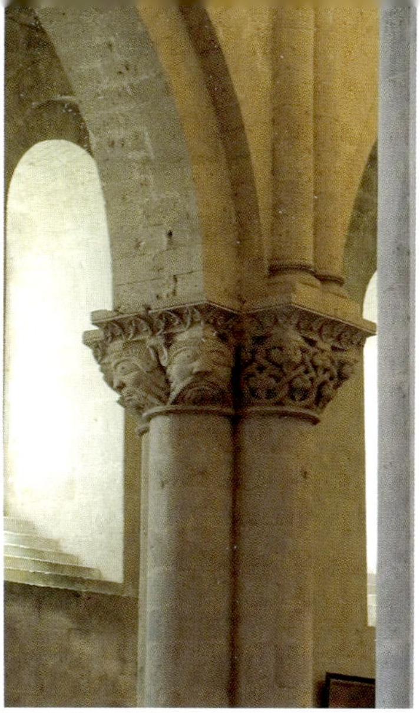

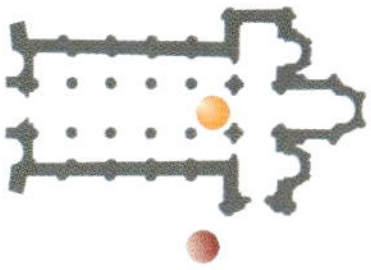

Parcours de l'espace

Colonnes, courbes, chapiteaux dans l'espace intérieur

Ce qui s'élève,
qui élève et courbe l'âme...

L'espace de l'édifice. Ce qui prend place sur la terre, d'ici jusque-là, ce qu'on a bâti. Et aussi, comment cela qui s'élève du sol découpe l'air, courbe notre regard, nous fait entrer, en lui corps et âme pourrait-on dire.

Bâtir – l'histoire du mot le dit – c'est rassembler des pièces, tresser des matériaux. C'est composer, mettre en ordre, rendre habitable l'espace. Tout édifice s'inscrit entre la terre et le ciel, l'église plus que tout autre. Et ce qui s'élève du sol cherche ici plus qu'ailleurs à élever l'âme, porter plus haut le regard, vers les lignes et les courbes des murs, comme vers cette transparence intérieure qui se révèle à chacun qui parcourt ce lieu.

Les ateliers ▸ 170

Plusieurs ateliers se sont succédé lors de la construction d'Aulnay.

Édifier, faire édifice tout autant que rendre édifiant. L'architecture romane cherche au plus près cette cohérence de l'espace. A Aulnay, un de ses plus beaux fleurons, elle décline avec une extrême fluidité une harmonie rare. L'ensemble des bâtisseurs qui a œuvré ici a réussi cela, préserver l'élégance et la grâce, mettre en mouvement par la mise en espace le corps et l'esprit des fidèles, des pèlerins et de ceux qui simplement passent pour voir.

Une maison, un corps, un moteur

" Il s'agit de prévoir, dans un même volume clos et couvert, l'association d'un espace destiné à la célébration des offices, le sanctuaire, et d'un autre espace dans lequel s'assemblent les fidèles qui prennent part aux cérémonies liturgiques. C'est l'une des différences radicales qui distinguent l'église chrétienne du temple païen "

René Crozet
L'art roman
P.U.F. (1962)

Transept

Le transept est la partie transversale de l'église, perpendiculaire à la nef, et qui lui donne une forme de croix.

Qu'est-ce qu'une église ? Une maison d'abord, pour les hommes et pour Dieu à la fois, et pour leur rencontre. Une maison commune où les hommes qui passent y dorment, où même on y danse encore parfois aux temps romans. Et la maison est bâtie pour cela, les rassembler, les attirer même. Une maison irriguée de sacré, mais ouverte aux fidèles. Un abri à cet extraordinaire et collectif élan de foi de l'époque, qui couvre l'Europe entière.

Et l'église est un corps d'homme, un corps d'homme crucifié. Bâtiment de la croix, du croisement, elle est figure du Christ. C'est à la place du cœur que se tient la croisée du transept et c'est là, sous la coupole, que l'édifice conjugue, symboliquement, le passage du monde terrestre au divin. En ce point de croisement est le centre du monde, d'où partent les directions cardinales – Nord, Sud, Est, Ouest – qui engendrent l'organisation du bâtiment.

L'abside, là où se tient la tête, est de forme arrondie. Ronde comme le crâne. C'est là aussi que se tient l'autel, le lieu de l'eucharistie chrétienne. Rien dans l'architecture romane n'est le fruit du hasard. Aucune volonté non plus de faire simplement beau, ou de placer ça et là des symboles. Toute la mise en espace est tendue vers la perfection de cette œuvre collective qu'est la liturgie.

Et toute la démarche de conception est ainsi " visionnaire ", habitée d'une vision intérieure, au point que certains clercs rapportent que les règles mê-

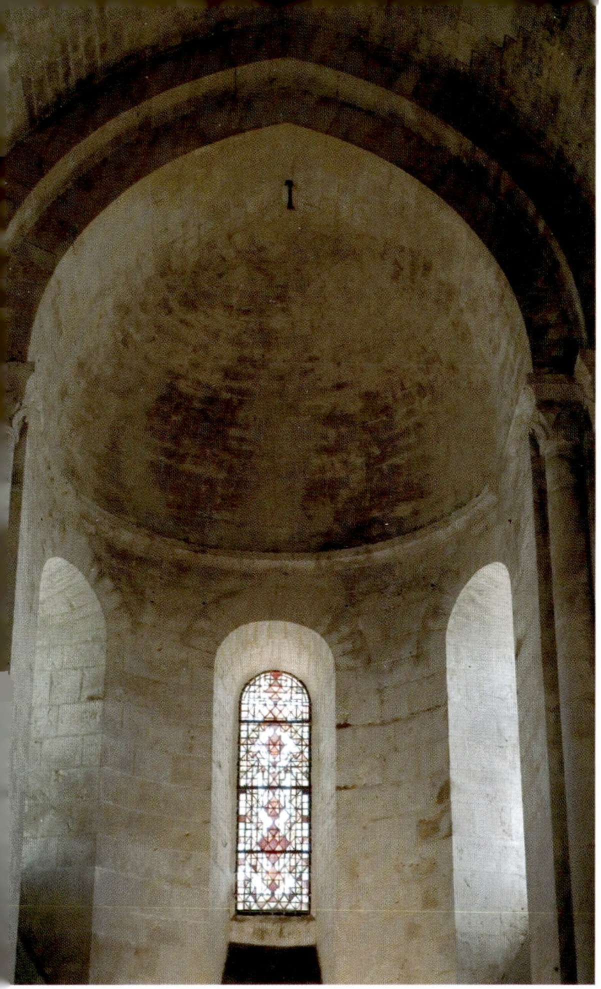

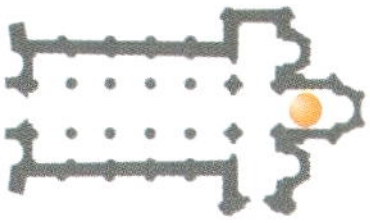

mes de la construction leur ont été dictées par une apparition.

L'architecture, la manière dont on pose dans l'espace les volumes, dont on trace les lignes, dont on fait jouer la lumière, les endroits précis où l'on fait se développer les sculptures... toutes les formes subtiles de l'espace, tout cela fournit un mode de conduite, induit le corps et l'esprit vers la méditation, suscite des émotions, des énergies vers le divin.
C'est en ce sens qu'on a pu dire – magnifiquement – que l'église romane est une sorte de " machine cognitive ", un véritable moteur à prière, qui encourage le cheminement intérieur. Le modèle de l'espace ainsi fait valeur et sens. Le modèle : ce par quoi, moi qui passe en ce lieu, j'interagis avec lui.

L'abside, la voûte, les trois fenêtres
Ronde comme la tête, comme la terre, transpercée de la lumière

Paralysé sur son lit, le moine Gunzo voit saint Pierre " tendre les cordeaux, mesurer la longueur et la largeur, lui montrer aussi comment construire l'église, en lui recommandant de bien garder en mémoire les dimensions et le modèle ".
Gunzo guérit et va convaincre l'abbé Hugues de Cluny de construire la grande abbatiale selon sa vision.

Source : Bibliotheca Cluniacensis, cols 457ff
cité dans W. BRAUNFELS, *Monasteries of Western Europe*
Thames & Hudson (1993)

" [Une église] est le moteur de la prière, la machine qui l'active, pas seulement l'édifice qui l'abrite. "

Mary Carruthers
Machina memorialis
Bibliothèque des Histoires
Gallimard (2002)

Créer, peupler l'espace

Et peut-être faut-il aujourd'hui être habité de cette mémoire du sens pour goûter pleinement, à Aulnay, le parcours de l'espace.

Voici le chevet, la " tête " de l'église. C'est dans son axe central qu'on doit arrêter ses pas, pour prendre la mesure de cet ensemble. Au bout du long chœur, un demi-cercle au sol, qui s'élève, suffisamment pour l'élan magnifique, mais pas trop pour que l'énergie qui en émane ne diverge

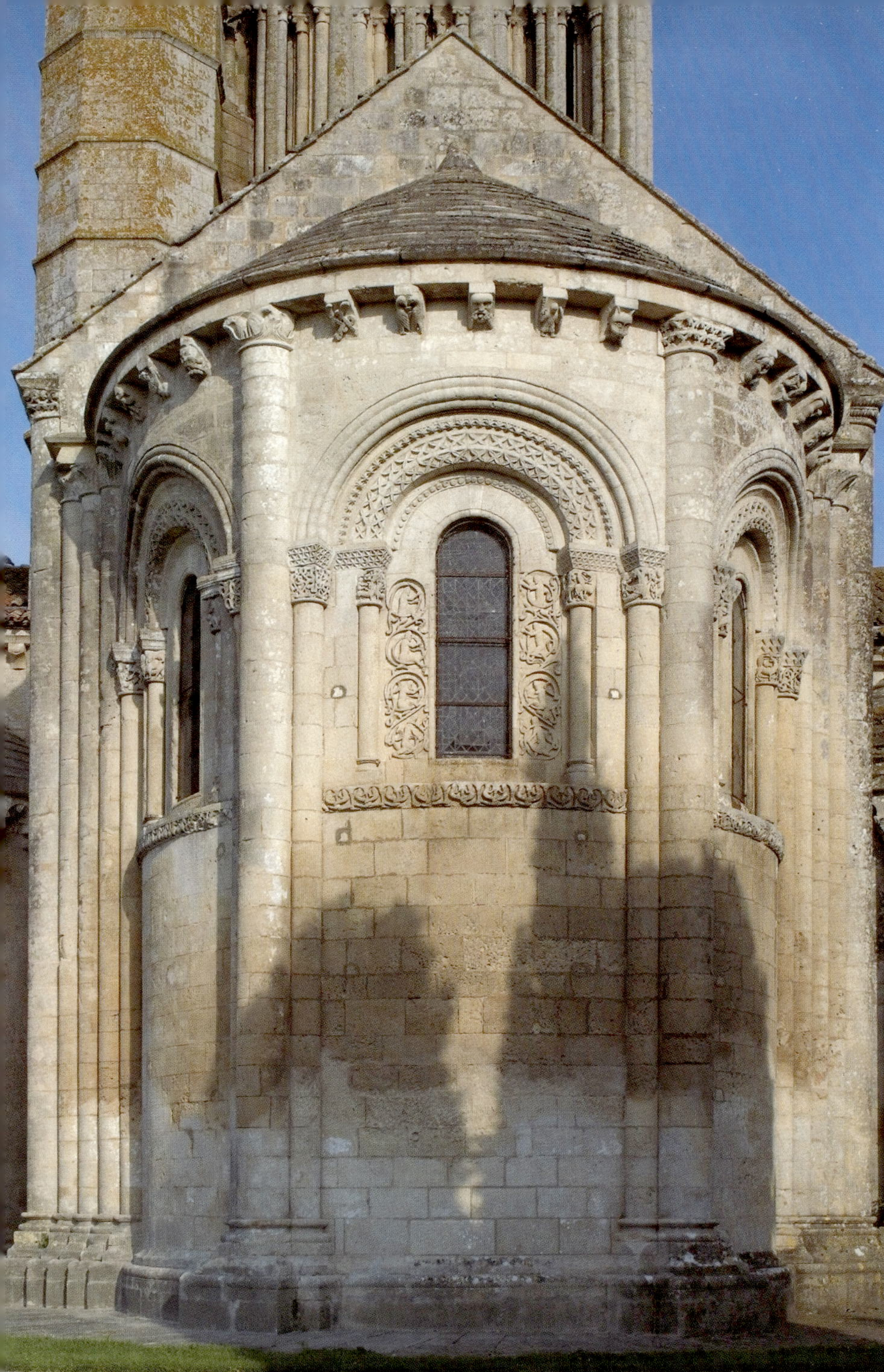

Le chevet de l'église
L'accord parfait
de l'élan, de ce qui va au-delà, de ce qui vient vers vous

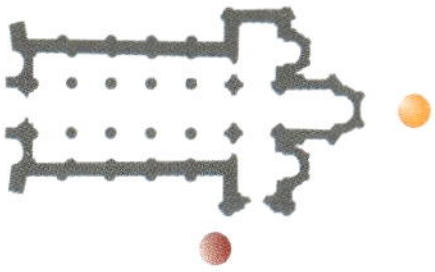

pas, qu'elle se ramasse, se concentre, qu'elle revienne vers vous. Les colonnes, fortes ou plus fines, affirment cette élévation. Le faîte du toit et le sommet triangulaire du pignon qui sépare l'abside du chœur prolongent le mouvement.

Mais cette élancée vers le ciel dialogue avec les arcs en plein cintre des fenêtres et la rondeur de la corniche. Tension verticale, admirable, puissante, mais retenue, courbée de la terre à la terre, proche de soi. Le chevet vous donne à voir cette prépondérance de l'Orient – axes directeurs et lumière, mais aussi vous emporte vers des horizons multipliés qui finalement retournent vers vous, comme si la plénitude de ce qui vous transcende était d'abord en vous-même.

Plein cintre

L'arc en plein cintre, emblématique de l'art roman, est en forme simple d'un demi-cercle.

a porte

Claveau

Un claveau est une pierre, élément d'un arc. Elle est taillée en forme de coin. Les claveaux, concentriques, maintiennent et constituent l'arc.

Autre élément qui structure l'espace : le portail. Deux portails à Aulnay, celui de l'ouest, sur la grande façade, et au sud sur la façade du transept. Arrêtons-nous à celui-ci.

Le portail est un ensemble de grande ampleur, mais de forme très simple : des faisceaux de colonnes supportent plusieurs arcs en plein cintre. La forme romane par excellence confine à l'épure, un carré et un cercle mêlés.

Les colonnes comme les voussures se resserrent l'une l'autre, font converger le regard et le corps vers le centre. Ici l'effet est encore plus prégnant, grâce aux claveaux rayonnants de la sculpture. Le portail attire, enveloppe, il montre le centre comme point focal. Et le centre est vide, il n'y a rien, qu'un passage.

Mais ce passage est essentiel. Entrer dans l'église, passer la porte,

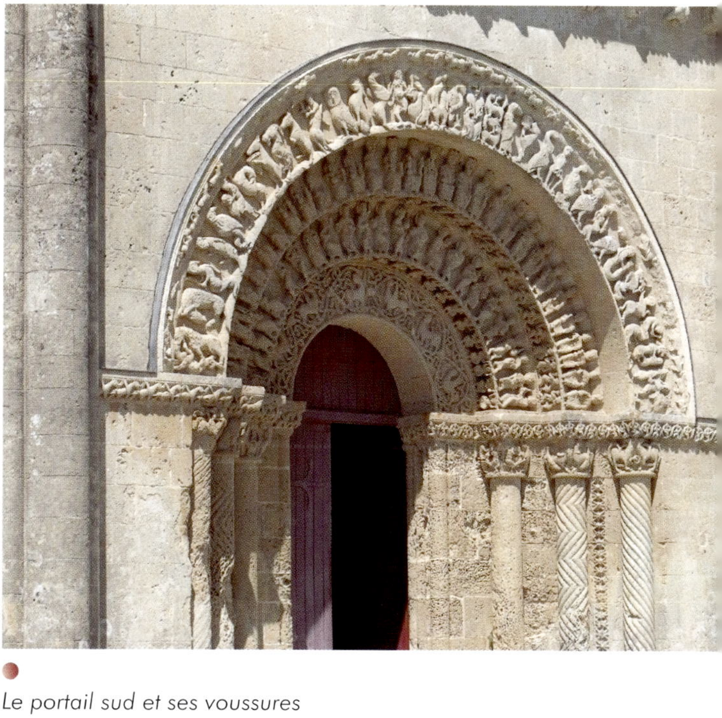

Le portail sud et ses voussures

Monter jusqu'à la porte, dans le centre du regard, pour quel rite de passage ?

c'est changer de monde, aller vers la Vie Éternelle. C'est pourquoi la forme romane met en exergue ce passage, le magnifie. Entrer n'a rien d'anodin. Du monde extérieur, les voussures resserrent l'espace, elles vous isolent, vous mettent face à cette libre démarche de vous-même. Et vous avez encore à gravir quelques marches, à vous élever, corps et âme, avant de redescendre vers la félicité divine, au sein de l'espace intérieur. La porte fait l'interface entre le dehors des pierres, débridées, multiples, où votre corps va et vient sollicité de toutes parts, et le dedans des pierres, le monde intérieur, le vôtre, où l'être est seul en quête de lui-même.

le chemin

Continuez le tour de l'édifice. L'autre portail, à l'ouest, vous emmène vers la même convergence, il découpe l'espace pareillement, pour la même fonction. Mais prenez un peu de champ, quelques pas de recul. Deux fenêtres ou portails aveugles encadrent la porte centrale. Réminiscence peut-être de l'arc de triomphe des Romains, les trois arches occupent toute la largeur du grand mur de façade, saturent l'espace de sculptures et de décors signifiants.

Aveugle

En architecture, le terme " aveugle " désigne un élément qui n'est pas ajouré, mais fermé par un mur, alors que sa destination habituelle est de laisser passer la lumière.

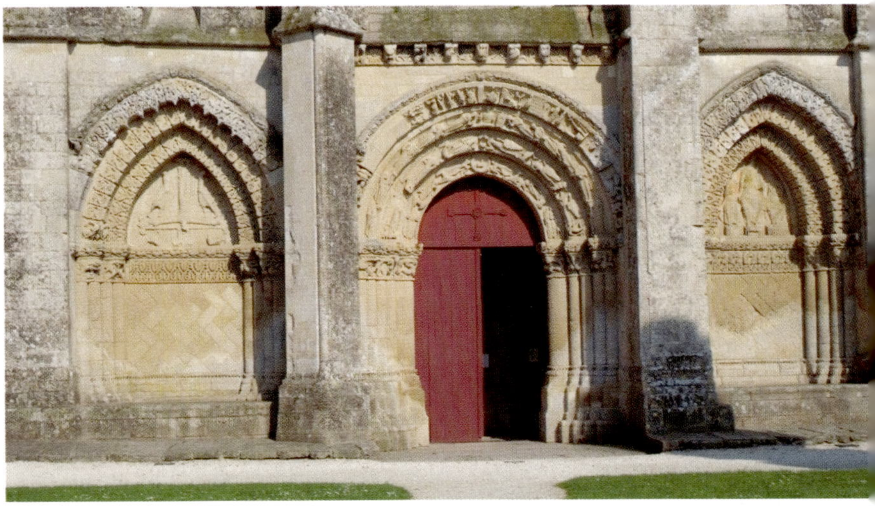

Le premier niveau de la façade ouest

Trois arcs, au-dehors
qui font image des nefs, au-dedans
Une porte dans la lumière
pour le chemin dans l'ombre

Comme les ymages, l'espace dessine cette voie de la mort à la vie. Si les deux portails gauche et droit sont " aveugles ", ils présagent en fait l'espace intérieur de l'église, ces deux bas-côtés qui cheminent au long de la nef centrale vers l'abside et les absidioles. A gauche et dehors, le regard bute sur l'image de l'homme qui meurt (saint Pierre crucifié). A droite et dehors encore, c'est l'image du bonheur céleste (le Christ en compagnie de Pierre et Paul) qui fait écran. Au centre est la seule voie d'accès, elle ouvre sur l'immense chemin intérieur qui mène vers le chœur et l'abside. Et au-dedans, les deux autres chemins latéraux qui se dirigent eux vers les absidioles, s'ouvrent, s'interpénètrent avec le chemin central.

Le portail ouest ► 70

Le sens religieux de la façade et du portail se développe d'abord à partir des ymages.

Bas-côté

Le bas-côté, qu'on nomme aussi " collatéral ", désigne une nef latérale, qui est en général moins haute que la nef principale.

Ainsi, la façade ouest qui dit aux fidèles le message religieux essentiel de l'édifice et les invite à franchir la porte, les prépare aussi à ce vaste voyage du dedans, enveloppés dans la nef de pierre.

la coupole

À l'intérieur justement, parmi bien des moments vécus de l'espace, celui de la coupole. Vous arrivez de la nef, guidé dans votre marche par celle du grand vaisseau de pierre. Vous voici à la croisée du transept, comme on pourrait dire à la croisée des routes, tant soudain l'espace qui vous guidait s'abolit : il y a toujours au croisement l'incertitude, la ligne du chemin se tisse à une autre, ouvrant tous les possibles.

Et la surface où l'espace se croise est ici un carré, marqué au sol par les faisceaux des fortes colonnes qui semblent surgir de terre comme des fondations primordiales. Et le croisement, malgré vous, vous arrête, votre regard bascule, happé par le pressentiment du vaste espace au-dessus de vous. Vous suivez les piliers puissants, les chapiteaux tout en haut, et au-delà le corps chavire, débordant de tout ce volume doux et puissant qui l'inonde.

La coupole ne ferme rien, le cercle qui fait sa base tout comme les nervures donnent au regard des repères. Et le regard glisse dans la hauteur, s'enivrant des grandes arcades, des lignes nettes dans la lumière, des surfaces courbes des pendentifs qui joignent le carré du sol au cercle des hauteurs.

Pendentif

Le pendentif est la surface en général courbe et triangulaire, à la charnière entre la coupole et chaque coin de la forme carrée située en dessous. C'est une des solutions imaginées par l'art roman pour passer du plan carré au plan circulaire.

Votre corps se perd dans l'espace, mais comment ne pas subir cet " envol de l'âme ", ce passage de la terre au ciel que l'espace roman cherche à signifier en cette croisée de la coupole. Endroit précis du cœur de l'homme agonisant, endroit du passage vers l'éternité, où l'espace fait au corps

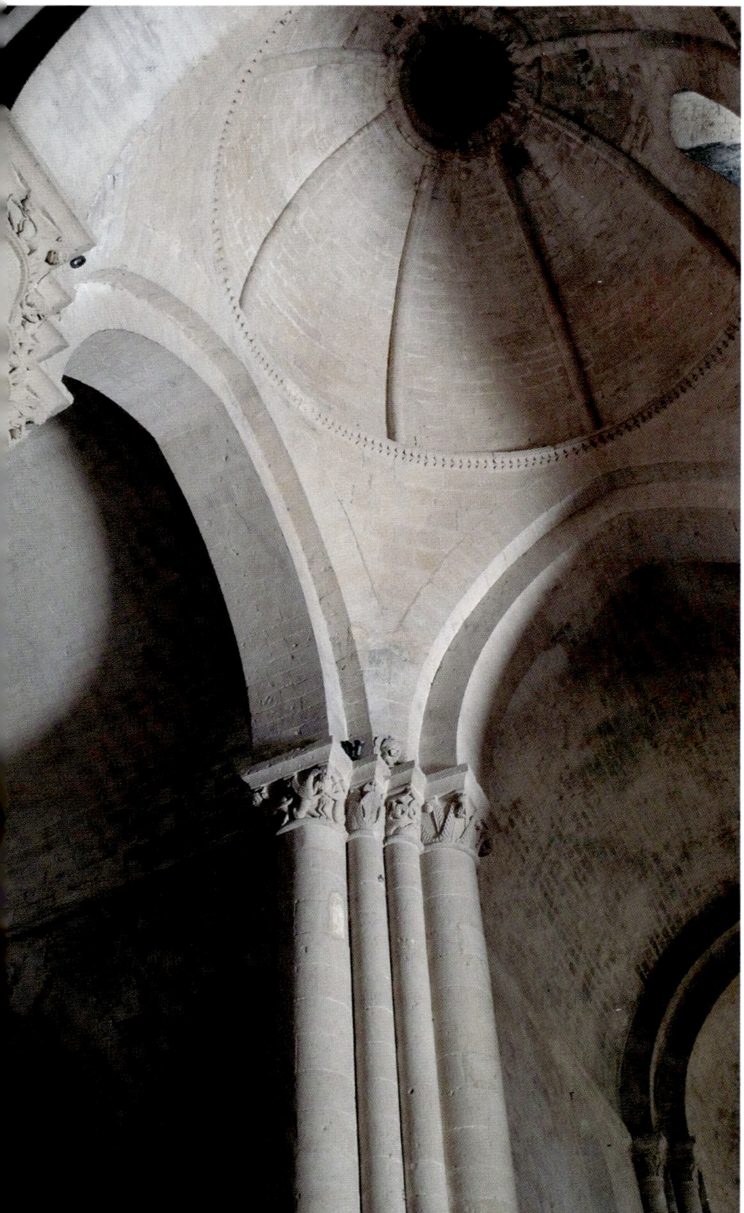

La coupole et le pendentif nord-est
Volume exact de l'immense
courbé sur soi
volume fermé, ouvert, comme un fruit

cet appel admirable, intense, insensé, par la perfection de l'agencement des formes.

Ainsi, pour peu qu'on cherche à tenir le dialogue avec ce qui peuple l'espace, chaque déambulation ici porte à la fois à l'incandescence de l'émotion et à la profondeur d'une réflexion en soi.

L'architecture d'Aulnay a été pensée pour le périple du corps et de l'esprit, pour que ceux qui passent s'arrêtent ici et là, méditent, creusent leur foi.

Et sans doute nous ne disposons pas aujourd'hui, ni dans notre mémoire ni dans notre vision du monde, de toutes les clefs d'appréhension de cette sorte de cohérence et de beauté absolues à la fois. Mais du moins pouvons-nous en vivre quelques facettes, avec notre croyance ou notre simple humanité.

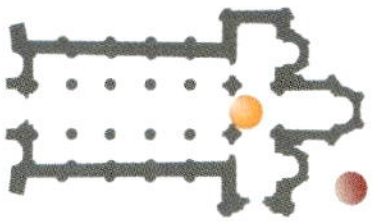

Équilibre, mouvement

" Une des plus belles églises romanes de France " : nombreux sont les historiens de l'art – et les femmes et hommes de culture – qui ont reconnu cette harmonie d'Aulnay, à la fois si évidente et si distincte. Elle émane, cette harmonie, de l'édifice tout entier. Quel que soit l'angle de vision, quel que soit l'élément sous votre regard, tout semble ici non seulement ordonné, exact, mais bien plus pourrait-on dire, respirant, comme si l'assemblage des volumes et des lignes, leur découpe contre le ciel tendaient à vous offrir cette intense beauté du monde mais aussi, de surcroît, à vous faire voyager en elle.

M. Duras : " ...et Aulnay de Saintonge, une des plus belles églises. "
F. Mitterrand : " Vous connaissez Aulnay ? Ah ! Elle vaut les temples grecs. L'église d'Aulnay, c'est un des chefs-d'œuvre du monde... "

Marguerite Duras et François Mitterrand
Le Bureau de poste de la rue Dupin et autres entretiens
Gallimard (2006)

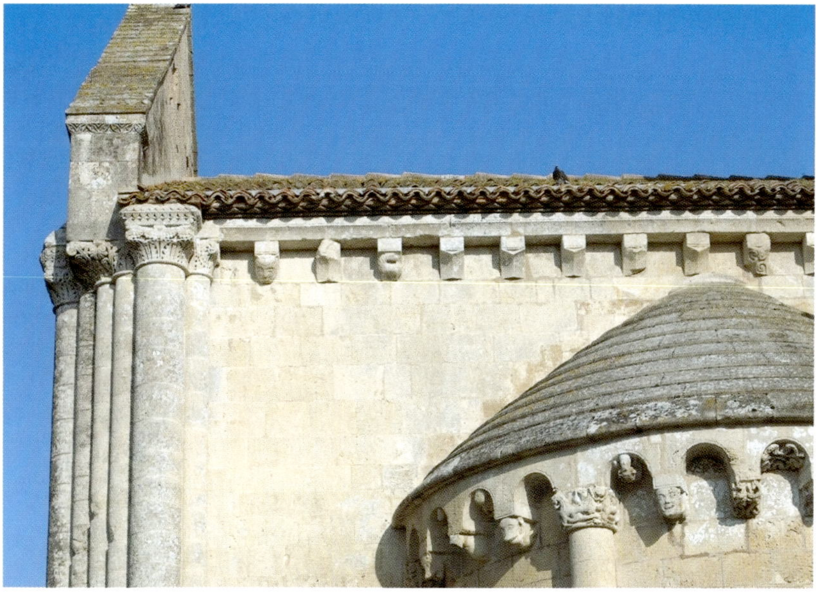

Saillie du transept et absidiole, côté sud
Ce qu'on décèle de géométrie, ligne, courbe, plan, intersection... et ce qu'on voit soudain, dans le silence

En même temps, et d'évidence aussi, vous savez que tout cela reste précaire, tellement que le regard peut à tout moment basculer, la beauté se dissoudre.

Prenez, par exemple, cette vision de la saillie du transept sud, flanquée de l'absidiole. Force du faisceau de colonnes dont les chapiteaux offrent leur élan à la ligne horizontale de la corniche et du toit, douceur des courbes de l'absidiole, de ses arcatures, comme à l'abri de la rigueur du mur du

Arcature
Motif d'architecture, composé d'un ensemble de petites arcades, qui servent d'ornement

Appareil

L'appareil est la façon dont les pierres sont taillées et assemblées dans la maçonnerie du mur.

transept, échos de l'appareil soigné des élévations, tout se répond, tout se renforce, et tout cependant semble exceptionnel dans sa simplicité même. Le sublime tient du miracle.

Au XIIe siècle, l'harmonie est une des bases de l'esthétique. Mettre de l'ordre dans le chaos du monde, c'est construire avec exactitude, déceler la bonne proportion, celle qui tient de la science des nombres et du modèle divin de la création. Équilibre des lignes, dialogue constant du vertical et de l'horizontal, rythme marqué des modules sur les façades, symétries partout présentes... Aulnay écrit dans l'espace une rigueur sans failles.

Pour autant, cette rigueur n'épuise – et ne s'épuise – pas. Elle est comme une densité mobile. Les jeux des lignes, leurs combinaisons ne s'arrêtent jamais. Œuvre exemplaire de complexité, dirions-nous aujourd'hui, où le modèle architectural laisse place aux interactions multiples, où le regard est appelé sans cesse d'un point de l'espace à un autre, comme dans l'approche d'un inépuisable visage.

L'exubérance lumineuse

Si le plan architectural d'Aulnay est poitevin, sa sculpture est également d'inspiration saintongeaise. Mais ce qui fait un des traits de génie de cet édifice, c'est la conjonction extraordinaire de finesse des formes architecturales et des sculptures, en une sorte de savoir-faire de la lumière.

Tympan

Le tympan est l'espace compris entre le linteau d'un portail et la première voussure. A Aulnay, il n'existe ni linteau, ni tympan.

C'est au-dehors que l'on comprend au mieux cette sorte de danse. Vous ne trouverez pas à Aulnay de grande ymage, à la manière des tympans de Moissac ou de Conques, qui annoncent déjà, par la mise à plat de la représentation, par leur composition, ce qui deviendra plus tard dans la peinture l'image occidentale par excellence. Ici, les ymages n'existent pas pour elles-mêmes, mais par leur lien intime, indissoluble, avec les courbes, les masses, les lignes, les rondeurs... le corps pourrait-on dire, de l'église. Nulle part un grand ensemble sculptural, mais partout lors d'un premier regard une profusion de figures, côte à côte, une sorte de sculpture en guirlandes qui court tout au long des pierres.

Mais serrons ce regard d'un peu plus près, par exemple vers l'abside. Plus que de profusion, c'est d'un réseau visuel qu'il faut parler où lumière, volume et contour du bâti, sculptures, " existent " ensemble. Voyez comment la fenêtre passe graduellement d'une forme simple à un élément constitutif de l'espace que le décor souligne. Voyez la ponctuation fine des sculptures

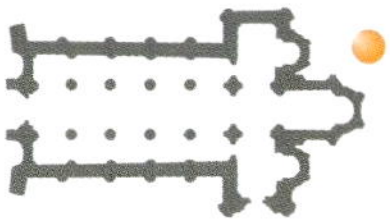

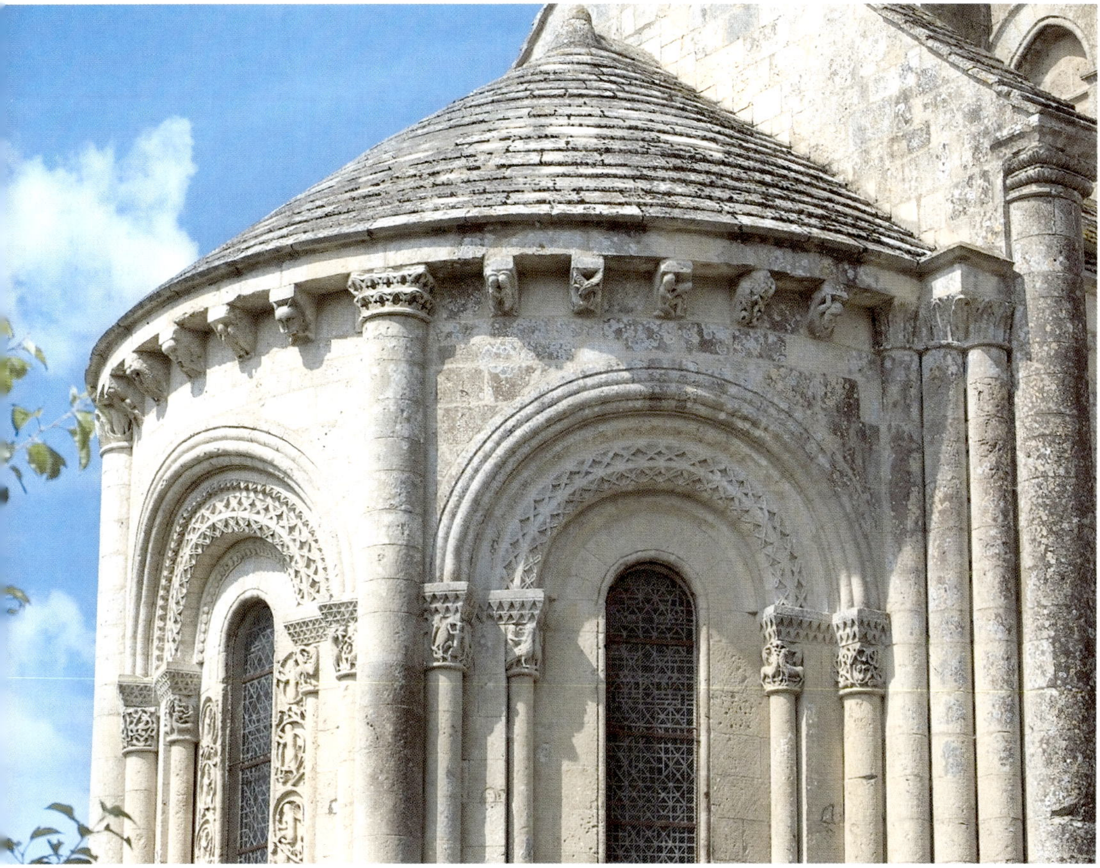

L'abside et ses fenêtres, au nord-est

L'architecture,
ce qui fait l'unité du regard
et les sculptures, qui le multiplient

aux chapiteaux qui prolongent l'élégance des colonnettes, et comment la lumière d'une fenêtre à l'autre concentre le regard ou l'allège, l'ouvre, le fait flotter dans l'air. Et voyez encore le trait courbe de la corniche, porté, soutenu par le rythme inventif des ymages aux modillons.

Rien ici de superflu, rien qui ne soit séparé de son voisinage, rien qui ne soit écrasé non plus. La mise en espace fait un chant profond, solaire, un monde habité de l'unique et de la multiplicité pourtant des ymages, un monde qui guide le regard et qui l'appelle pourtant, constamment, à la liberté.

La densité de l'ombre

Du dehors au dedans, c'est, on l'a dit, plus qu'un passage anodin. Peut-on passer d'ailleurs sans questions, de cette splendeur extérieure, dansante, qui semble inventée sans cesse, à une beauté grave, dépouillée ? Du dehors au dedans des pierres, du dehors au dedans de soi.

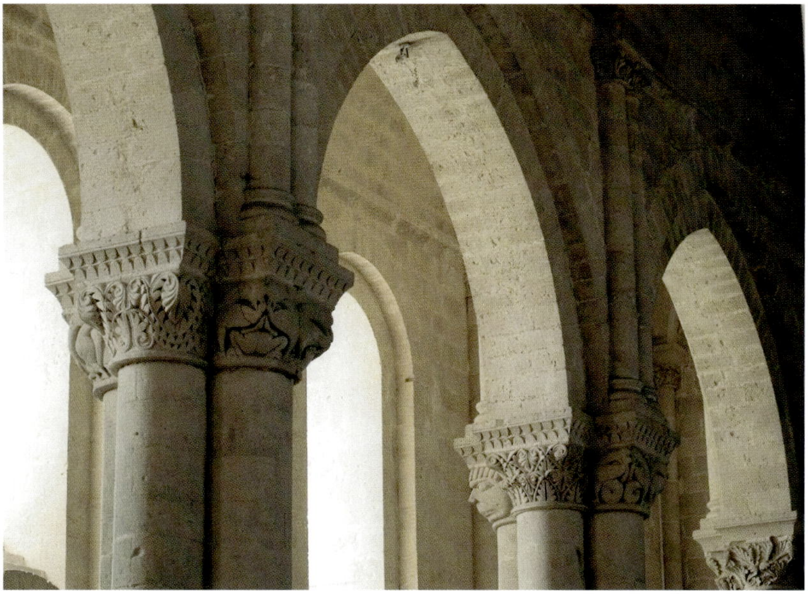

Arcades et chapiteaux de la nef, côté sud
Laisser à la lumière son chemin, dans le voyage

Dehors, l'ymage peuplait l'espace, occupait toutes les places où l'œil se pose, disait à chaque pas la beauté, le désir ou la violence. Les rondeurs romanes chatoyaient. Dedans, c'est l'ampleur d'un espace épuré, où les ymages n'ont plus leur place que sur les grands chapiteaux de la nef, comme si la séduction, les rêves, toutes les histoires des hommes et de Dieu même devaient être tenus à distance. Dedans, l'espace dit à chacun dans la solitude des vies le creusement intérieur. Les fenêtres découpent la lumière, la filtrent, elles rendent l'ombre dense. Et l'ombre décline ses variations d'ombre, et celle ou celui qui la partage s'emplit de cette grandeur austère.

L'ombre, mais pas la nuit. La gravité, mais pas l'absence. Dehors, l'espace est pour le monde. Dedans, il est pour l'homme, celui qui passe et découvre, cherche le sens. Le sens du parcours, le sens des vies.

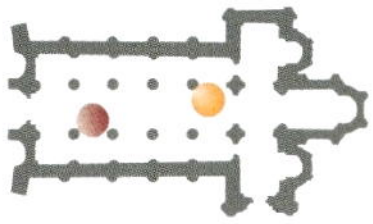

L'ombre encore, magnifiquement, révèle l'essentiel de la lumière et des courbes de pierre. Comme une sorte d'art minimal qui concentre, qui donne au regard la différence, qui rend possible même l'anéantissement d'une nuit à venir.

Dès lors, il faut tout l'ordre de l'espace, les cinq travées carrées, l'assise puissante des colonnes, des chapiteaux qui portent les grandes arcades, il faut tout le solide de la voûte de pierre là-haut, des arcs doubleaux qui la tiennent, pour que le corps ne bascule pas dans l'angoisse. Le dedans des pierres est aussi ce précaire parcours entre ce qui nous sauve et le risque de l'ombre à jamais, qui nous aura dissous dans la mort.

Travée

Désigne à l'origine un espace entre deux poutres. Puis, par extension tout espace entre deux supports bien définis.

Arc doubleau

C'est un arc placé sous la voûte, en saillie, et qui la " double ". Il délimite les travées.

Le corps en dialogue

Tout espace architectural fait prégnance sur le corps, et l'espace roman singulièrement, on vient de l'évoquer. Mais on a dit souvent aussi de l'art roman que c'était un art " à hauteur d'homme ".

C'est peut-être plus vrai encore à Aulnay qu'ailleurs. Rien ici de l'immensité imposante de Conques, de la grandeur lumineuse de Vézelay, rien même de la vaste nef de Saint-Savin. Mais de la mesure plutôt, une attention constante à l'homme en sa silhouette, en son empan. Toutes les pierres ici, dirait-on, sont à portée de soi. A portée, hors de soi donc, mais atteignables.

Et ce n'est pas qu'une question de dimensions, mais bien plutôt de distance, comme si les chapiteaux, les perspectives offertes, les jeux de lumière savaient se tenir au bon endroit. On se sent chez soi ici, ou plutôt proche de soi, ou peut-être c'est l'espace qui se veut proche de vous.

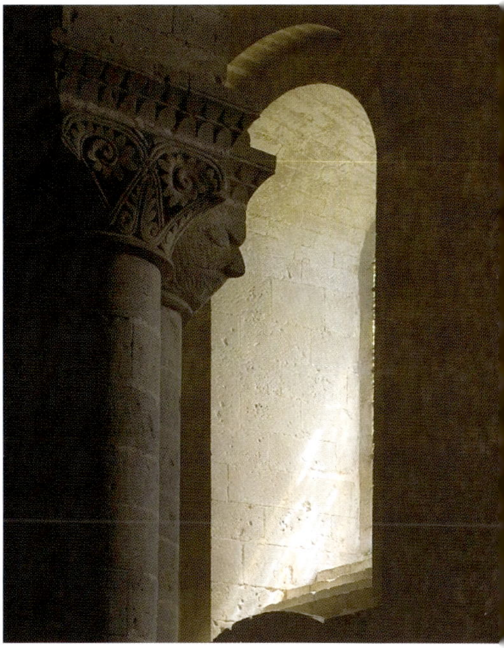

Troisième pilier de la nef, côté sud

La lumière,
elle enveloppe l'ombre, longtemps après
que les yeux se sont faits
à cette force d'ombre dans la chair

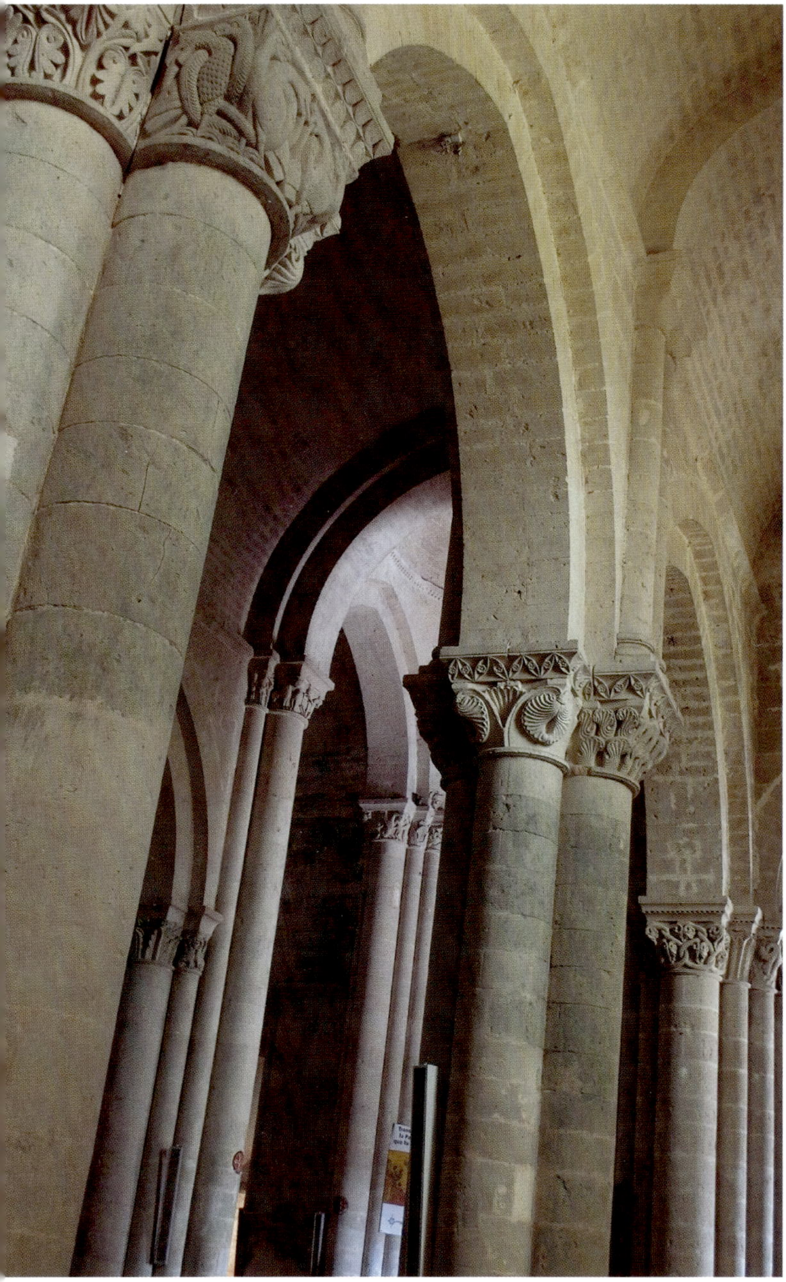

Dès lors, c'est librement que le dialogue s'instaure, comme avec un autre soi-même. Pourtant, ce lieu qu'on tutoie d'emblée continue à faire profondeur, à faire mystère. Pas d'ivresse des grandeurs, mais un parcours intense, continu, chargé d'interactions.
Voyez ces colonnes à la fois proches et qui marquent l'espace, ces chapiteaux dont tous les détails s'offrent, et les couches de lumières dans l'après-midi, les arcs qui se répondent, qui se brisent, qui s'appellent... Vous êtes au cœur de cette danse sublime.

Ce qui se joue ici ne vous contraint pas. Rien qui ne vous domine. Aulnay renvoie à un Dieu presque intérieur à chacun, empreint d'humilité.

Ce lieu qui sait vous emmener du dehors au dedans, vous faire comprendre la nécessité de l'ombre après la lumière, dans un souci extrême du détail et de la cohérence, ce lieu jamais n'emprisonne, il offre au corps, constamment, les gammes, les portées, les sons, pour qu'il écrive sa plus haute musique.

Le bas-côté sud, la nef et le transept
L'impression du voyage,
comme si soudain les pierres n'avaient plus de lourdeur
comme si cet espace de la nef allait appareiller...

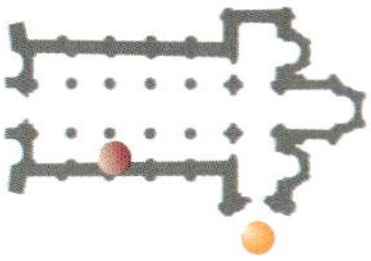

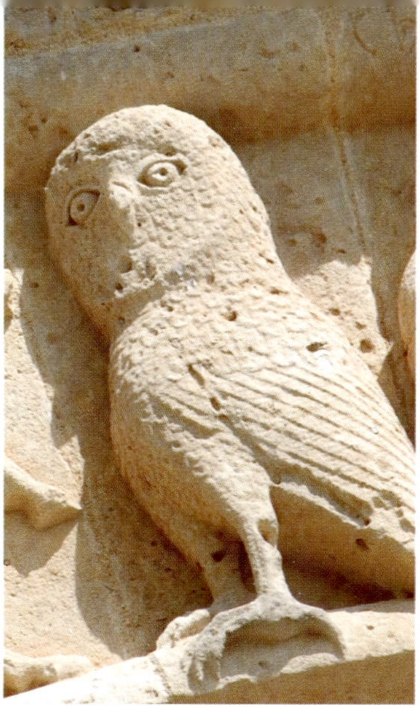

Le regard de la chouette, quatrième voussure du portail sud

L'oiseau la nuit, à l'oeil placide,
en quête comme nous du mystère de voir

L'entrée des Ymages

Quand le mot *ymage* apparaît dans notre langue, au XIe siècle, il désigne d'abord une figure sculptée, puis une vision dans un rêve. L'ymagier sera le sculpteur.
Les ymages romanes sont d'abord un message aux clercs, aux pèlerins, aux fidèles illettrés. Maintes et maintes fois, on a parlé à leur propos de *Bible de pierre*. Mais la Bible est un livre, et l'image par essence bien plus ambiguë que les mots, bien plus puissante, fascinante.

Comme les sculptures ponctuent toute l'architecture de l'édifice et la magnifient dans un dialogue incessant, les Ymages, semées comme des jalons tout au long de ce livre, cherchent à révéler ces sculptures, dans leur plénitude.
Entrons dans les ymages, çà et là, entrez, pour le plaisir d'abord de s'immerger en elles.

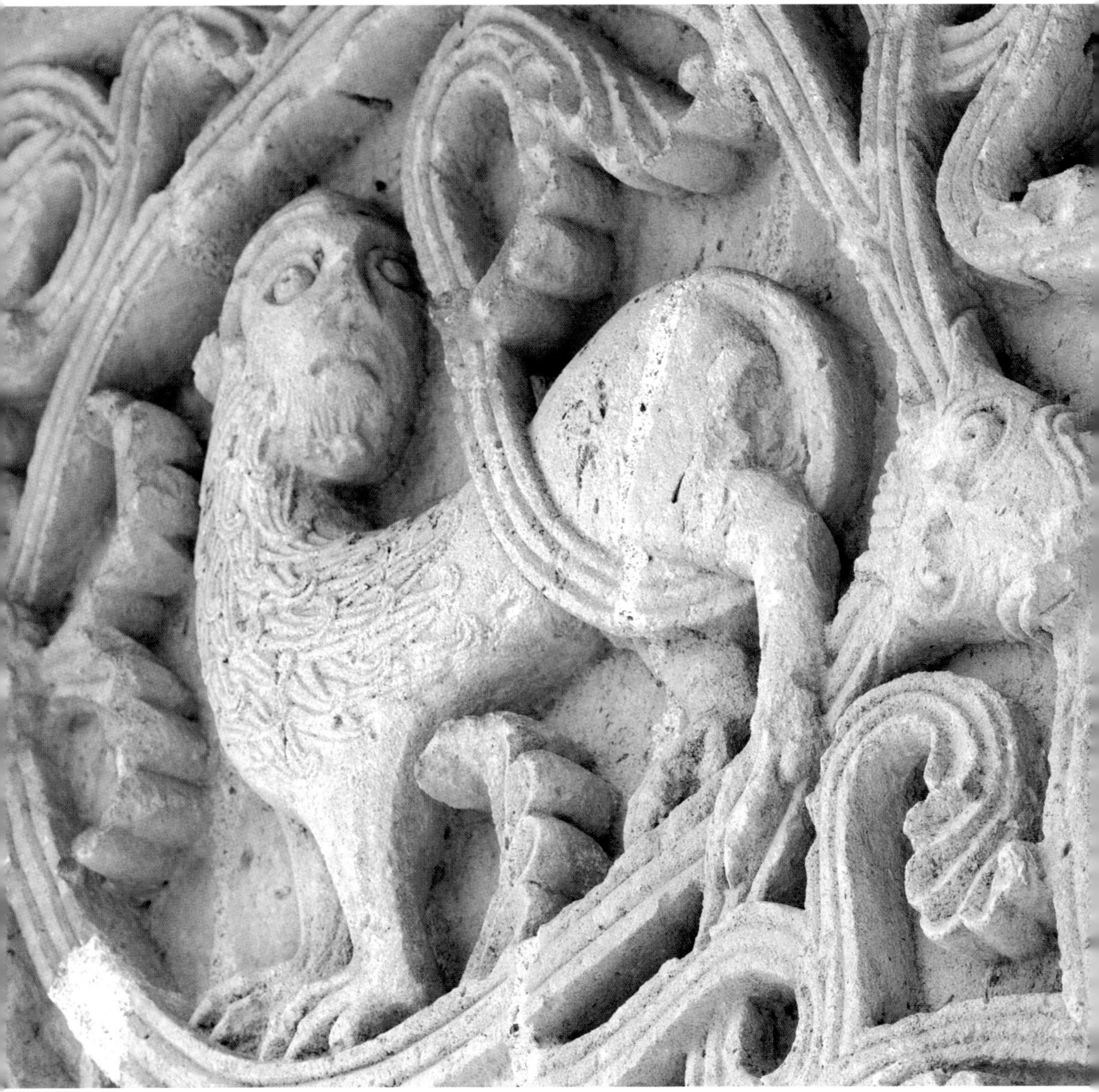

Le centaure et les entrelacs, première voussure du portail sud

Le végétal, la bête, l'homme
un seul monde vivant,
un seul être

Dans les réseaux du monde

C'est un centaure, à la première voussure du portail sud. Visage d'homme et corps de cheval, fondus ensemble intimement, et qui plus est reliés ici aux entrelacs végétaux qui les entourent. Une de ces lianes aux élégantes courbes fait la queue du cheval. À leur croisement, un autre visage, animal peut-être, peut-être humain.

Tout est mêlé dans les réseaux du monde. Tout se tient, le végétal, l'animal et l'humain. Tout s'enlace, tout interagit. Les règnes de la vie lovés les uns sur les autres, une écriture dense sur le plat de la pierre.

Voyez l'extrême élégance du centaure, l'harmonie courbe du corps, la fluidité des traits, de la silhouette. Que dit vraiment ce visage, dans le peu du modelé de la pierre, entre l'impassible, la douceur et l'angoisse ? De quelle tension intérieure cherche-t-il à s'extraire ? Ou de sa condition même, d'être au monde ?

Comme le monstre semble ici profondément humain, naturel dans cette crinière qui prolonge ses cheveux et sa barbe, puissant dans l'équilibre des formes du poitrail, du cou, du visage. Miroir de nous-mêmes, de notre ambivalence, certains dans l'imaginaire médiéval en font le symbole de l'hypocrite, qui parle comme un homme et agit comme une bête.

Ovide décrit ainsi Cyllare, le plus beau des centaures : " Son visage avait un air de grâce et de vigueur ; son cou, ses épaules, ses bras, sa poitrine et tout ce qui relevait en lui de l'humain s'approchaient des œuvres remarquables des artistes. Mais au-dessous de son buste, les formes du cheval n'étaient pas moins parfaites... "

Ovide,
Les métamorphoses
Livre XII, v. 395 et sq.
Vers l'an 1 de notre ère

Le centaure est connu de la Grèce, de Rome, de Byzance et du monde musulman aussi. Comment arrive-t-il en ces rives de Saintonge ? L'ymagier peut-être a pris modèle sur un de ces tissus apportés d'Orient par quelque croisé. Ou peut-être a-t-il compulsé un de ces Bestiaires qui passionnent ceux du Moyen Âge...

Il a mis cet être hybride, si merveilleusement fusionné, dont la beauté d'évidence force la réalité, au sein de cette nature originelle, sauvage, première, qu'il symbolise. Courbes du visage, courbes du corps bestial, courbes des végétaux, la grâce dans la liberté de sa souplesse, mais ensemble pourtant comme une vie unique sous le grand vent du monde.

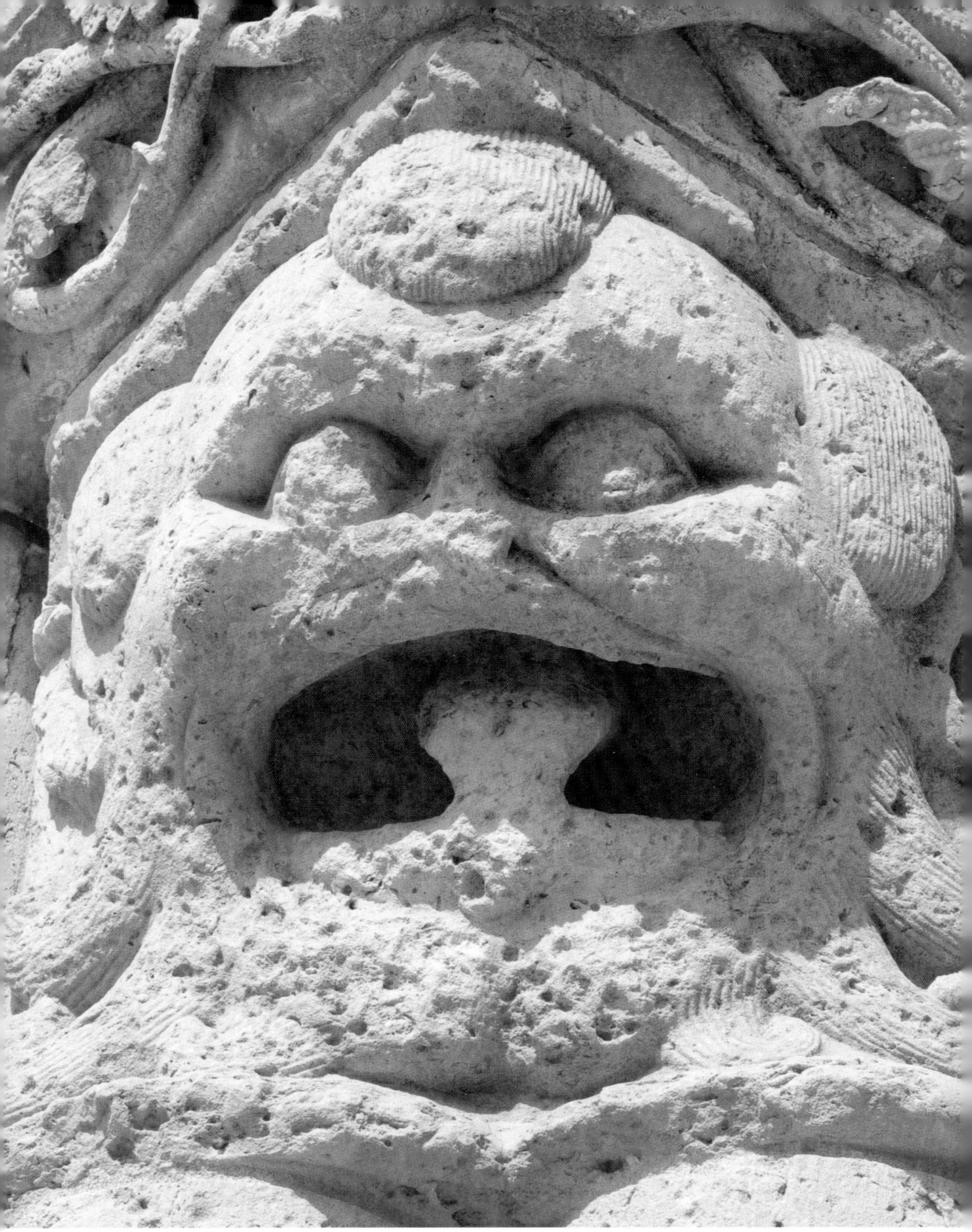

Monstre diabolique, chapiteau nord, fenêtre aveugle gauche, façade ouest

Angoissant ou grotesque – c'est selon le regard,
le monstre engouffre, engloutit, engoule...

Le diable, le Nord et l'Orient

Cette figure terrifiante coiffe deux colonnettes de la fenêtre aveugle nord de la façade ouest. Le chapiteau, à peine surélevé, s'observe facilement.

Encore un être qui vient d'ailleurs, encore un être hybride, inspiré, dit-on, du Tao'Tié de l'ancienne Chine. Monstre mythologique, démoniaque, attesté dès le Néolithique, le Tao'Tié est composé d'éléments de plusieurs animaux, des yeux de hibou, des oreilles de loup, des dents de lion ou de tigre... Représenté sur les coupes en bronze utilisées pour les sacrifices, il a une réputation de sanguinaire.

De la lointaine Asie – on ne dira jamais assez combien les pierres romanes sont ouvertes à toutes les terres – l'ymage a gardé certains aspects, dans la chevelure notamment et le haut du visage. Mais le monstre prend aussi les traits des grandes goules si fréquentes aux églises romanes de l'Ouest, l'arrondi de la bouche, la protubérance des yeux.

Diable donc, mais diable un peu d'ailleurs, gueule grande ouverte prête à dévorer, mais avec en filigrane un rictus sinon un sourire, et la douceur presque de la barbe en volutes qui se répand sur la pierre.
Le diable roman souvent fait semblant de rire, il séduit dans l'horreur du monde, il nous fait des avances, il est repoussant mais il attire, le diable nous tente.

Il est ici figuré au nord de la façade, comme souvent. L'art roman le met dans la face d'ombre, celle du mal, au nord de l'édifice, au nord froid des choses. Le diable agit dans l'ombre, à l'insu des hommes, dans l'invisible.

Tellement caché, le diable. Qui le voit aujourd'hui, au détour du patrimoine roman ? Que cherche-t-on désormais dans les pierres romanes, qui ne soit pas seulement la mémoire, ou l'histoire ? Quelle chose à partager, entre nous tous ? Plus de diable, plus de symbole non plus. Quel sens maintenant pour l'ymage venue d'Orient, qui disait la division du monde ?

" Symbolique et fraternel sont synonymes : on ne fraternise pas sans quelque chose à partager, on ne symbolise pas sans unir ce qui était étranger. L'antonyme exact du symbole en grec, c'est le diable : celui qui sépare. Dia-bolique est tout ce qui divise, sym-bolique tout ce qui rapproche. "

Régis Debray,
Vie et mort de l'image
Une histoire du regard en Occident
Gallimard (1992)

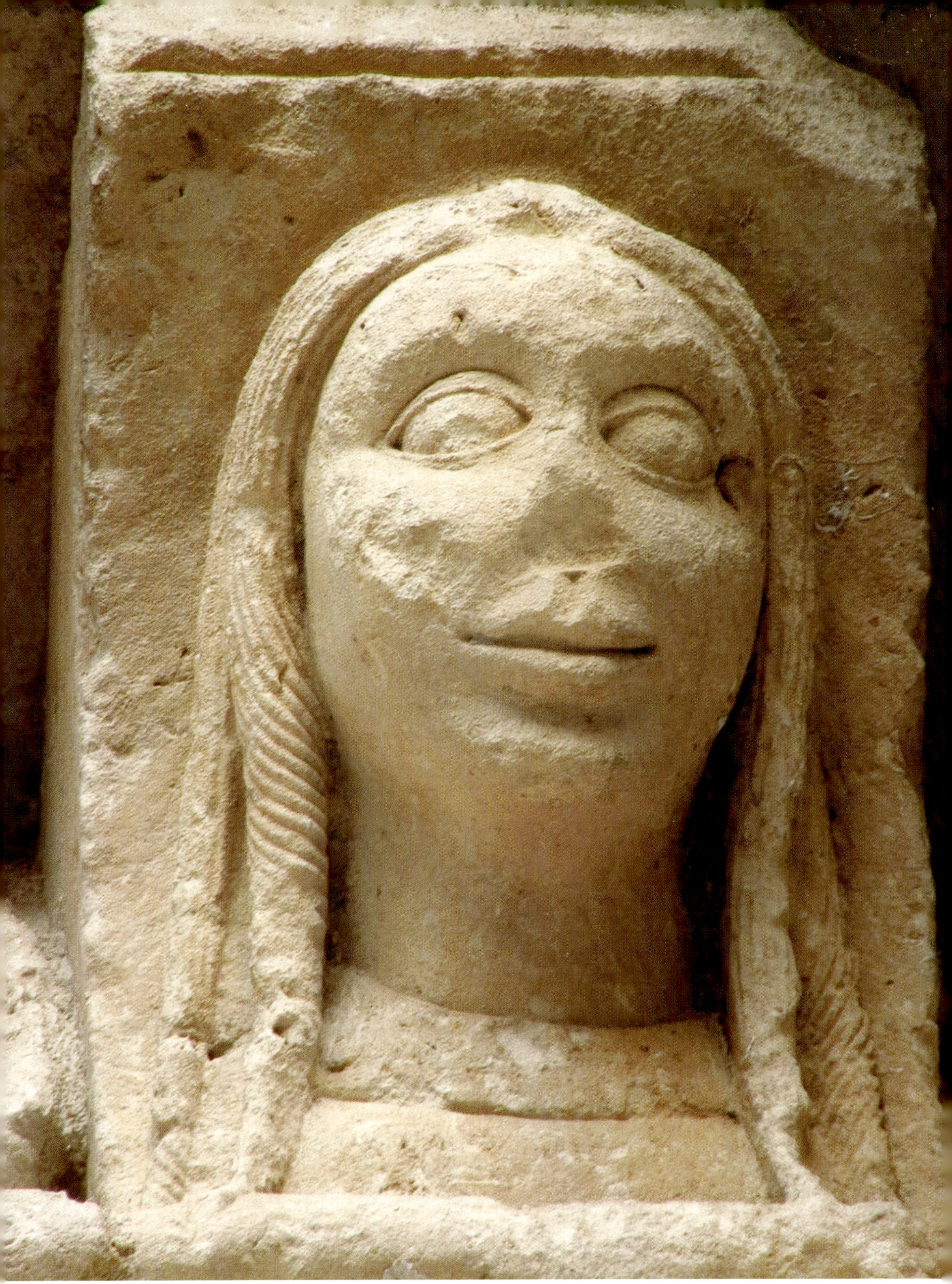

Visage de femme, modillon de la façade ouest

L'ymagier, la femme
et cette présence en creux qui nous manque

Le visage anonyme

Une rangée de modillons court au-dessus du portail ouest que le soleil couchant baigne de lumière. Tout à droite, presque caché par le contrefort, souvent dans l'ombre, il y a ce visage de femme.

Même si la pierre – ce qui en fait la chair – a subi quelque peu les affres du temps, il reste à ce visage une présence singulière. A peine un sourire, à peine l'expression d'une énigme sur ses lèvres puissantes. Les torsades des cheveux longs entourent ses traits doux et simples. Le regard aveugle de la pierre gomme à jamais une expression plus marquée, un signe d'évidence qui ferait un repère, qui lèverait l'incertitude qu'on voit, comme un voile au désir, à la beauté.

Tout ou presque est anonyme dans l'art roman. Les créateurs des ymages, et bien des sujets traités hormis les grandes scènes religieuses. Toute la mémoire ou presque est ensevelie, peu ou pas de textes, peu ou pas de signatures. Il ne reste que l'image brute, ce qui vibre en nous à son regard. Et comment ne pas être ému, partir ailleurs, quêter sans cesse en soi des échos devant le visage fragile et dense, devant ce qu'on ne saura jamais.

Femme médiévale, quelle était votre histoire, et pourquoi cette solitude au fronton de la façade ? Qui étiez-vous, la muse entièrement rêvée du sculpteur, ou quelque femme de mauvaise vie rencontrée par hasard ? Ou cette jeune fille modeste du village, qui venait curieusement voir l'avancement de l'œuvre des ymagiers ?

Ou bien, rêvons plus haut, plus longtemps, femme en ce XIIe siècle de la naissance de l'amour, je vous imagine comme cet amour de loin du troubadour, sublime vision de la quête qui toujours se dérobe, femme amoureuse absolue qui naît au monde dans la douleur et la jouissance du créateur de mots ou d'ymages.

Visage que l'anonyme multiplie. Femme au cœur de votre solitude, qui faites trace depuis des siècles, sans que ces échos de votre enfance encore à votre front ne comblent notre angoisse. Accepter de ne rien savoir, garder seulement l'émotion du visage rencontré. Les pierres romanes dans l'innommé donnent à voir l'universel.

“ Il dit vrai [celui] qui me dit avide et désirant l'amour de loin car aucune joie ne me plaît comme jouir de l'amour de loin ”

Jaufre Rudel (XIIe siècle),
traduit par Jacques Roubaud
in La fleur inverse
Ramsay (1986)

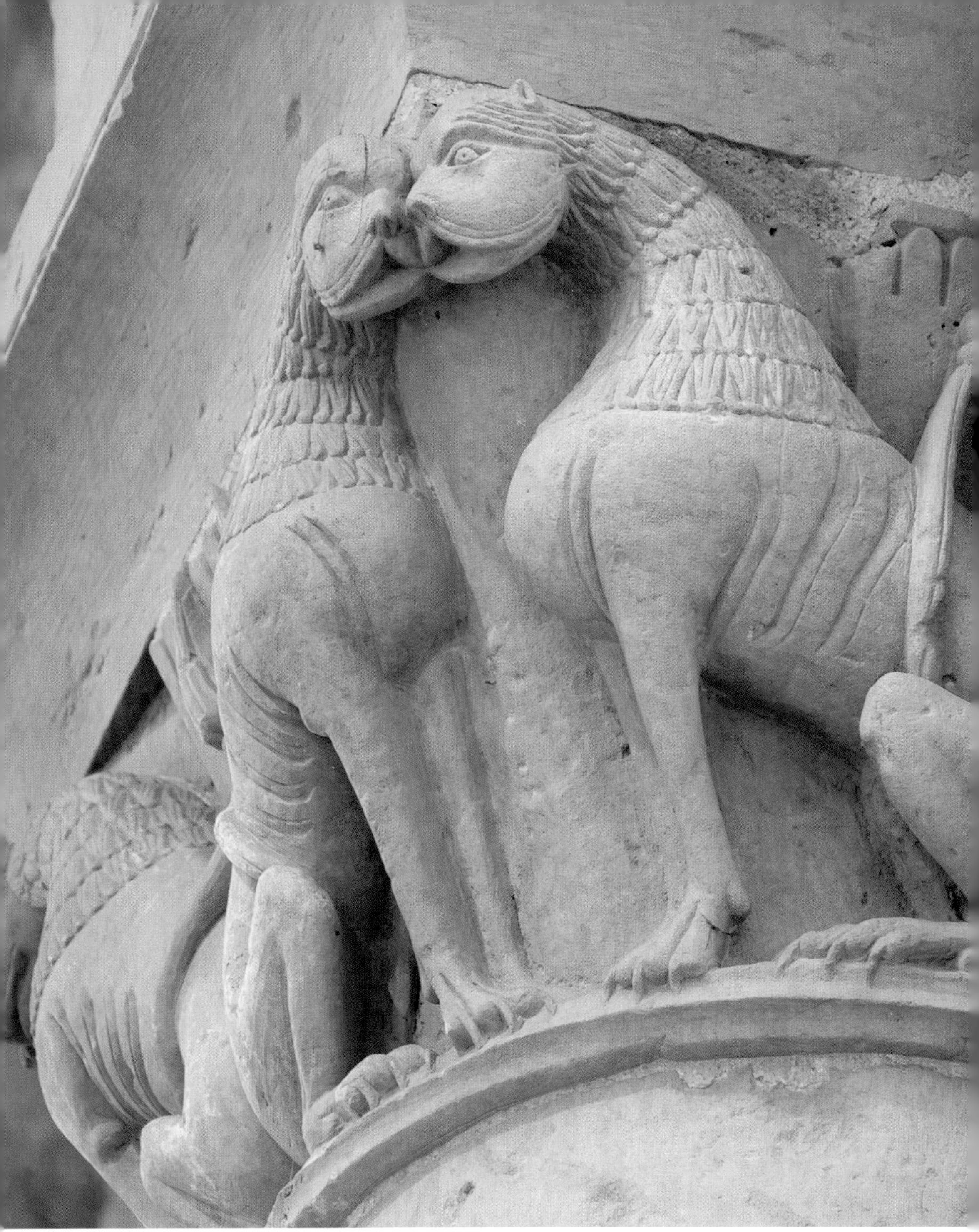

Lions affrontés, chapiteau du bas-côté nord

***Face contre face, corps contre corps,
les bêtes disent le même et l'autre***

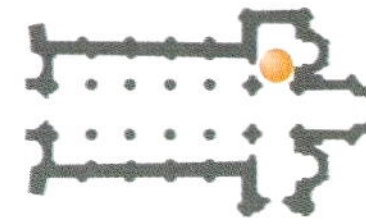

Le jeu des doubles

Nous sommes à l'angle du transept nord, le premier chapiteau du bas-côté montre en parfaite symétrie quatre animaux identiques en deux couples face à face.

Galbé des formes, élancement longiligne des pattes avant qui épousent l'arête du chapiteau, traits creusés dans le corps, représentation tout ordonnée de la crinière... tout dans la silhouette exprime la force.

Mais regardez ces visages fins, légers, qui prolongent ces corps puissants. Presque paisibles, avec cet écho obsédant de l'âme humaine dans le visage des bêtes. Et l'oeil, entre le repos et l'interrogation, aux aguets peut-être, anxieux d'être là, collé à son propre jumeau.

Ce sont des lions, ces bêtes que l'on dit *affrontées*, front contre front, doubles d'elles-mêmes, dont tout l'effort du corps est d'aboutir à son miroir, face contre face. Le lion, c'est la terreur des hommes, une bête cruelle, mais aussi la force affirmée, et le courage. Les facettes symboliques du lion sont multiples, il est le roi des animaux et comme tel peut signifier le Roi des Cieux. Mais sa férocité, cette volonté de tout dévorer lui font aussi incarner le Mal : le lion est le diable. Et sans doute, puisqu'on est au nord de l'église, c'est ce dernier aspect qu'il faut prendre en compte ici, même si les têtes de ces lions ne semblent renvoyer rien d'inquiétant.

Mais peut-être est-ce leur disposition qui prime. On trouve souvent des figures romanes composées de deux corps fusionnés en une seule tête, notamment quand il s'agit de monstres. Ici les lions sont divisés, séparés, les têtes sont accolées seulement. Chaque être est complet, frère jumeau de son voisin.

Figures affrontées, jeu des doubles, est-ce l'écho des emblèmes mythiques de la violence qu'on a voulu tracer là, la peur de l'identique ? Car voyez le soin avec lequel l'ymagier a fait ces lions strictement semblables, dans le moindre relief, dans la moindre expression de la face. Peuplement de l'espace en miroir, clones bien rangés là, quelle valeur, quelle évidence nous affirment-ils, dans le vertige de l'identité ?

" L'identique c'est la guerre terrible que se livrent en permanence les jumeaux, jusqu'à l'instant où l'un deux réussit à tuer l'autre, à moins qu'ils ne s'entretuent d'abord [..] et c'est alors la tragédie pure, c'est la contagion de la violence mimétique qui triomphe. "

René Girard
Celui par qui le scandale arrive
Desclée de Brouwer (2001)

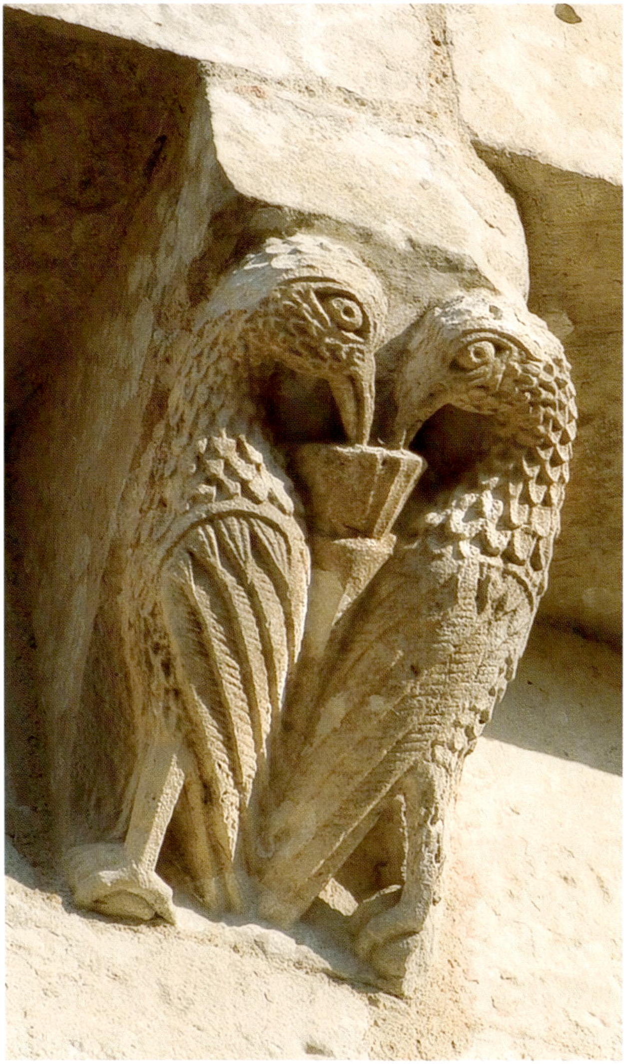

Couple d'oiseaux, modillon de la corniche de l'abside

Ensemble, becs ou lèvres
pour toute soif

Boire aux ymages
puiser
dans ce que dit
le chant des pierres

Se nourrir
comme on marche
boire à la lumière
au silence

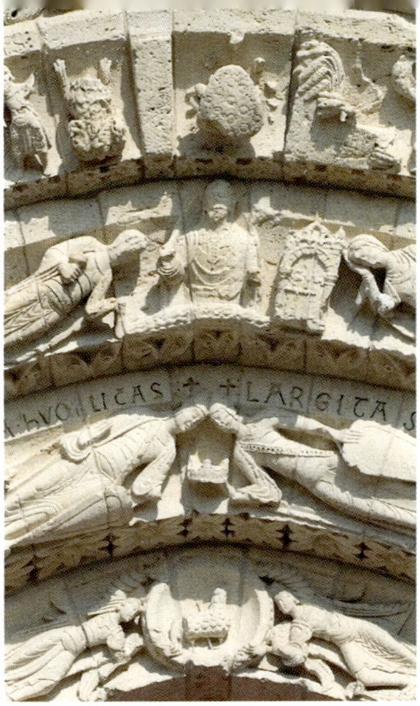

Portail ouest : l'agneau, la couronne des vertus, l'époux des vierges marquent l'axe divin

Au centre la clef, la pierre qui tient les pierres, tient le monde...

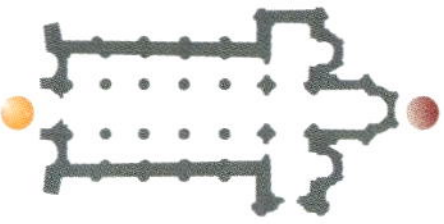

Parcours du religieux

Comment découvrir le " religieux " d'une église romane ? Entre l'art et l'histoire, et nos interrogations d'aujourd'hui, comment dévoiler, rendre présence, sans atténuer l'essentiel du message originel, et sans l'imposer non plus ?

Réduire le patrimoine à sa portée esthétique, à quelques gammes symboliques ne suffit pas au bonheur de la rencontre avec un lieu. Bonheur et rencontre, il y faut quelque langue commune, une mémoire certes, mais aussi des échos contemporains, des questions sur notre devenir commun. Et le religieux est tant sujet encore de crispations multiples...

" L'Église doit sa situation privilégiée à son activité spécifique, la prière, considérée comme une fonction publique – c'est le sens de liturgie, du grec *leitourgia*, service public – et sociale. "

MARCEL DURLIAT
L'art roman
Mazenod (1982)

" Pour tous les hommes de ce temps, seuls des opérations mystérieuses, les conjurations, les sortilèges, les enchantements, paraissent capables de desserrer l'étreinte de toutes les forces étranges, irrésistibles et ambiguës qui vivent sous l'apparence des choses. "

GEORGES DUBY
Le Moyen Âge
Adolescence de la chrétienté occidentale 980 - 1140
Skira (1967)

On pourrait se dire que tout ici est religieux. D'autant qu'on sait la prégnance de l'Église sur la société à l'époque romane. Dans une Europe pas bien encore structurée en états, c'est la chrétienté qui est omniprésente, et toute puissante – l'exemple de Cluny et des deux mille établissements monastiques sous son ordre le montre bien. Tout comme cette floraison d'églises romanes, gigantesque effort qui en certaines régions comme en Saintonge et Poitou touche quasiment tous les villages. L'Église comme institution – et donc l'église comme bâti – est au cœur de la société.

Mais ce religieux qui baigne l'édifice est celui des temps romans. Les historiens ont établi les repères de l'époque, le monde encore sauvage, encore magique, la violence et la guerre, l'invisible qui hante les esprits, et le sacré qui tente de l'apprivoiser. Foules encore miséreuses, seigneurs et chevaliers qui se battent, et clercs qui veulent pour Dieu la plus haute gloire, la plus grande richesse.

La vision romane englobe dès lors tout le monde créé, du végétal à l'humain, elle est au cœur de ce qui émerge alors dans les esprits, tentative pour comprendre aussi bien les Saintes Écritures que ce qui fait le quotidien, l'environnement proche de ces hommes. Peu à peu, on lève le voile magique, Dieu en quelque sorte se rapproche de l'homme, il s'incarne mieux, on montre son visage et, mêlé à lui, l'univers des hommes, leurs travaux tout au long des saisons, aussi bien que le merveilleux et l'imaginaire qui peuplent leurs rêves.

C'est en ce sens que les niveaux de lecture du patrimoine roman sont multiples et que nous tentons, en ces pages, des parcours différents. Différents, pour mieux creuser chaque versant, mais pas séparés. Le religieux, prépondérant, fonde l'édifice, il l'imprègne.

Le parcours de l'espace nous a montré déjà quels étaient les endroits cruciaux du bâtiment, là où se joue l'accès au divin. C'est logiquement en ces points que se concentre le message religieux. L'axe de l'Orient d'abord, au chevet, d'où vient la lumière du Christ. Puis les deux portails qui font aux fidèles changer de monde. Enfin, dans le recueillement intérieur, dispersées dans l'espace, des scènes bibliques, comme un semis léger, moins prégnant.

La fenêtre centrale de l'abside
Dieu, ou l'absence,
un décor sur la forme du ciel

La fenêtre centrale de l'abside

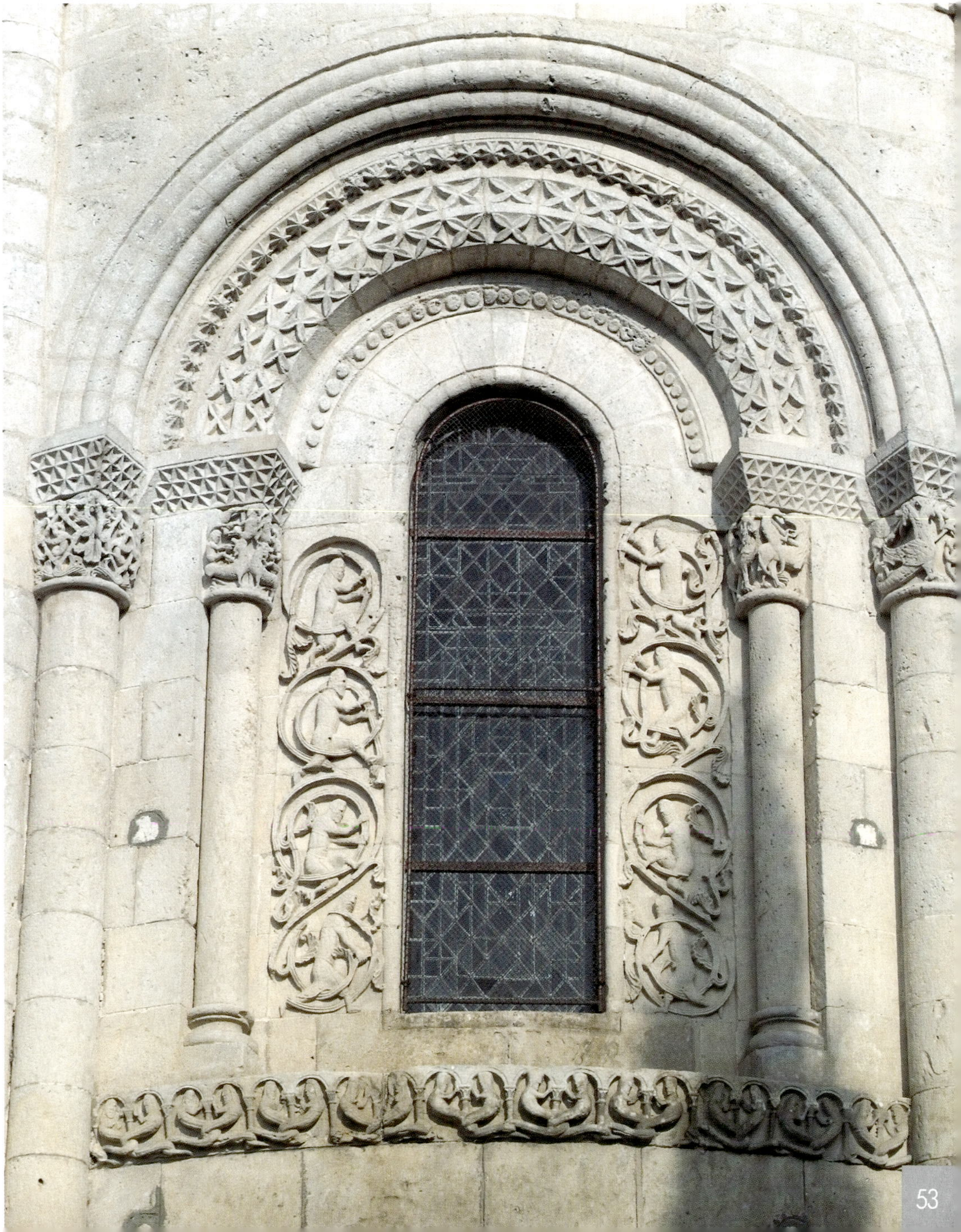

Besant

Le besant est un petit disque plat qui, répété, sert à décorer des éléments d'architecture. Il fait référence à une ancienne monnaie de Byzance, d'où son nom.

Tailloir

Juste au-dessus de la corbeille du chapiteau, le tailloir est la tablette de pierre sur laquelle repose la base de l'arc. Le terme " abaque " est également parfois employé.

Le décor ► 151

L'ymagier puise dans un alphabet de motifs décoratifs

Pour la lumière d'Orient, celle qui mène dit-on jusqu'aux contrées de la Terre Sainte, les ymagiers romans ont créé un écrin, une des plus remarquables fenêtres romanes qui soit. L'écrin, ce qui abrite et magnifie le plus précieux, cette lumière que la fenêtre cherche à révéler, à capter. Lumière vivante de Dieu, et Dieu ici est une absence : pas vraiment d'enseignement biblique, pas de mise en scène. Absence, mais lumineuse, effacement pour la lumière, celle, chaque matin, du matin du monde. Effacement aussi de Dieu pour l'homme, comme si en cette extrémité du parcours de l'édifice, en son apogée, c'était d'abord la vie humaine qu'il importait de montrer, en ses difficiles méandres.

Prenons d'abord cette forme romane, si évidente, simple – l'allongement d'un rectangle et la rondeur d'un cercle. D'où vient que cela fait puissance à nos yeux ? On parlera de proportions, d'équilibre, d'harmonie... sans rien épuiser de ce qui se joue entre cela que l'on voit et ce qui vous touche, comme un monde émergent. Le génie roman enrichit, élargit l'évidence simple sans jamais l'effacer.

Ici la répétition des arcs, leurs moulures, le décor léger des pointes de diamant, des fleurs à quatre pétales, des besants, font comme des colliers multiples à la forme romane, soulignent sans l'alourdir sa perfection, par le jeu des reliefs et de la lumière. Ces arcs reposent de chaque côté sur les tailloirs des chapiteaux eux aussi décorés de triangles creusés. Élégance, finesse, délicatesse, grâce visuelle... fenêtre femme, et comme devant le visage, les mots manquent pour célébrer cette beauté qui vient sur vous par vagues.

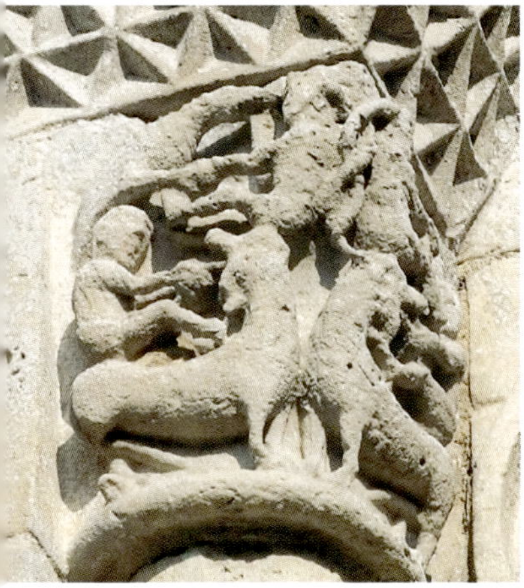

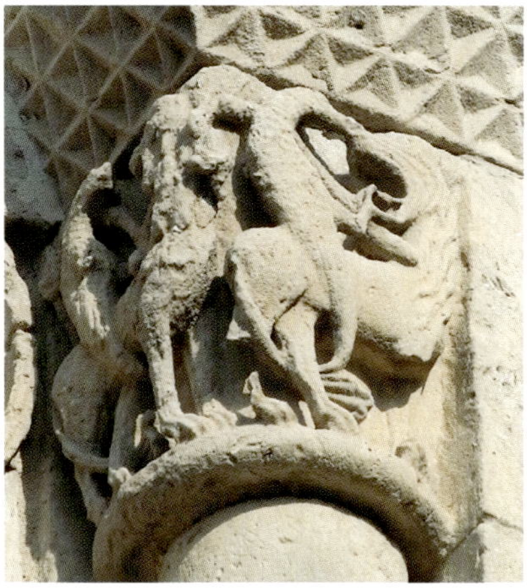

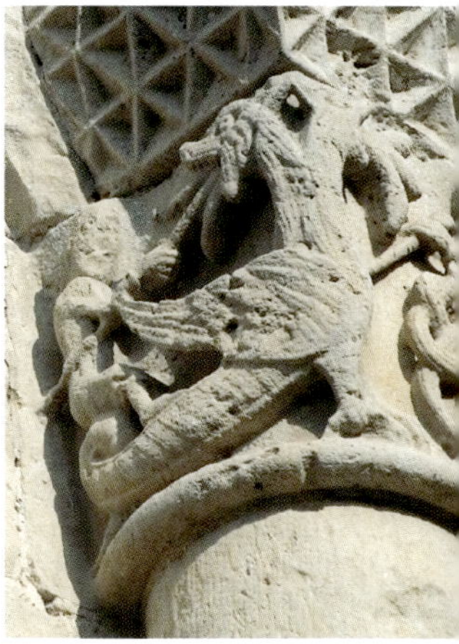

Chapiteaux de la fenêtre centrale, de gauche à droite : Samson et le lion, oiseaux et lions, hommes et dragon

Combattre, avant le monde céleste

Peut-être est-ce cette présence du décor, ce peuplement des arcs, qui fait plier le regard vers les chapiteaux. La sculpture de ceux-ci est si fine qu'elle semble flotter dans l'air. Approchez le regard. Au sud, à côté de rinceaux végétaux ouvragés, on voit l'homme contre l'animal. C'est Samson qui combat le lion de Timna : l'homme puise sa force dans l'esprit de Yahvé. Au nord, des oiseaux sont juchés sur des lions qu'ils piquent de leur bec. Le petit oiseau des cieux domine la force brutale du lion. Et tout à côté, deux hommes avec leur lance luttent contre un dragon à deux têtes. Si tout au long des arcs, de la rondeur céleste, Dieu n'est qu'une abstraction de décor, à leur base, entre le terrestre et le divin, les scènes des chapiteaux témoignent du combat humain contre le mal.

" Samson descendit à Timna et comme il arrivait aux vignes de Timna, il vit un jeune lion qui venait à sa rencontre en rugissant. L'esprit de Yahvé fondit sur lui et, sans rien avoir en main, Samson déchira le lion comme on déchire un chevreau... "

La Bible
Le Livre des Juges, XII, 14
Edition La Bible
de Jérusalem,
Cerf (1955)

En dessous, dans l'allongée du rectangle, et de chaque côté de cette montée verticale vers la rondeur, huit frêles silhouettes d'hommes s'affairent, corps emmêlés à des lianes végétales. Ils montent, dans leur fragilité sublime, ils tentent de monter. C'est dit-on " l'échelle du salut ", le parcours de la vie, vers cette perfection là-haut du signe pur, qui peut nous sauver.

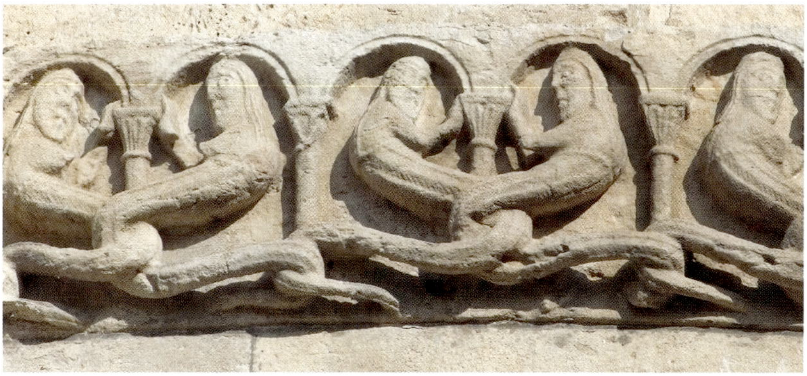

Fenêtre centrale de l'abside, détail de la frise

Les êtres vivants,
ensemble liés, multipliés

Quoi d'autre ? La base de la fenêtre, comme son socle symbolique : une frise de personnages, deux à deux, qui court sur toute la largeur. Visages humains et corps souples, comme du végétal qu'on aurait tressé l'un à l'autre. Les hommes multipliés, tenus ensemble. Et voyez comme ils sont dans cette chaîne du vivant, chacun sous un arc au cœur de cette forme romane, et chacun de sa main touchant un chapiteau, cette interface entre la terre et le ciel.

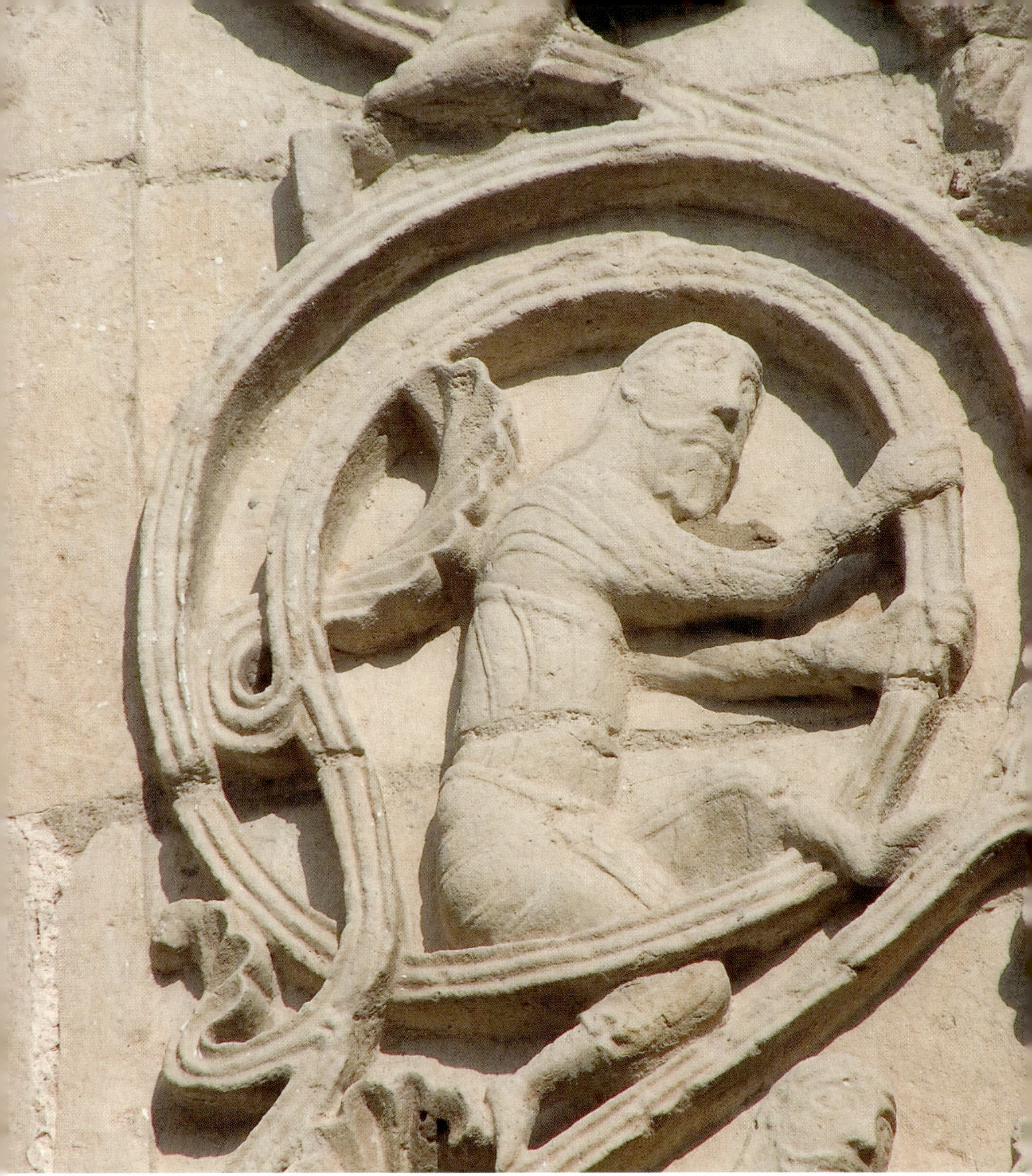

Personnages au sein de rinceaux végétaux, chambranle sud et nord, fenêtre centrale de l'abside. Les personnages sont tournés vers le centre de la fenêtre.

Dans l'orbe, dans la fluidité
franchir ce qui enserre,
sérénité de vos visages
et le courage de vos corps qui s'élèvent

L'homme dans l'entrelacs des mondes

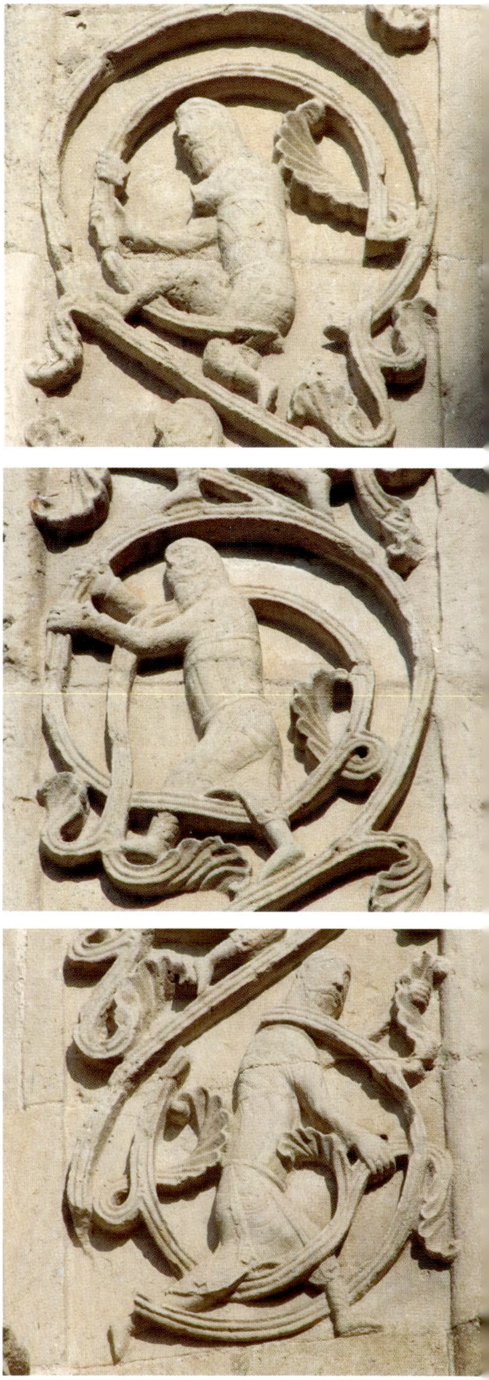

On vous croirait sortis d'une grande lettrine enluminée, ou de quelque coffret d'ivoire précieux, vous êtes, sur les deux parts de la fenêtre de l'abside, des hommes en marche.

Petits, minuscules presque au regard des grandes courbes végétales qui vous enserrent. Vous vous y agrippez, vous vous appuyez sur elles, vous cherchez à les franchir. La vie, c'est comme le chemin difficile, ou peut-être la montagne, ce qu'il faut gravir. Êtes-vous seuls, ou liés entre vous, corps et paroles ?

Figures de l'homme, figures mêlées, au monde entrelacées. Broussailles qui blessent comme le temps, fourrés sombres qu'on défriche, à mains nues, sans distance, soi-même plongé soi-même dans cette vie qui s'emmêle, et clairières parfois, les instants lumineux, où le corps ne fait qu'un avec le monde, avec toute sa souplesse sous les doigts.

Jusqu'où aller ? Vers quoi montez-vous, jour à jour, dans cette ténacité que vos visages rongés par les siècles disent encore ? Tous, vous marchez dans le monde, il vous enveloppe. Pensez-vous parfois au peu de prise que vous avez sur lui, vous qui semblez arrimés à ses chemins, tenus par eux, tout autant que vos mains et vos pieds s'y accrochent ?

L'ymagier vous a donné comme une grâce immense, et l'accord infini des courbes du monde à vous-mêmes. On passe, on vous regarde. Nous sommes éblouis. Vous êtes si proches l'un de l'autre, si semblables, errant dans l'interminable lacis des choses, marcheurs déterminés, infatigables quêteurs d'absolu. Si proches de nous.

Le portail sud

Les Vices et les Vertus ▸ 78

Thème très répandu dans l'art roman de l'ouest, il est développé dans le parcours du portail ouest.

Œuvre puissante, témoignage d'une sculpture romane à son apogée, le portail délivre un message foisonnant, ambigu, à certains égards même énigmatique.
Situé à la base de la façade sud du transept, le portail s'insère en elle exactement : tout autour, une grande surface de mur le dégage à la vue, mais l'oeil est guidé par les puissants faisceaux de colonnes qui limitent de chaque côté le transept. Et la corniche soutenue par une rangée de modillons le sépare du registre supérieur.
La façade elle-même offre une grande dynamique, et les arcatures supérieures sont ornées, mais délicatement : même le combat des Vices et des Vertus qu'on retrouve à la façade ouest semble ici modeste. Tout ramène le regard au portail, sans que pour autant celui-ci domine l'espace.

C'est que – et partons encore une fois de la forme – ce portail rayonne, dans tous les sens du mot. Les claveaux – et les figures sculptées sur eux – des trois voussures supérieures sont orientés vers le centre de l'arc, créant ce sentiment visuel à la fois de convergence vers la porte et de divergence vers l'extérieur. Le portail, offert au midi à la lumière solaire, est un soleil en lui-même. Il irradie vers l'espace tout autant qu'il concentre, et le regard fait cet aller-retour incessant, du centre à la périphérie, de l'équilibre au mouvement.

des ymages en réseau

Approchons-nous maintenant, pour situer ce qu'on voit. En Poitou et Saintonge, les voussures des portails sont bien lisibles, emboîtées en creux l'une dans l'autre. Chacune a donc son identité propre, en terme de forme architecturale tout comme en terme d'iconographie. Chacune tient son propos, donne une part du sens de l'ensemble que l'ymagier conçoit. Mais l'unité visuelle est plus élémentaire encore, chaque scène ou figure étant liée à la pierre. Sur les trois voussures extérieures, à quelques exceptions près, l'ymagier a sculpté sur chaque pierre une seule figure. Multiplicité de personnages, d'êtres vivants qui rayonnent eux aussi et qu'on embrasse d'un seul regard.

" Écriture et glose, images et sons : le manuscrit médiéval, au risque d'anachronisme, apparaît comme le triomphe prémonitoire de l'hypertexte et du multimédia. "

Jacques Dalarun
Le Moyen Âge en lumière
Fayard (2002)

Dès lors, c'est d'un réseau visuel qu'il faut parler, bien plus que d'une image au sens pictural ou photographique. Ce que l'historien dit des manuscrits vaut à peu de choses près pour cette sculpture. Son approche, par l'oeil et le corps entier, est faite d'accroches successives à telle expression d'un visage, à tel relief délicat, à telle scène incompréhensible dès l'abord... Visions élémentaires et plus larges qui se mêlent, puzzle que mentalement peu à peu l'on agrège, d'échos en répons, la lecture devient globale, dans une circulation du regard qui peine à s'arrêter, tant la puissance qui émane de ces pierres est réelle.

Quelles sont les conséquences de ce " système visuel ", où l'on perçoit d'évidence les interactions des éléments entre eux, les agencements, l'organisation... ? C'est que d'abord le regard ne peut appréhender cela comme l'immédiat d'une image photographique. Plus précisément, l'accroche instantanée, l'aimantation qu'induit toute représentation, s'arrête dans le passage d'une scène à l'autre, puis reprend, et le regard prend ainsi de la distance, se doit d'interagir lui aussi, devient mobile au sein du réseau.

C'est donc que, ensuite, l'ymage romane est un guide, pas un miroir. On ne cherche pas le réalisme, ni dans l'élément figuré, ni *a fortiori* dans l'ensemble. On cherche à susciter l'émotion et la réflexion tout ensemble, à ce que la force de l'invention, de l'expression humaine qui fascine, déclenche le questionnement intérieur. C'est sur ce socle qu'opère le message religieux.

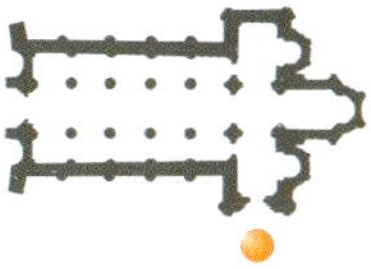

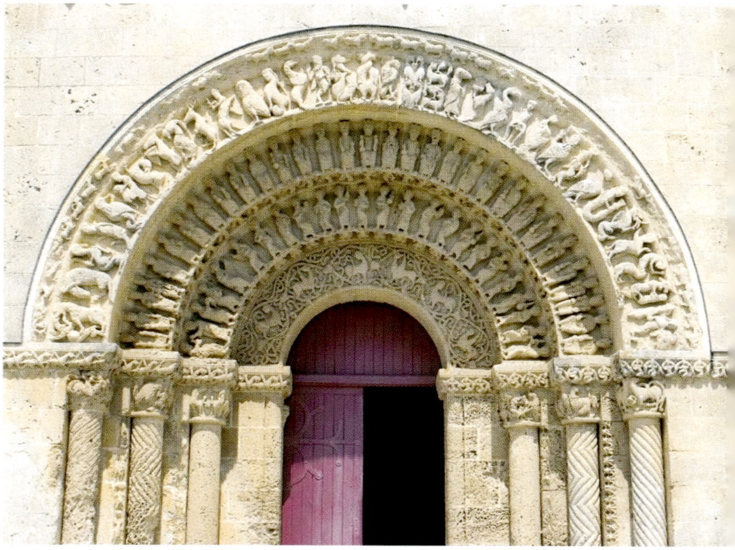

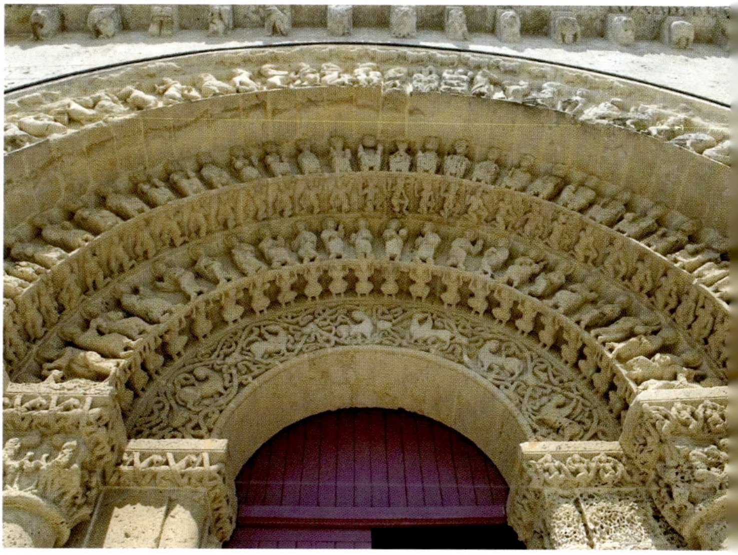

Le portail sud, sous deux angles différents

D'un seul tenant, la porte
et ces images qui disent la multitude
à l'œuvre, les images
chacune dans son aire, chacune touchant l'autre

le monde initial

Dans les réseaux du monde ▸ 42
L'ymage du centaure en détail

La première voussure est singulière, puisque la sculpture s'y étale sans souci des claveaux, et qu'elle le fait sans grand relief, en méplat.
Dans le parcours de l'arc, trois centaures et trois griffons alternent. Ils sont au sein d'un réseau dense, touffu, de courbes végétales qui les entourent et duquel ils naissent pourrait-on dire, puisque le rinceau d'un même trait devient la queue de l'animal. À y regarder de près, on devine au croisement du végétal, rythmant le tout, de petits visages qui semblent hésiter entre l'animal et l'humain.
L'ensemble est fortement stylisé, précis dans ses manières d'occuper l'espace. On pense à l'Orient, aux enlacements complexes des enluminures. La posture des animaux reste la même d'une figure à l'autre, élancée, chacun tourné vers l'arrière.

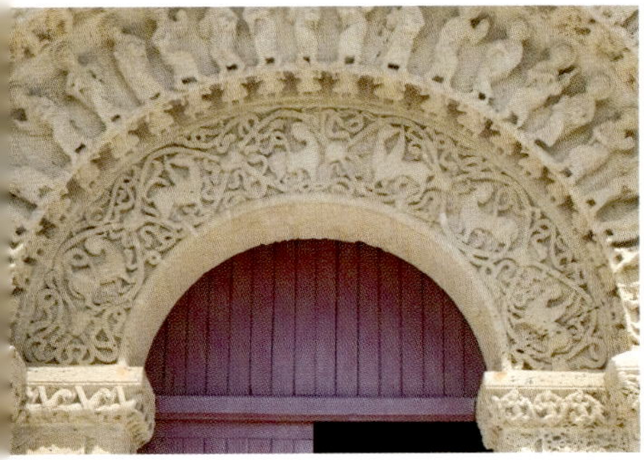

Première voussure, centaures et griffons

Peut-on démêler la rumeur du monde ?

Au-delà de la finesse du décor, que dit ce monde émergeant à peine de la pierre, qui semble ainsi donné, à plat, surface paisible où le végétal, l'animal et l'humain même se mêlent ? C'est le monde initial, ce qui commence : certains ont voulu voir dans les six animaux une référence aux six jours de la création dans la Genèse. Monde hybride, indifférencié presque, comme le dit le peu de relief. C'est la vie terrestre qui naît non encore pétrie du temps de l'histoire, c'est le tissu dense des origines.

le temps de la Parole

À la seconde voussure, tout change. Un personnage par pierre, ou parfois deux, tous orientés vers le centre de l'arc. Et donc un grand nombre de personnages. Ils sont vingt-quatre ici, groupés par deux, ils dialoguent l'un l'autre, avec vivacité. Leurs pieds croisés, comme en mouvement, chaque silhouette tendue vers sa voisine, les plis de leurs vêtements si travaillés qu'ils semblent prêts à se gonfler du vent des jours, tout indique que ces hommes marchent, parlent, échangent. D'un bout à l'autre de l'arc, c'est comme une danse de vie, une énergie de gestes déployée. Certains tiennent en main un livre, d'autres une fiole de parfum, ce parfum dont l'Apocalypse de Jean dit qu'elle est la " *prière des saints* ".
Ce sont des saints justement, tous ces hommes au visage nimbé, peut-être douze prophètes et les douze apôtres. Les hommes de la parole révélée,

qui portent la nouvelle aux confins du monde. Voussure de l'humanité, du temps des hommes en marche.

'éternité céleste

Au-dessus, à la troisième voussure, des personnages encore et dans le même rayonnement, mais l'opposition à la voussure précédente est flagrante. Chacun porte couronne et barbe, est assis de face, tenant d'une main une vièle ou un luth, de l'autre la même fiole de parfum qu'à la voussure précédente. Ce sont les vieillards de l'Apocalypse, dans l'immobile bonheur de la vision de Dieu.

Ce qui frappe, c'est leur intériorité, cette solennité répétée à l'identique d'un personnage à l'autre. À peine l'identité de chacun, dans les traits du visage, dans la silhouette, rigide là, presque douce ailleurs. Figures profondes du sacré qui transfigure, qui projette hors de l'humain.

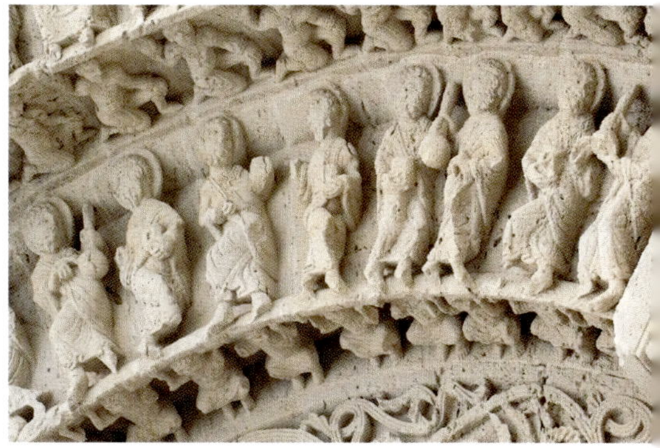

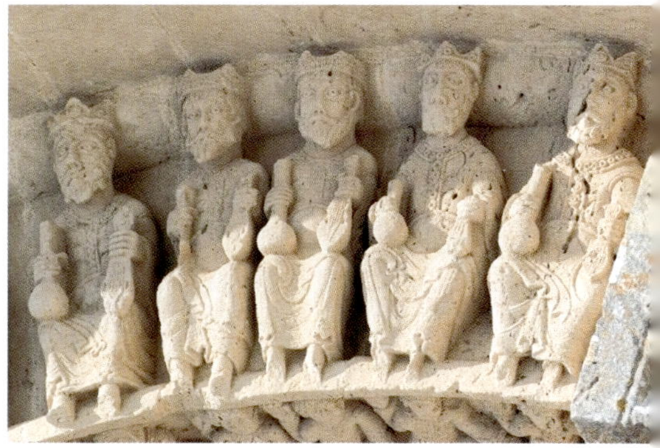

Seconde puis troisième voussure, apôtres et prophètes, puis vieillards de l'Apocalypse

La parole qui court, qui nous traverse, et ce regard, l'éternité ?

L'Apocalypse et les vieillards

Le mot *apocalypse* est calqué du grec. On le traduit souvent par *révélation*. Jean Grosjean, grand poète et traducteur des textes évangéliques et bibliques, propose le terme *dévoilement*.
Comme d'autres récits de même forme, l'Apocalypse que Jean l'apôtre écrit lors de son exil à Patmos à la fin du Ier siècle est une vision prophétique complexe, dont l'interprétation, loin d'être simple, reste sujette à controverse. Parce qu'elle traite de l'histoire du monde, des épreuves de la fin des temps, on en a fait communément une référence terrifiante. Mais l'Apocalypse décrit aussi la " *Jérusalem céleste* ", le monde intemporel de la vie radieuse et éternelle, " *ce qui doit être après* ".

Entourant l'Éternel qui trône en gloire, " *vingt-quatre trônes et, assis sur les trônes, vingt-quatre anciens vêtus de vêtements blancs avec sur leurs têtes des couronnes d'or. "* (IV, 4). Puis : *" Quand il a pris le livre, les quatre animaux et les vingt-quatre anciens sont tombés devant l'agneau avec chacun une cithare et des bols d'or pleins de parfums qui sont les prières des saints. "* (V,8)

Traduction Jean Grosjean
Bibliothèque de la Pléiade
Gallimard (1971)

Ces vieillards prosternés jouissent de l'éternité. Ils sont vingt-quatre, mais l'ymagier d'Aulnay en a représenté trente et un, pour satisfaire à la loi du cadre architectural, et peupler toutes les pierres de l'arc.

La vision des vieillards qu'a mise en scène l'ymagier est à Aulnay toute particulière. Comparons avec le tympan de Moissac, autre chef-d'œuvre roman. Là-bas, les vieillards entourent le Christ en gloire qui trône au centre du tympan, tous les regards convergent vers lui, dans l'adoration de l'Éternel. Ici, pas de représentation divine, les vieillards font face à celui qui passe, et c'est lui qu'ils regardent, ou bien le vide au-devant. Et si l'on retrouve cette manière en Saintonge, notamment à l'Abbaye aux Dames de Saintes, c'est à Aulnay certainement que cette vision de l'absolu, de l'ailleurs, est la plus puissante. Voussure de la contemplation du divin, hors du temps.

ceux qui portent

Intrados

Surface intérieure de l'arc, qui est donc concave. Plus rarement sculptée que le devant de l'arc.

À l'intrados des arcs des seconde et troisième voussures – et donc peu visibles dès l'abord – de petits personnages sont sculptés, nombreux, un par claveau. Ce sont des atlantes, qui à la manière d'Atlas le titan de la mythologie grecque qui porte le monde, portent symboliquement la pierre et la figure au-dessus d'eux.

Ceux d'en bas, de face, ont les deux bras levés, l'arête de la pierre sur leurs épaules, ils se regardent deux à deux, placides dans l'effort. Ceux du dessus ont un genou en terre, et c'est leur main démesurée qui marque le soutien aux vieillards. Au sein du visage tourné de trois quarts, l'œil est grand ouvert, attentif à ce travail de maintenir les pierres.

Outre qu'ils enrichissent dans l'apparence le rayonnement du portail, leur rôle est de créer une communication entre les trois premières voussures, chacun prolongeant en dessous la figure du devant qu'il soutient.

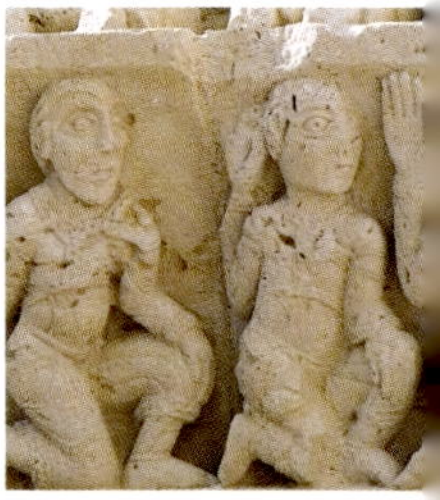

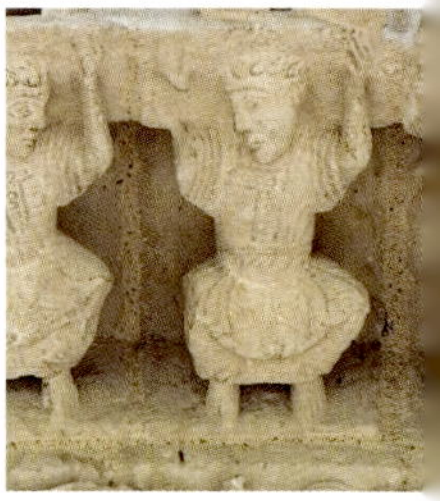

Les atlantes, à l'intr

Ils p
les p
de main en

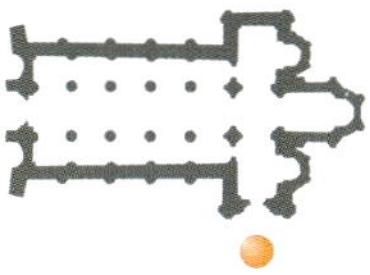

e paradoxe de la violence

Relions ce qu'on vient de parcourir, ce que nous disent ces voussures. D'abord, le monde tel qu'il nous est donné, puis celui de la parole révélée, le message chrétien au cœur de l'histoire humaine. Enfin, le bonheur éternel du partage de Dieu, d'une inépuisable vie, après que l'humanité eut éprouvé ce que dévoile Jean dans sa vision d'apocalypse. Le monde initial, l'histoire, l'éternité, avec une redondance des ymages qui renforce le propos. Le discours est limpide et semble clos : quoi d'autre après ce qui est hors du temps ?

Et pourtant, bien en vue, en pleine lumière, extrêmement prégnante par ses figures, par sa maîtrise sculpturale, la dernière voussure enveloppe si l'on peut dire l'éternité, la dépasse.

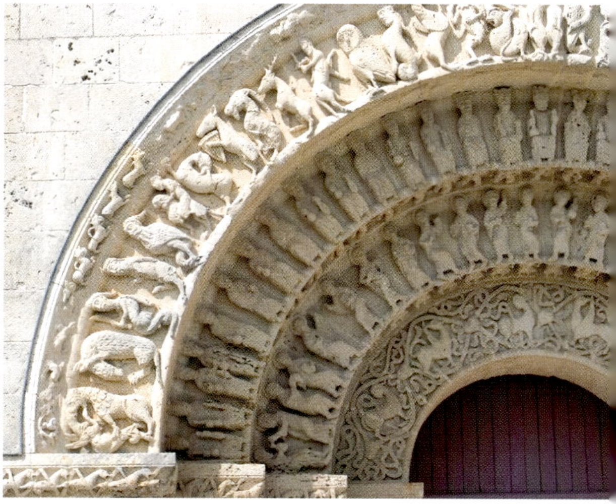

Les quatre voussures du portail
Formes à l'unisson,
et le sens qu'on voudrait, qui s'échappe

Qu'y voit-on ? Un extraordinaire défilé d'êtres étranges, dont nous ferons le parcours plus avant dans ce livre. Pour l'heure, il suffit d'observer leur grouillement intense, les luttes, l'aspect monstrueux, pour apprendre vite qu'ici règnent le désir et la violence, que s'y étalent les passions humaines. Car à travers le bestiaire, c'est le monde tel que l'a fait l'homme que l'ymagier révèle.
Que viennent faire ici ces fantasmes humains, cet univers maléfique ? Énigme ou paradoxe, c'est la violence dont on sait qu'elle nous fonde, mais dont on sait aussi que le christianisme veut nous délivrer, qui termine ce portail. Magnifiquement dans la prouesse artistique, mais dans une cohérence qui semble s'effacer.

Notez toutefois que l'intrados de cette dernière voussure est lisse. Pas d'atlantes ici, qui fassent le lien. L'humanité violente est séparée de la vision évangélique de l'histoire. Et peut-être simplement c'est la liberté humaine qui se joue sous nos yeux : d'un côté le possible de la rédemption, de l'humanité sauvée, de l'autre les hommes face à eux-mêmes, plongés dans leur monde d'angoisses, ce qui advient si l'on refuse le salut. L'admirable du message est que ce monde-ci soit présent, et largement, qu'il soit convié lui aussi au passage de la porte.

Le défilé
des monstres ► 104
Le bestiaire de la quatrième voussure du portail sud

" Rien ne nous colle mieux ensemble, depuis la fondation du monde, que le sacrifice humain. Toutes les images se ramènent à lui, vieux ciment du collectif, vieille machine à fabriquer les mille dieux glorieux du polythéisme. [..] La violence a des vertus plus fortes que la parole : universelle et sans besoin de traduction, elle nous touche tous avant le sens et sans lui "

Michel Serres
Hominescence
Editions du Pommier (2001)

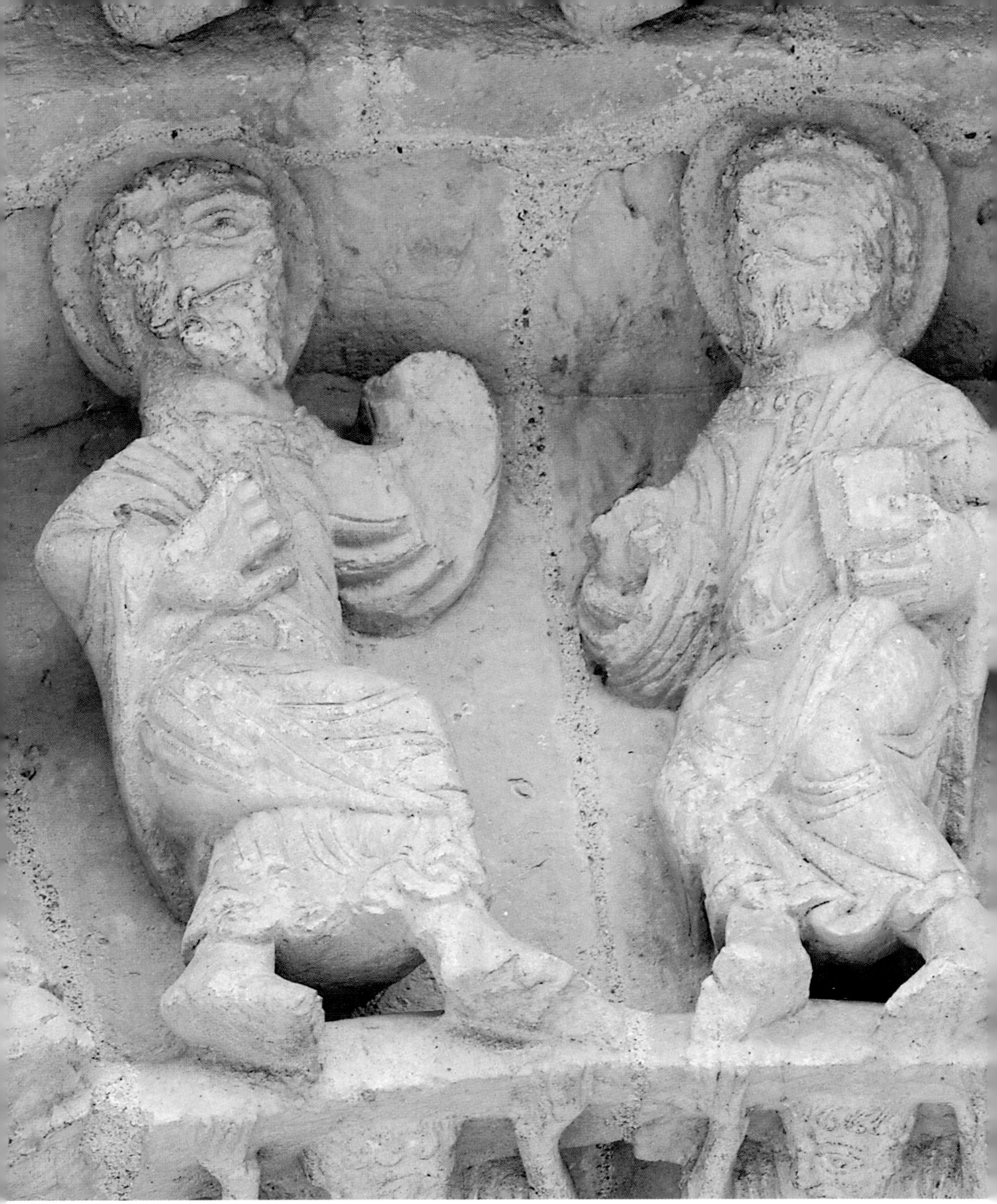

Un apôtre, un prophète, seconde voussure du portail sud

C'est comme un pas de danse
mais dans la profondeur grave du regard,
la fête du corps, de l'esprit,
mais dans l'absence, dans le silence

L'apôtre et le prophète

Derrière vos visages, le nimbe atteste de votre sainteté. C'est tout ce que l'on sait vraiment de l'intention de l'ymagier qui vous a fait. Représenter des saints, ces hommes exemplaires dont on se souvient dans l'histoire.

Vous allez par deux, sur ce parcours de la courbe romane qui dit l'espace et le temps du monde. Vous vous regardez l'un l'autre, mais c'est à peine, tant vos yeux semblent lointains, dissous presque, lavés par tant de routes, tant de présence aux autres.
Il y a celui qui tient le livre, et celui qui tient la fiole à parfum que le temps parfois a détruite. Vous êtes ainsi douze couples, qu'on a imaginés chacun apôtre et prophète, traversant le temps de l'humanité, traversant les contrées du monde. Mais que sait-on vraiment ?

L'apôtre, c'est celui *qui est envoyé* et le prophète *celui qui dit d'avance*. Envoyé pour dire. Parole qui court sur la terre, levant l'espoir et comme une sorte de bonheur difficile, l'exigence qu'on voit frémir sur vos visages.

Prophète ou poète, visionnaire des mots, qui va chercher toujours derrière la langue ce qui se dit de la blessure humaine ou de l'espérance.
Et peut-être de l'un à l'autre c'est cela que vous partagez, cette recherche d'un autre pays de l'homme, là où les actes des jours ne nous divisent plus, où ce serait l'enfance à jamais, et la buée de l'amour.

Vos corps sont comme dans une danse, liés par l'énergie, le mouvement qui les mène. Couches des vêtements, courbes et plis au gré de l'espace : cette parole partagée vous traverse, elle vous a lancés jusqu'au bout de la terre, elle vous imprègne, vous étreint, elle fait le vent qui vous gonfle, elle rend présence entre vous, semis de sens dans les rouages implacables des angoisses.

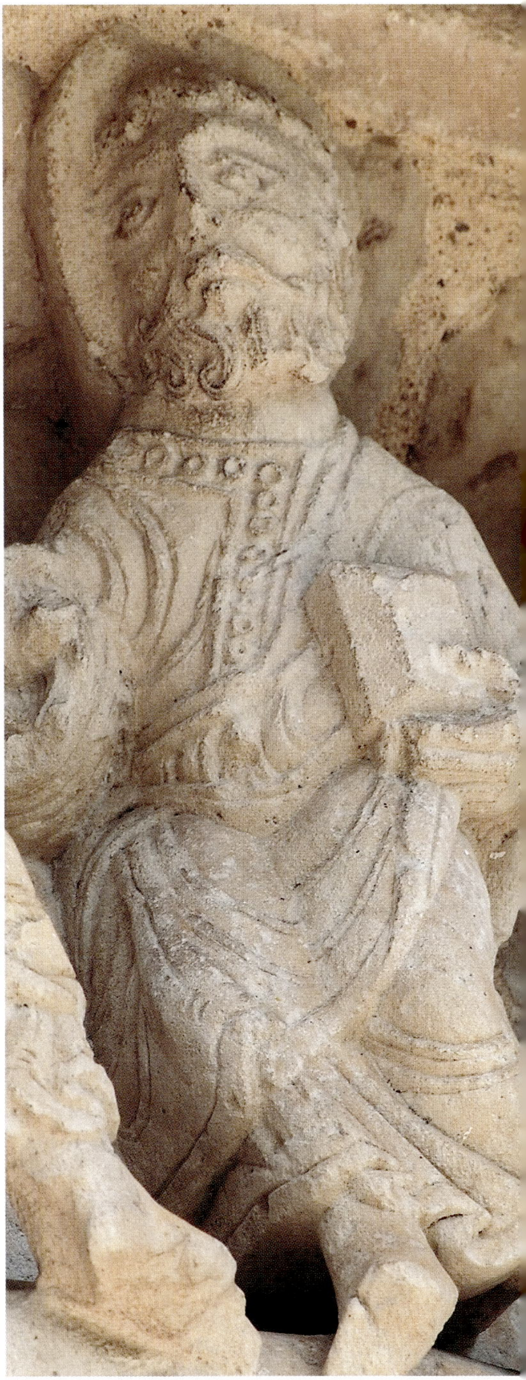

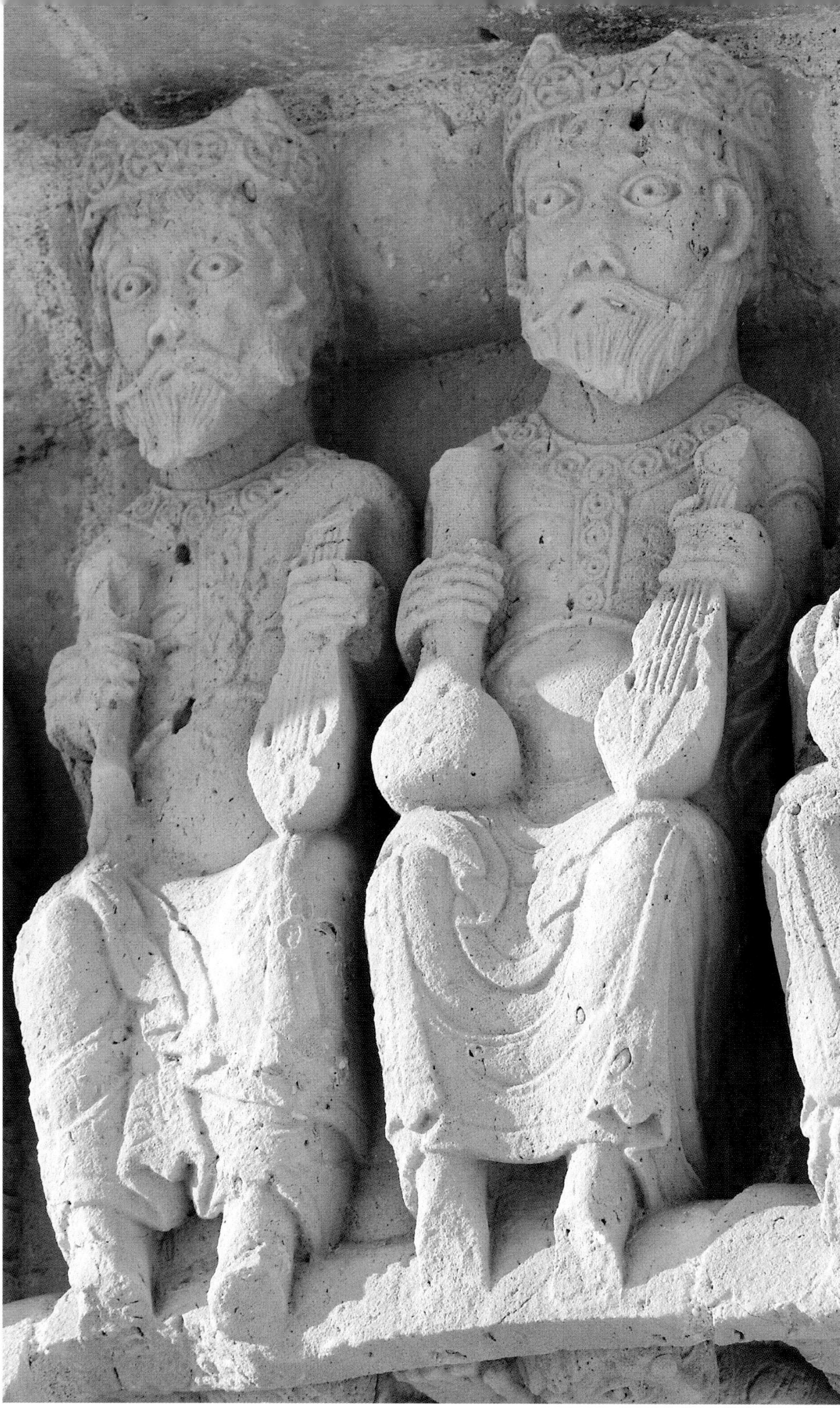

Vieillards de l'Apocalypse, troisième voussure du portail sud

Regards sans regard, la présence et l'absence si palpables

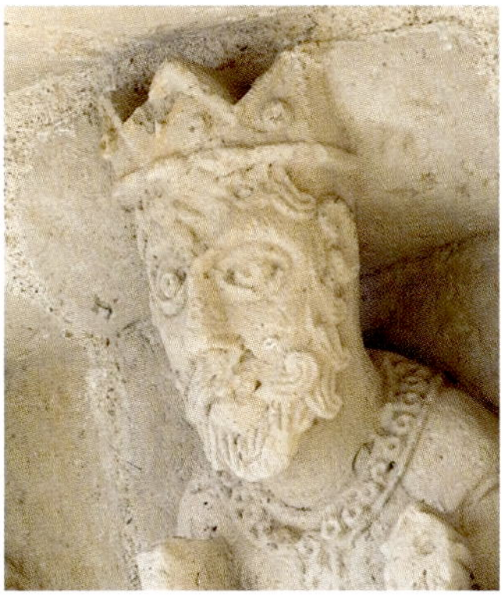

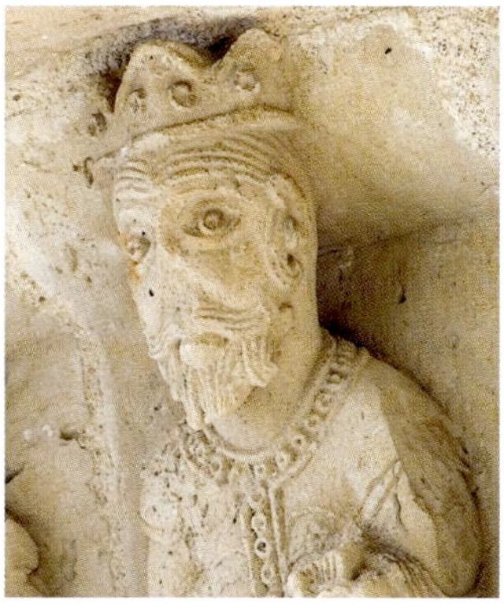

Vieillir, ce qui si lentement s'amenuise dans le corps, la mémoire agrandie qu'on rassemble à grand'peine, la peine et les douleurs des jours, le jour dont on sait maintenant qu'un jour il finira.
Vieillards, qui êtes là, vieillis dans la maigreur de vos visages, cette posture un peu voûtée parfois, un peu raidie, on voudrait vous parler de votre temps sur la terre, avant cette éternité immobile, trente et une fois multipliée, que vous figurez là. Avez-vous aussi vécu cela, ce qui se désagrège jusqu'au bout des déserts en soi, la mort qu'on garde pour après et qui guette dans votre proche voisinage ?

L'apocalypse, ce qui dans les mémoires dit la terreur des temps à venir. " *Malheur, malheur, malheur aux habitants de la terre !* "* Tous les tourments du monde, toujours là, plus graves encore s'il se peut demain, la grande peur des hommes qui monte du fond des siècles et voici que tout espace, tout message, toute part de nous-mêmes en est saturé.

Vieillards d'apocalypse à l'absolue sérénité, qu'est-ce qui capte ainsi votre regard et vous fascine plus encore que le sublime d'une image ou d'un corps ?
Sur un genou la musique, sur l'autre les parfums, ce qu'on n'explique ni ne touche, les plus intimes sensations, le mieux que vous puissiez offrir. Et votre œil comme dans les lointains, qui adhère immensément à la gloire, qui n'observe personne.
Vous êtes comme morts à vous-mêmes, comme si d'avoir franchi la barrière du temps, il vous fallait cette identique solennité des silhouettes, cette absence de gestes qui place ailleurs, définitivement, le bonheur éternel. À quoi souscrire, dans cette présence absolue du manque ?

* Apocalypse de Jean, VIII, 13

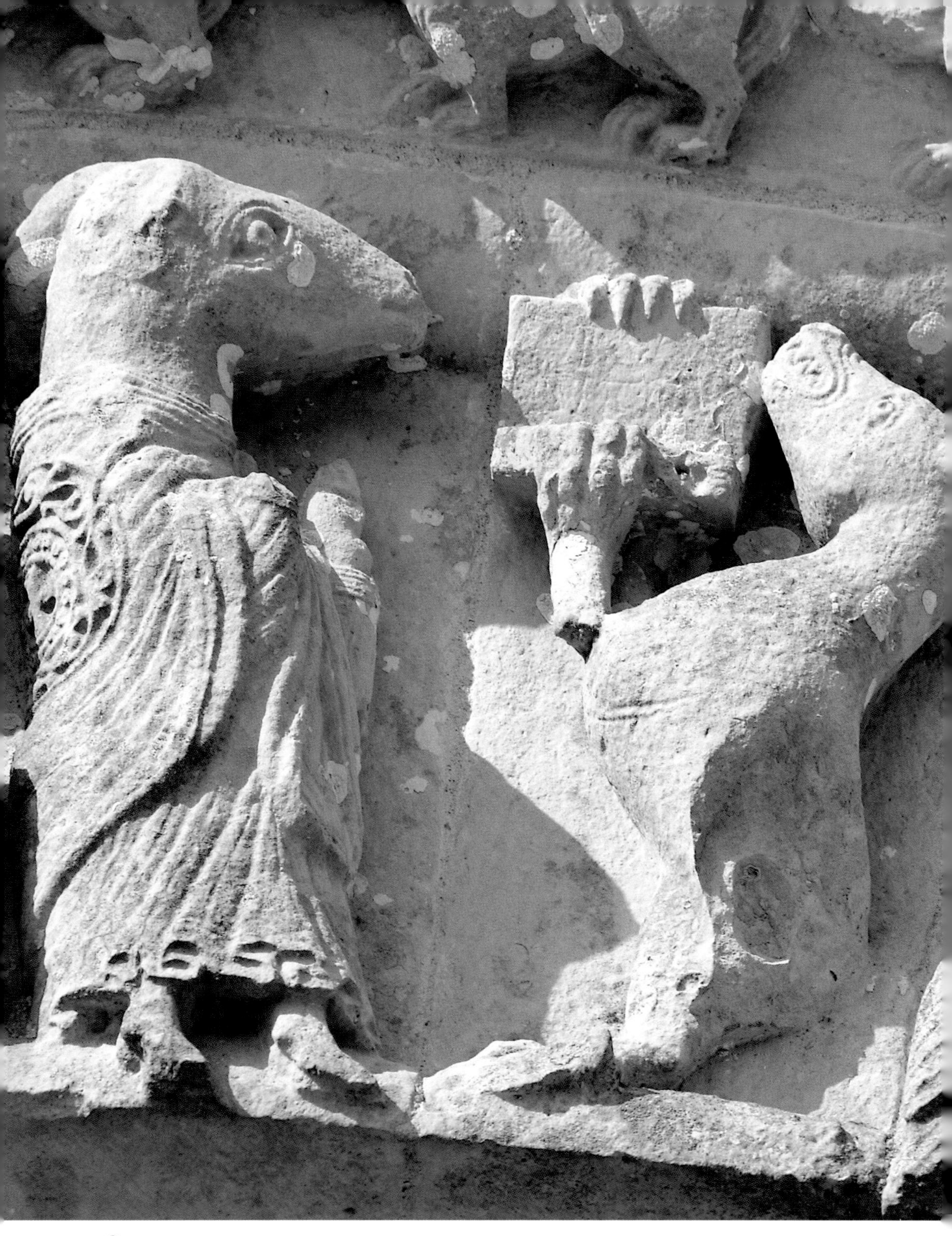

Le bélier, le loup, le livre saint, quatrième voussure du portail sud

L'ironie et l'ambigu
de l'animal qui mime l'homme

La parodie de la messe

C'est à la quatrième voussure du portail sud, au milieu du bestiaire et des monstres, que se déroule cette étrange scène. À gauche, un bélier, en aube et chasuble d'apparat, se tient dans la solennité de l'office. Face à lui, à droite, un autre animal, un loup sans doute, lui présente entre ses pattes le livre de la messe.

Voilà, c'est le théâtre ou c'est dans un roman – et l'on se moque. Satire acérée comme les dents et les griffes du loup. Ironie de la componction du bélier. On passe la messe au crible de la douceur hypocrite et de l'avidité.

L'ymagier vous a faits, loup et mouton, comme dans quelque dessin animé avant l'heure, révélateurs puissants des caractères humains. Bélier au corps enveloppé, si bien portant, vous allongez votre face dans la suffisance béate du clerc. Loup, le corps tendu qui se prosterne à peine, c'est comme en une mimique cruelle que vous tendez le livre saint.

Que nous dites-vous, dans cette liberté sarcastique que l'imaginaire au XIIe siècle déjà développe ? Que le prêtre qui se conduit en mouton peut être le jouet des fourbes et des puissants, que toute parole se corrompt quand on l'affuble de trop de luxe et de bonnes manières, que toute institution dérive...

Qui vous a mis ici, pour dire le religieux à l'envers au cœur du religieux ? Un clerc, lointain parent poitevin de ce Nivard de Gand qui invente le personnage d'Ysengrin, à cette même période où ce portail est construit ? Un précurseur du *Roman de Renart* qui aura grand succès quelques années plus tard, et qui aurait placé là Maître Belin, le mouton chapelain, en face d'Ysengrin ? En tout cas, quelqu'un de libre, d'audacieux, d'exigeant, qui sait dénoncer les errances.

Transgression du tabou religieux, dépassement du symbolisme des fables, l'animal change de rôle, il devient le double humain, il montre les excès de l'Église avec une vivacité féroce, qu'on accueille ici, au sein de l'église même.

" Ysemgrimus, un poème latin écrit au milieu du XIIe siècle par un moine de Gand, met en scène les bouffonneries d'un loup vorace qui est à la fois évêque et abbé de plusieurs monastères pleins de " moutons doux et gras "."

Michael Camille
Images dans les marges
Gallimard (1997)

Le portail ouest

Il vous suffit de découvrir en fin d'un après-midi lumineux ce portail ouest et la façade qui l'entoure, pour éprouver dans l'instant que c'est ici un des sommets de la sculpture romane.

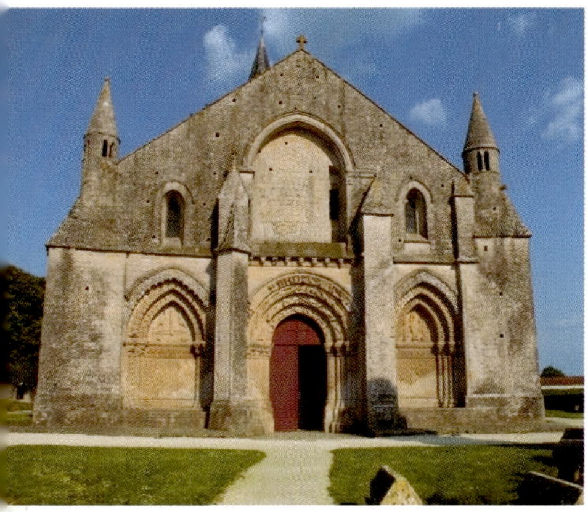

La façade ouest,
vue de l'allée centrale du cimetière

Limpidité, c'est le mot sans doute qui convient le mieux. Limpidité du style: les silhouettes qu'on voit sur les voussures sont d'une telle fluidité, d'une telle élégance évidente qu'elles semblent touchées par la grâce. Cette grâce qui donne aux corps leur pleine dimension d'humanité, une présence fraternelle bien au-delà de la pierre.

Limpidité du message aussi. Travaillez tout au long des saisons de la terre, soyez en veille toujours dans la vie qui passe, soyez exigeant envers vous-même, et priez Dieu enfin : avant qu'il n'entre dans l'église, la porte rappelle au chrétien du XIIe siècle, en quatre voussures admirables, ces quatre préceptes de vie, comme un socle fondant la foi.

Quand le portail sud semble encore le théâtre de forces obscures, maléfiques parfois, quand il donne à voir à travers la parole le temps de l'humanité, la porte à l'ouest dit simplement comment vivre, comment bien vivre.

Au portail sud, ce sont des hommes essentiellement qui disent le monde – prophètes, apôtres, vieillards. Ici, visages et corps féminins dominent, induisant dans le difficile du monde, une douceur ineffaçable. Comme si cet ensemble, construit après le portail sud, bénéficiait de cet infléchissement vers la femme que la religion commence, à peine, de mettre en œuvre en ce XIIe siècle. Comme si, à côté des grands mouvements de l'histoire, il fallait la patience lente, le tissage tenace des vies vertueuses.

Enfin, et comme pour accentuer ce changement de vision, le changement de style est patent. Le portail sud rayonne, ses ymages sont ancrées dans les pierres, dans leur cadre. Le portail ouest semble délié, aérien, puissant, d'une liberté nouvelle où l'ymagier compose avec génie dans l'espace d'autres formes de figures.

Tout ceci confère à cette sculpture la qualité rare de la cohérence et de l'accompli, sans contrainte apparente, sans grandiloquence, où tout est lisible, limpide. Simplement, profondément.

L'équilibre des formes peuplées des certitudes

« ...accès au rêve, à la transparence des êtres, aux mystères de la foi ; accès à la parole publique, aux représentations sacrées sur les places des cités, à un modeste magistère, à l'écriture enfin maîtrisée. [..] Je pense que la plus grande conquête de ces femmes, mais pas forcément la mieux identifiée ni en leur temps ni encore à ce jour, a été de revendiquer et d'illustrer leur droit à l'exercice de la pensée. »

Jacques Dalarun
« Dieu changea de sexe, pour ainsi dire », La religion faite femme XIe – XVe siècle
Fayard (2008)

au sein d'une façade signifiante

Vous arrivez sur le parvis de l'église, et c'est l'ampleur de la façade qui vous frappe, ce grand fronton triangulaire qui coiffe la longue partie basse. Puis, vite, en ce registre inférieur, la profusion de la sculpture prend le regard, elle occupe tout votre imaginaire, et pour un moment long. Pourtant, avant de se laisser porter ainsi, situons d'un trait l'ensemble occidental et ses variations. Observez un moment la partie haute. L'arc central ne souligne plus qu'un pan de mur : au XVIIIe siècle encore, un grand cavalier ornait cet espace avec ampleur. Les contreforts mis en place au XVe siècle, s'ils ont quant à eux donné force et solidité au bâtiment, ont aussi en quelque sorte emprisonné visuellement les trois unités sculpturales de la partie basse. Oublions, s'il se peut, les mutilations de l'histoire, approchez de ces trois ensembles, qui sont comme des arches de gloire.

Les évolutions ▸ 178
Comment l'église a été transformée au cours du temps.

La façade dit le passage de la vie terrestre à la vie divine. À gauche, au sein d'un merveilleux décor, la fenêtre aveugle montre saint Pierre, à qui cette église est dédiée, crucifié. À gauche, l'homme meurt, ici dans la violence d'un martyre, dans l'échec apparent de sa foi.

À droite du portail, dans la même profusion ornementale, trois personnages assis. Au centre, celui doté d'un nimbe crucifère est certainement le Christ. D'autant que sa taille est démesurée par rapport aux deux autres, et l'on sait combien la taille des représentations traduit à l'époque l'importance hiérarchique. Ses pieds reposent sur un *scabellum*, petit escabeau insigne à Byzance de royauté.

À ses côtés, et qui semblent s'adresser à lui, sans doute saint Pierre et saint Paul, sans qu'on sache vraiment les identifier. À droite, la foi a triomphé de la mort, et l'homme crucifié partage le bonheur divin. On vient d'évoquer Byzance. À gauche comme à droite, certains détails des scènes et surtout la forme des arcs et la richesse extrême du décor indiquent cette influence de l'Orient, qu'on retrouve à maints endroits de l'édifice. L'ailleurs des origines du religieux chrétien, l'ailleurs aussi peut-être de la vraie vie.

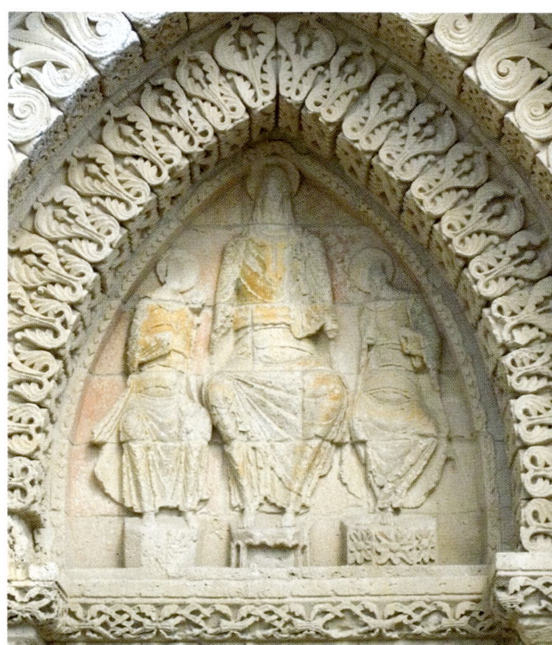

Le Christ et les apôtres Pierre et Paul, fenêtre aveugle sud, façade ouest

Un écrin pour la majesté des hommes, de Dieu, ensemble

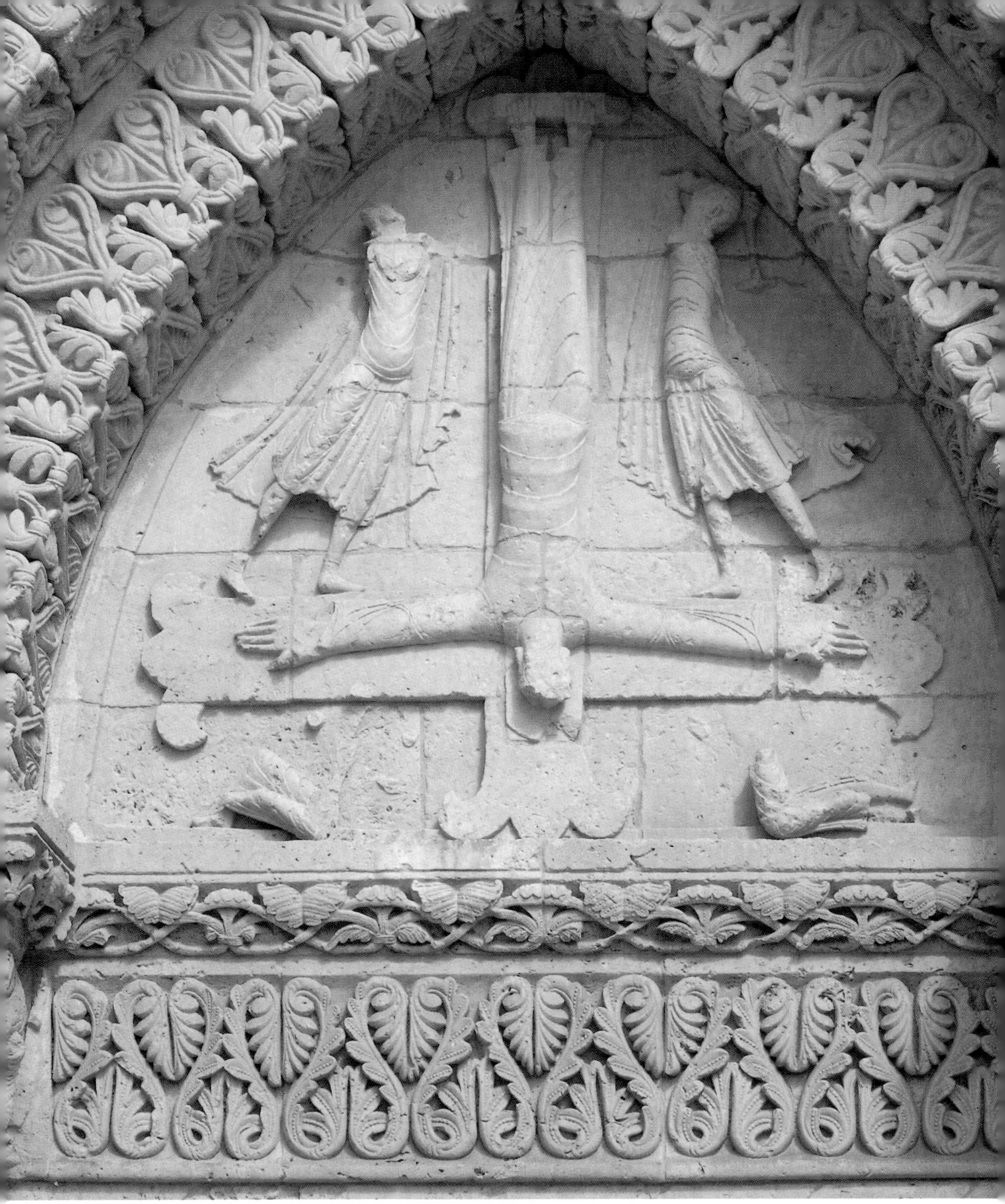

Saint Pierre en croix, fenêtre aveugle nord, façade ouest

Le corps à l'envers dans la mort,
mince et frêle comme durant la vie
la mort
qu'on a rendue si belle ici...

Saint Pierre crucifié

Il y a des voussures, c'est comme une porte, mais la porte est fermée par un mur, un mur qui porte une grande ymage. Tout autour, l'ymagier patiemment a tressé des motifs dans la pierre, qui font comme un abri précieux à ce pan de mur avec la grande ymage. Et quand on les regarde, on se dit que ce n'est plus de la pierre même, ces entrelacs qui entourent la scène, c'est comme la légèreté du monde qui plane sur elle.

L'ymage est au fond des voussures, comme dans une niche, protégée. Les voussures forment un arc bien sûr, que l'œil parcourt comme les autres. Mais l'œil s'arrête, l'arc n'a pas la rondeur du cercle, il est brisé, dit-on, en son sommet la courbe cesse, repart ailleurs, l'arc est séparé en deux.

Mais voit-on tout cela, quand on s'approche ? Non, motifs, voussures sont faits pour elle, la grande ymage et c'est elle qui vous emplit dans l'instant. C'est donc un homme en croix, à l'envers, qu'on voit, dont on ne sait s'il vit encore. Quand Néron décida de sa mise à mort, Pierre l'apôtre voulut ainsi subir le martyre, dit-on. C'est la violence nue des hommes qu'on voit, celui qu'on dit coupable et qu'on montre là, dans sa mort face contre terre.

Il n'y a pas de violence pourtant dans l'ymage. Même les deux bourreaux qu'on voit frapper de leurs marteaux les clous aux pieds du crucifié ont cette souplesse du corps, ces vêtements offerts au vent, de l'élégance presque dans le geste. Et ceux dont il reste des bribes en bas devaient être aussi calmes, qui s'occupaient des clous à travers les mains.

La silhouette de celui qui meurt est mince et simple. Pas d'expression de douleur dans le corps. Et rien sur le visage non plus, pierre lisse maintenant. Mais était-il bien différent, à l'origine, sous le ciseau de l'ymagier ? Même la croix est finement travaillée, en ses extrémités de fleurons. Aucune volonté de montrer le réel, les pieds reposent sur un socle, et le vêtement tombe le long du corps, comme s'il n'y avait plus de pesanteur. C'est juste l'image de la mort à l'envers qui compte.

On voit, on ne sait pas bien quoi comprendre. La foi qui sublime le corps dans l'acceptation du supplice ? Le banal de la persécution, de la violence subie ? La modestie de l'apôtre sacrifié, au regard de son Christ ? Ou l'approche déjà de la paix bienheureuse du ciel ?

" Et Pierre quand il fut en face de la croix, dit : " Mon maître est descendu du ciel sur la terre, aussi a-t-il été élevé sur la croix. Mais moi, qu'il a daigné appeler de la terre au ciel, je veux que, sur ma croix, ma tête soit tournée vers la terre et mes pieds vers le ciel. "."

Jacques de Voragine
La légende Dorée (XIIIe siècle),
édition par
Teodor de Wyzewa
Perrin (1929)

travaux et saisons

Commençons le parcours du portail. Mais cette fois par l'extérieur, la voussure la plus grande. Car ici, on passe des saisons de la terre à l'adoration divine, en allant de la périphérie au centre, et la porte joue pleinement son rôle d'appel vers l'intérieur, vers l'intériorité.
Comme au portail sud, la voussure extérieure traite de la vie humaine, mais ce n'est pas la violence qui est ici mise en avant, plutôt le travail. Ou plus précisément la symbiose heureuse du travail et des saisons – labeur des hommes et moments de la terre.
La voussure figure tous les mois de l'année, de janvier à sa base côté nord, jusqu'à décembre au sud. Pour chaque mois, le signe du zodiaque et une scène de la vie rurale : on imagine combien le paysan médiéval pouvait être touché par ces ymages et donc réceptif à l'enseignement du portail. En cette période romane où les campagnes participent activement au développement et au mieux-être, on célèbre ainsi par les travaux des champs un des cœurs et moteurs de la société.

Zodiaques en Poitou et Saintonge ► 197

La sculpture d'Aulnay a été un modèle, et notamment pour un certain nombre de zodiaques.

Mais pourquoi le zodiaque et ses constellations ? Rien de religieux ici, cette découpe du ciel est bien antérieure au christianisme. C'est que cette quatrième voussure est celle des hommes, son arc figure la roue du temps, et c'est naturellement presque que le symbole païen y est convié, à Aulnay comme dans bon nombre d'églises romanes.
Cette multiplicité des zodiaques romans permet d'ailleurs des recoupements et facilite la lecture de scènes pas toujours explicites. Ici pourtant, l'ymagier a cherché à faciliter la tâche de celui qui passe, en gravant dans la pierre les noms des signes et ceux des mois. Toutefois, si vous approchez votre regard, vous constaterez des manques, des dégradations aussi sur la pierre. Cette quatrième voussure est celle qui a le plus souffert des remaniements et des intempéries.
Approchons-nous de quelques scènes, dans le cours de l'année. Janvier : l'homme, assis, se chauffe près de la voûte d'un four ou d'une cheminée, le signe du Verseau a disparu. Février : un homme encore, vêtu d'une lourde pelisse à grosses mèches, assis sous une architecture voûtée, à colonnes. Les Poissons sont au-dessus, disposés en tête-bêche. Ensuite, quelques claveaux nus, qui ont remplacé les sculptures originales. Certaines aussi ont été déplacées. Pour le mois de mars, c'est le Bélier qui est montré, avec son nom latin ARIES. Au-dessous, le visage d'un jeune homme émerge des feuillages : on a voulu y voir la taille de la vigne. On

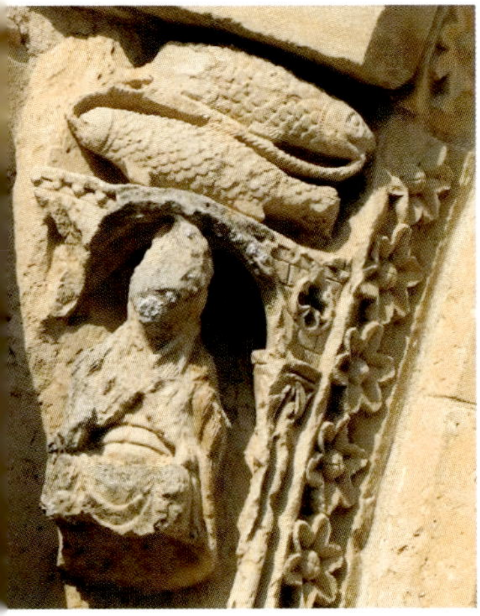

Février et le signe des Poissons, quatrième voussure, portail ouest

L'homme, à l'abri de l'hiver

devine ensuite deux personnages longilignes qui se font face, ce sont les Gémeaux de juin. Avril et mai n'existent plus. Puis une scène de fenaison, très évocatrice : à l'arrière-plan, le foin sans doute étendu dans le pré. À gauche, la femme en robe longue semble tenir une faux sur ses épaules. À droite, l'homme, le corps un peu penché et qui sans doute maniait le râteau avant que ses mains ne fussent cassées. Puis c'est le Lion figuré accroupi qui a été interverti avec le crabe, signe du Cancer, qu'on voit plus à droite, sans doute lors d'une restauration au XIXe siècle. Entre les deux, un claveau nu, mince, semble hors de propos. C'est pourtant le repère du temps, qui marque le solstice d'été, peu avant le milieu de l'arc et de l'année.

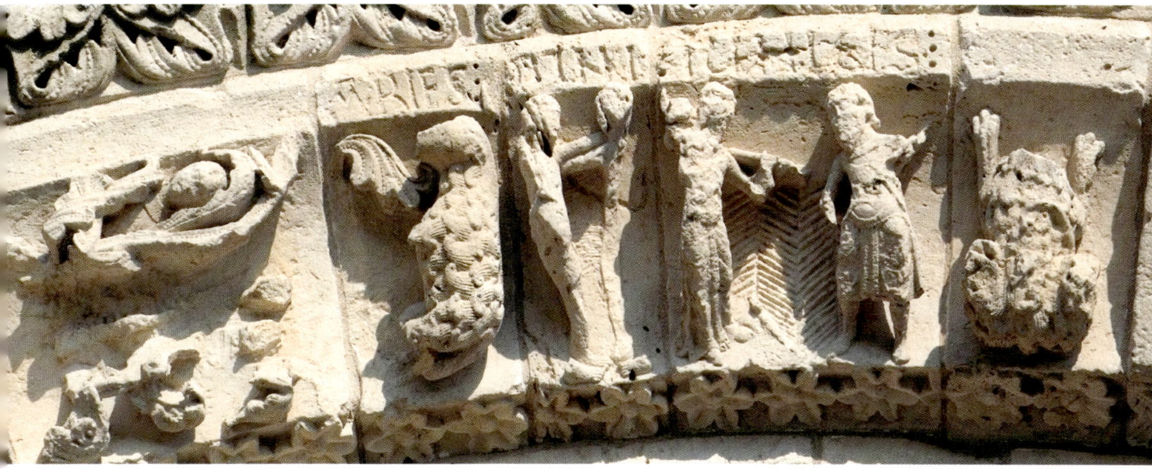

Fragment central, quatrième voussure, portail ouest

Une scène, un mois,
la vie le long du temps
de l'homme dans la terre mêlé

D'autres scènes suivent, la moisson, les battages, et cette ymage touchante, en septembre, où au pied d'un grand cep de vigne chargé de grappes, un enfant regarde le vigneron et la petite cuve qui sert au transport du raisin. Le signe de la Balance, marqué LIBRA, c'est une femme debout, tenant contre sa poitrine le fléau de l'instrument. Les sculptures de l'automne sont moins lisibles, on y devine une bête au râtelier, un homme attablé.

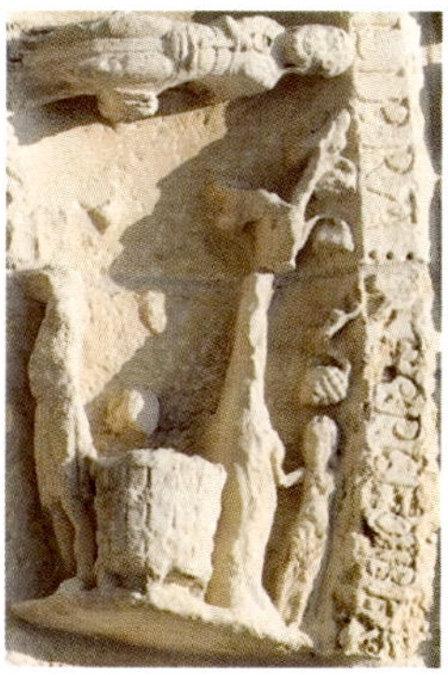

Septembre, la Balance et les vendanges, quatrième voussure, portail ouest

Signes que le temps patiemment creuse
comme sur des visages des rides, à l'échelle des siècles

C'est la sérénité qui émane de toutes ces saynètes, c'est un monde paysan paisible qu'on montre ici, par petites touches, ancré dans le rythme vivant de la terre. Vous aurez noté aussi que ces ymages sont de petites dimensions, et pour la plupart orientées vers le centre de l'arc, donnant à cette voussure un aspect quasi rayonnant. En cela, comme au portail sud, mais par un procédé différent, le monde des hommes se démarque des trois autres voussures consacrées au divin.

l'histoire des vierges

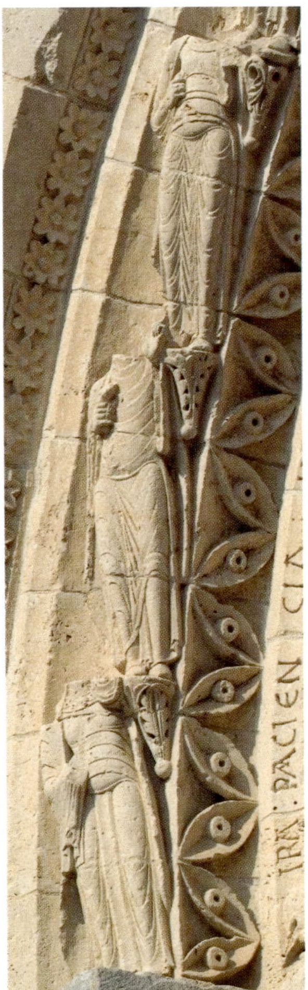

Vierges sages, troisième voussure côté nord, portail ouest

L'huile, qui fait le feu, la lumière, l'énergie du monde

C'est une histoire que met en ymages la troisième voussure, une histoire racontée dans l'évangile de Matthieu...

Les dix vierges

Alors le règne des cieux sera pareil à dix vierges qui ont pris leurs lampes et sont sorties au-devant du marié. Cinq d'entre elles étaient stupides et cinq, sensées. Les stupides avaient pris leurs lampes mais elles n'avaient pas pris d'huile ; les sensées avaient pris de l'huile dans des récipients en même temps que les lampes. Comme le marié tardait, elles se sont toutes assoupies et se sont endormies.

Au milieu de la nuit, il y a eu un cri : Voilà le marié ! Sortez au-devant de lui ! Alors, toutes ces vierges se sont levées pour garnir leurs lampes. Et les stupides ont dit aux sensées : Donnez-nous de votre huile, parce que nos lampes s'éteignent. Les sensées ont répondu : Cela ne suffirait pas pour nous et pour vous ; allez plutôt en acheter chez les marchands.

Pendant qu'elles y allaient, le marié est venu et celles qui étaient prêtes sont entrées avec lui aux noces, et on a fermé la porte. Enfin viennent aussi les autres vierges, qui disent : Seigneur, seigneur, ouvre-nous. Mais il leur répond : Oui je vous le dis, je ne vous connais pas.

Réveillez-vous donc car vous ne savez ni le jour ni l'heure.

Évangile de Matthieu, XXV, 1-13
Traduction de Jean Grosjean
Bibliothèque de la Pléiade, Gallimard (1971)

Ce que la tradition a nommé parabole des vierges folles et des vierges sages met donc en jeu onze personnages. Le marié, l'époux, c'est le Christ qui tient les clés du royaume de Dieu. Cinq vierges sensées, qui ont fait provision d'huile. Elles ont anticipé, dirait-on aujourd'hui, bien géré leurs ressources, elles sont prêtes pour l'avenir. Les cinq autres vierges n'ont de folie que leur insouciance : elles ont oublié l'huile, elles n'ont plus sur elles de lumière.

Au portail, tout cela s'incarne dans la pierre. Le marié d'abord est figuré au centre de l'arc sous les traits d'un Christ paisible, presque bienveillant. Sa main droite tronquée devait à l'origine bénir celui qui entrait et les vierges sages situées à sa droite. À sa gauche, la porte de la salle des noces, qui occupe la quasi-totalité d'une façade d'église miniature, est montrée ostensiblement fermée par un verrou.

Les vierges prévoyantes sont à droite du marié. Chacune occupe plusieurs claveaux, l'ymage prend son envol dans l'espace, permettant un modelé des formes et un rendu de la présence féminine exceptionnels. Rondeur, souplesse, fluidité... le travail minutieux des plis habille les corps d'un élancement vivifiant qui traduit l'attitude active de l'attente. Pour la plupart, les visages de ces vierges ont disparu lors des guerres de Religion, il nous reste cette merveilleuse énergie frémissante des femmes promises au bonheur, et qui s'avancent, comme un chœur, vers le marié qui vient.
De l'autre côté, les vierges insouciantes. Elles occupent le même espace et dès l'abord, mis à part les lampes à huile renversées, rien qui ne les distingue. Observez pourtant les corps, les traits dans la pierre renvoient l'immobile, l'affaissement, le désarroi. Comme si la vie s'en était allée. C'est une douleur sans recours qu'on voit ici, une errance sans fin qui guette, sans abri jamais, l'insouciance renvoie à la folie de l'Enfer.

Ce thème des vierges est très fréquemment représenté sur les édifices romans. Bien plus, sous le nom de *Sponsus* ou *Jeu de l'Époux*, il fut transcrit comme un jeu théâtral au XIe siècle, probablement en Angoumois. Le fait que ce texte mêle au latin des parties en langue vulgaire dit combien cette histoire était prisée et vecteur du message chrétien. Et combien les acteurs vierges clamant aux parvis des églises " *Dolentes, misérables, nous avons trop dormi !* " pouvaient toucher les cœurs...

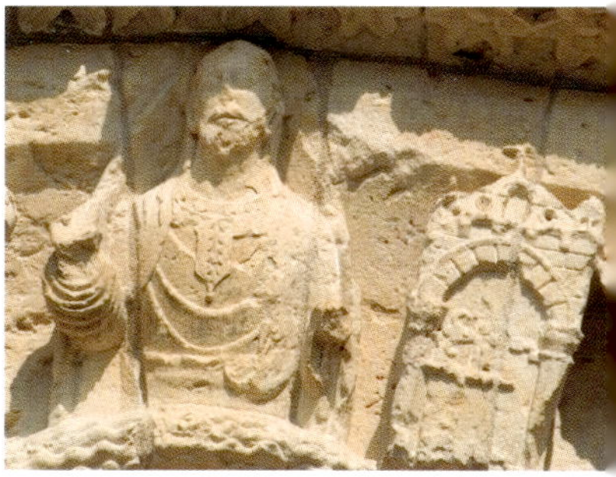

L'époux, la porte, troisième voussure
" ...et on a fermé la porte "

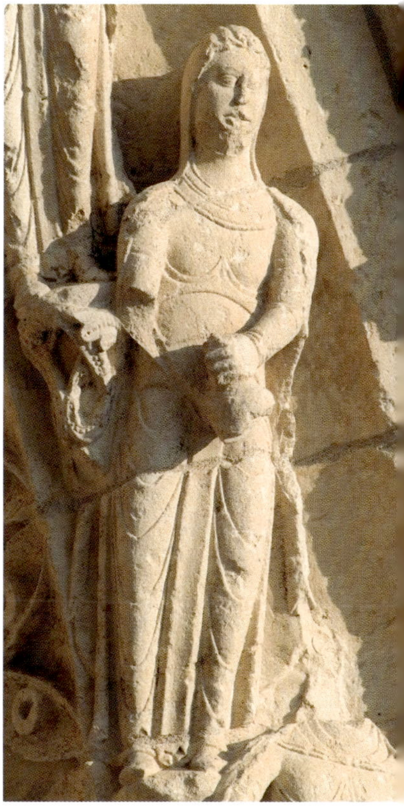

Vierge folle, troisième voussure côté sud
Le désarroi du corps et la douleur au front...

les batailles de l'âme

On l'a dit, le portail ouest fait enseignement, il formule clairement un message. Il communique dirions-nous aujourd'hui, et s'appuie donc sur des thèmes emblématiques. Celui des vierges sages et folles, on vient de le voir. Celui du combat des Vices et des Vertus, qui prend place à la seconde voussure.
La sculpture fait ici aussi référence à l'écrit, une poésie allégorique qui eut un immense succès au Moyen Âge, la *Psychomachie* de Prudence.

Prudence et sa Psychomachie

Prudence est né au milieu du IVe siècle près de Tarragone en Espagne. Famille chrétienne, études de droit... il devient fonctionnaire puis conseiller de l'empereur romain Théodose Ier, avant de se retirer de la vie publique, à plus de cinquante ans. Il mène alors une vie ascétique et se consacre à la poésie religieuse.

Parmi ses ouvrages, la Psychomachie met en scène le combat acharné des vertus contre les vices. Les unes et les autres sont traités comme des personnages féminins. Elles ont leurs noms : la Concorde et la Discorde, la Charité et la Cupidité, l'Humilité et la Superbe (l'orgueil)... Même si l'écriture est allégorique, les comportements sont bien trempés, la lutte brutale. Deux extraits, pour situer :
" ...elle cherche à atteindre avec les flammes les chastes yeux de son ennemie, et tente de répandre sur eux une fumée infecte. Mais sans se laisser effrayer, la vierge frappe à coups de pierre le bras de la furie ardente et les traits de feu de la sinistre fille. "

(La Chasteté contre la Luxure)

" Tandis que la Cupidité tremble, la valeureuse Vertu la saisit de ses bras noueux et durs, lui serre le cou, écrase son gosier exsangue et sec ; ses mains se rejoignent sous le menton en un lien pressé, compriment la gorge, arrachent la vie... "

(La Charité contre la Cupidité)

Traduction Maurice Lavarenne
Les Belles Lettres (2002)

" L'iconographie des vices et des vertus trouvera dans la Psychomachie de Prudence son point de référence contant : cavalcade de vices, manèges et combats avec les vertus décorent les pages des manuscrits et les façades des églises, proposant aussi au public moins cultivé les images de la guerre de l'âme. "

Carla Casagrande, Silvana Vecchio
Histoire des péchés capitaux au Moyen Âge
Aubier (2003)

Au portail, six vertus guerrières, armées d'un bouclier et d'une lance ou d'une épée, combattent six vices. L'ymagier grave la pierre de leurs noms, au-dessus des personnages. L'opposition est magistrale entre ces femmes soldats, debout, fières, et ces petits êtres à leurs pieds, hideux, tordus. Le Bien, le Mal, le schéma de la guerre est binaire, réducteur.

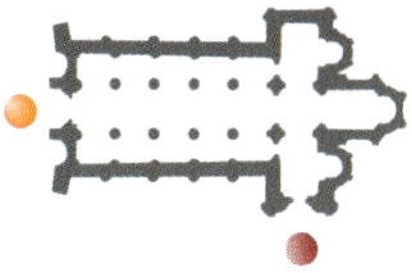

Observons une vertu de près. L'attitude est certes altière, mais sereine. Le bouclier est tenu calmement en haut de la main gauche. Pas d'armure, mais en plus de la guiche – cette longue courroie passée à l'épaule qui tient le bouclier – une parure autour du cou. Et un vêtement des plus élégants.
C'est bien plus la victoire des vertus que leur combat que l'on valorise ici. Si le vice est tendu par la violence, désarticulé, s'il s'agrippe aux pieds de la vertu, il ne la menace pas. Et les deux vertus centrales peuvent avec douceur présenter la couronne, symbole de vie éternelle. Ce que dit au fond cette voussure, dans cette sorte de tranquillité profonde qui émane des vertus, c'est le possible et la simplicité de l'ascèse, de cette exigence de soi qui mène à ce calme du Bien.

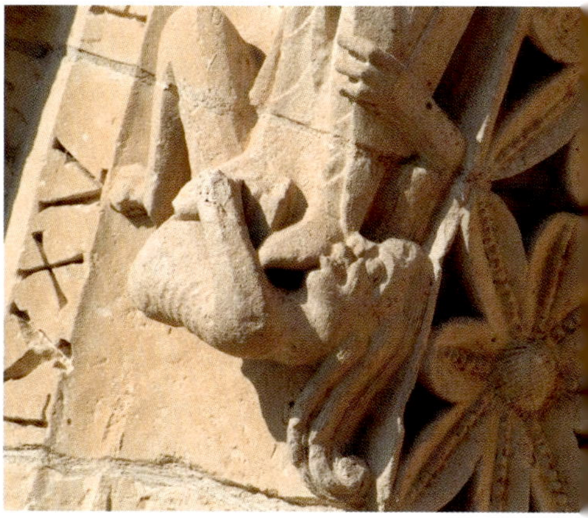

La luxure, seconde voussure, portail ouest

L'être vivant, à nos pieds, qui s'agrippe

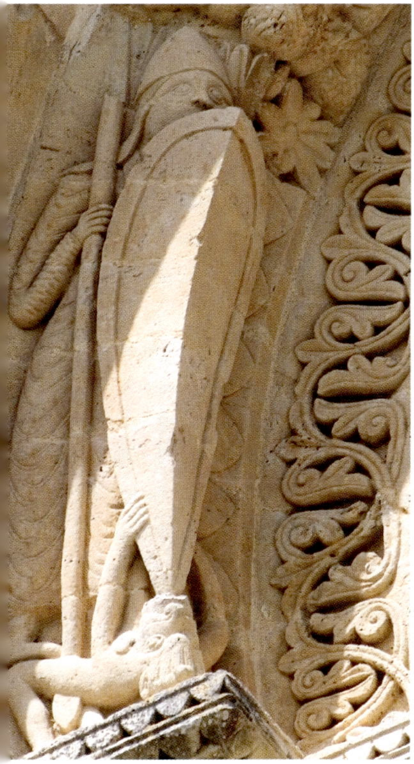

Une des manières – paradoxale – d'apprécier la virtuosité dont a fait preuve ici l'ymagier est de comparer cette vision des vices et des vertus à celle proposée à la façade sud du transept. Tout est là aussi conforme au thème, mais l'approche guerrière plus accentuée, un souci de réalisme presque, un espace trop saturé de figures... et ce qu'on voit, au sud, n'est plus que de bonne facture quand tout à l'heure, à l'ouest, l'ymage transfigurait le regard.

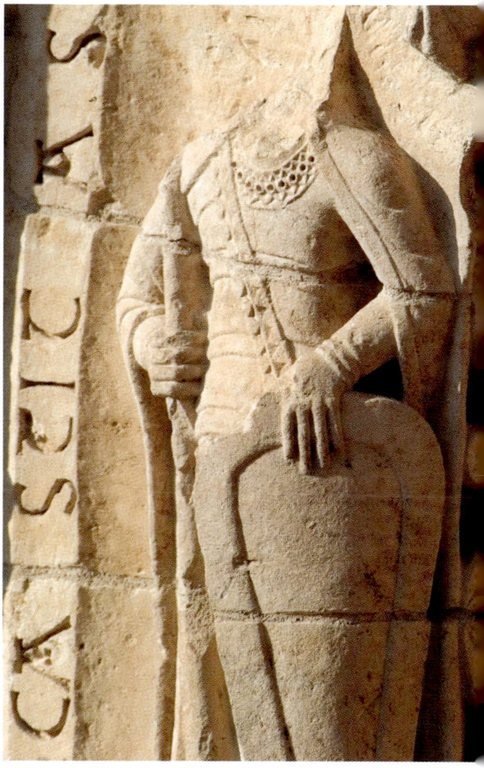

vertu, façade sud du transept

me cachée, comme la peur à la pointe des armes

La chasteté, seconde voussure, portail ouest

La maîtrise sans visage, la lutte, l'exigence et l'ascèse

les anges

" Et j'ai vu et entendu, autour du trône et des animaux et des anciens, la voix de beaucoup d'anges. Ils étaient des milliers de milliers et des myriades de myriades qui disaient à grande voix : Digne est l'agneau égorgé de recevoir la puissance, la richesse, la sagesse, la force, l'honneur, la gloire et la bénédiction. "
Traduction Jean Grosjean
Apocalypse de Jean, V, 11 – 12
op. cit.

Après le travail, l'éveil et l'attente, la force de l'âme, c'est, à cette première voussure, la prière que célèbrent les ymages du portail.

On y voit six anges qui entourent un agneau placé au centre de l'arc, au sein d'un cercle. Une croix est fichée, verticale, près de l'agneau. Celui-ci fait référence au Christ sacrifié pour l'humanité, et c'est l'Apocalypse qui fait encore ici écho aux ymages. Le cercle qui l'entoure est la forme parfaite de l'amour de Dieu.

Les anges sont les messagers. Comme les hommes à la voussure extérieure vont dans le monde et travaillent au long de saisons, les anges vont dans le ciel et le sillonnent, ils clament à tous la louange divine. C'est dans la prière, l'union à Dieu qu'on peut atteindre le bonheur céleste.

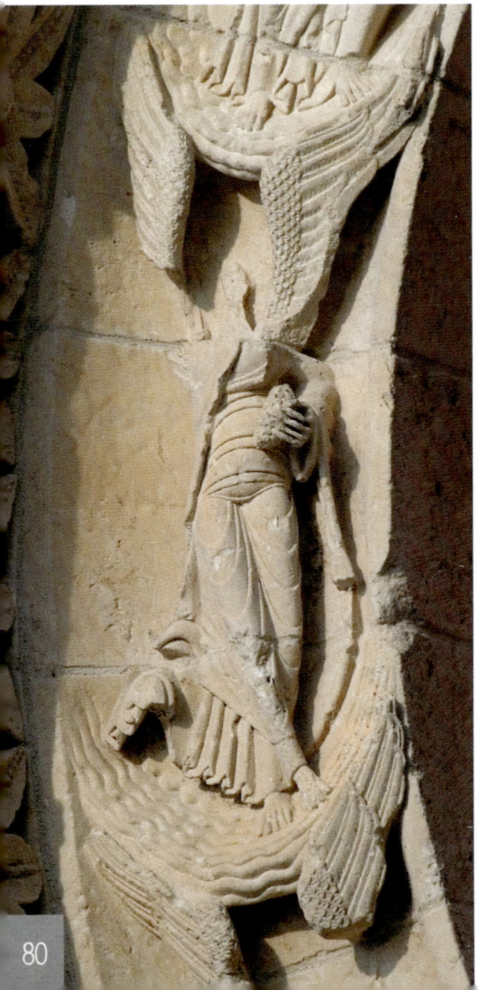

Trois anges de chaque côté de l'agneau : un, de face, dans une attitude d'adoration, un au centre qui porte l'encens, un en haut qui soutient le cercle divin. Tous ont leurs ailes déployées au-dessus d'eux, elles prolongent les silhouettes d'une fluidité merveilleuse. À leurs pieds, un relief ondulant comme une corolle figure finement les nuages. Leurs vêtements semblent aussi flotter dans l'air, les courbes et les drapés sont amples, ils peuplent l'espace sans ostentation. Quant aux corps eux-mêmes, la pureté de leurs lignes et le galbe léger des membres les rendent intensément féminins, même si les visages qui restent sont ceux de l'enfance.

Tout marque, d'un ange à l'autre, le prolongement, le partage, l'interaction. Les ailes de l'un font l'orbe à la courbe des nuages aux pieds de l'autre, nuages qui modèlent le bas du vêtement. Même continuité dans le détail : le mouvement de la main qui tient l'encensoir est prolongé par l'autre bras qui, comme la forme des ailes et des nuages, désigne le centre de l'arc. Dans cette extraordinaire légèreté de la pierre, comme le message des anges semble doux.

Un ange, première voussure, portail ouest

Le corps, dans l'espace
comme entre vous le trait d'union,
chair contre chair, pierre des anges,
le précaire de l'amour

Mais quel est-il au fond ce message ? " *Priez...* ", est-ce bien une information, ou un appel à l'être ? Point d'orgue de ce guide de vie qu'est ce portail ouest, le réseau des anges ne communique rien. Rien d'autre, à travers son envolée sublime, que cet appel au devenir, au changement de soi.

" C'est que les anges ne transportent pas de messages ; ils modifient ceux à qui ils s'adressent. [..] Ils n'apportent pas de cartes pour offrir une prise à des êtres assoiffés de connaissance, mais ils transforment leurs interlocuteurs. "

Bruno Latour
Jubiler – ou les tourments de la parole religieuse
Les empêcheurs de penser en rond (2002)

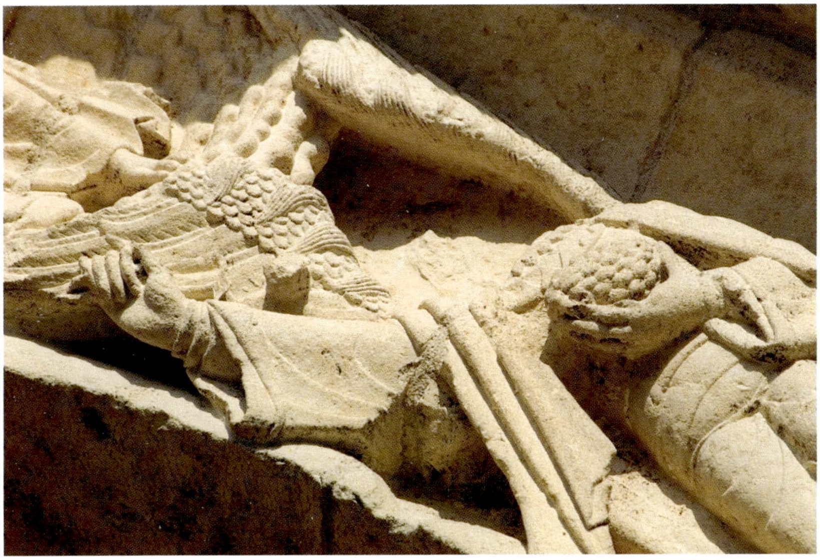

Les mains d'un ange, première voussure, portail ouest

Le geste, au-delà de soi-même,
de ce qui vient, de ce qui va, là-bas, plus loin que nous

C'est d'ailleurs à chacun que ce portail s'adresse. Au portail sud, c'est de l'humanité dont il s'agissait. Ici, le message est pour l'individu, concrètement. On passe aussi d'une vision teintée de merveilleux, à la clarté d'un dogme bien établi. Tout cela, dans un renouvellement fulgurant de l'expression artistique. À sa manière, cette église témoigne, avec génie, du bouillonnement des idées qui ont habité les hommes qui l'ont créée.

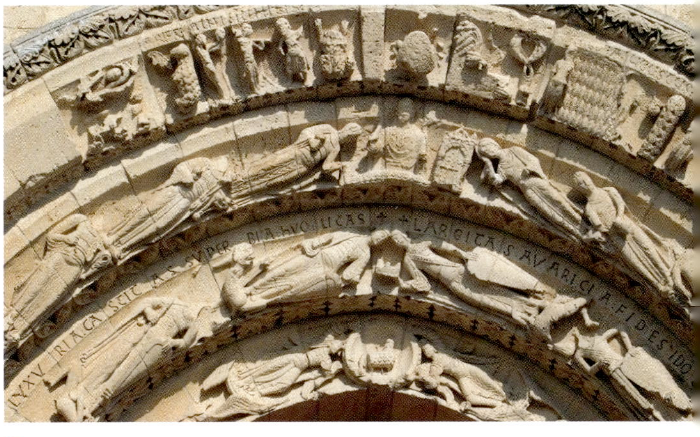

Les voussures du portail ouest

Être comme un enfant devant les ymages,
si nombreuses qu'elles font danser les yeux...

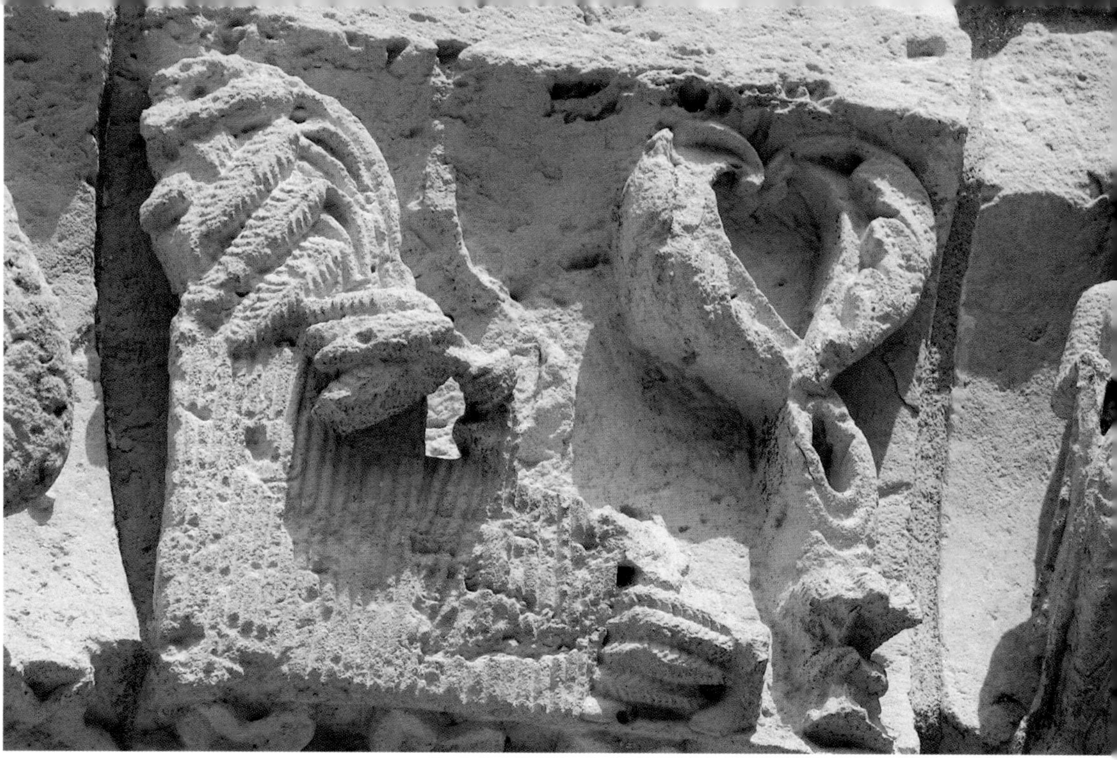

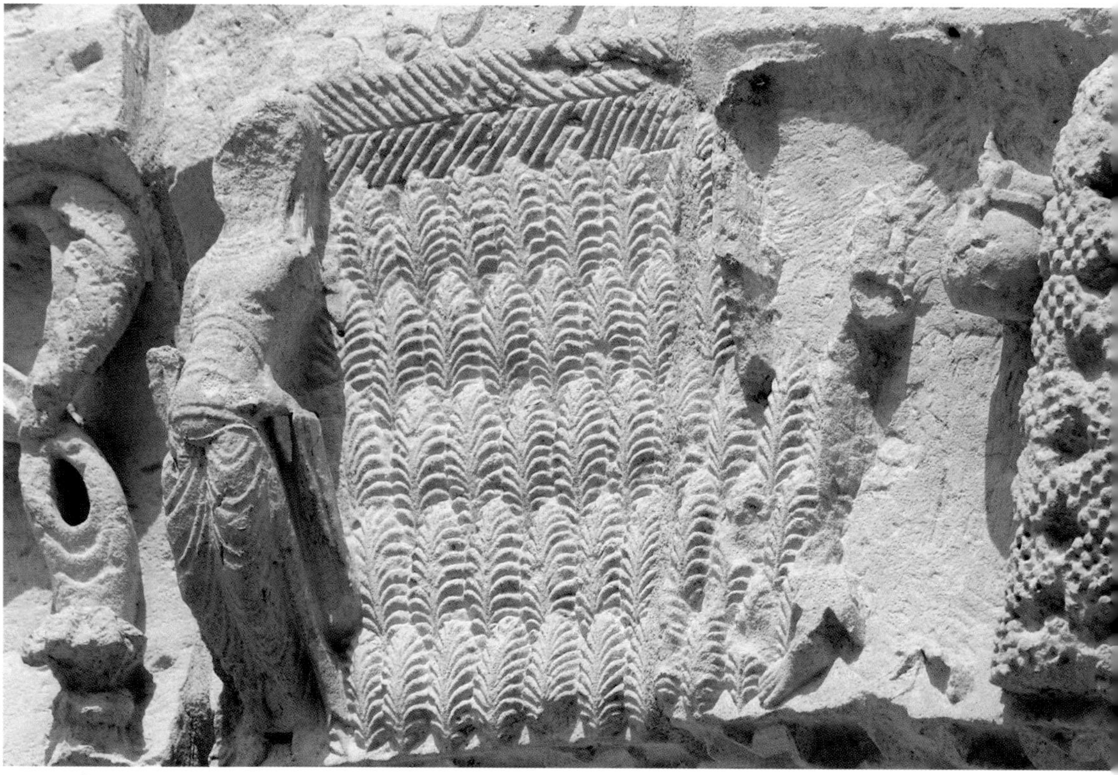

Juillet et août, la moisson et les battages, quatrième voussure, portail ouest

Épis offerts à la main d'homme,
serrés, multipliés, pour la provision de vivre

La moisson

C'est tout en haut du portail, dans l'orbe presque lointain des saisons. C'est dans l'été et pour vous voir il faut savoir agrandir son regard, isoler votre pierre, chercher dans la lumière le moindre relief qui vous révèle.

C'est en juillet, et l'ymagier a fait les tiges des blés mûrs en rangs serrés, comme pour marquer l'abondance de la récolte. Et les grains des épis au-dessus sont nombreux aussi, petites stries à peine venues au jour. L'ymagier fait son monde dans le difficile de la pierre, il crée de la surface brute un espace vivifié de lumière, où les épis émergent de l'informe, et sont tenus par lui encore.

Comment vous a-t-il mis au monde, vous dont on ne voit plus qu'une main prenant une poignée d'épis ? Étiez-vous si fragile, corps penché pour les gerbes dans la chaleur, faucille dans l'autre main sans doute ? Voulait-il vous rendre si présent, si proche de nous, si délié du bloc de pierre, que les fureurs du temps ou la folie des hommes vous a détruit ?

Vous n'êtes plus qu'un creux dans la pierre, qu'une absence pour célébrer le bonheur paysan des moissons, en ces temps où l'abondance du froment faisait l'année meilleure. À vos côtés, il reste ce qui semble une grande plante aux tiges croisées. Mystérieuse compagne, mieux ancrée que vous dans la matière, vous protégeait-elle de son ombre ?

C'est juste à côté et c'est en août. Le personnage à gauche figure le signe de la Vierge : étrange corps galbé, tendu en avant comme dans l'offrande... Mais voici les épis encore, à terre cette fois, bien tassés sur l'aire de battage. Et à droite, un vide encore dans la pierre. Paysan absent, le temps a gardé de vous simplement votre pied nu qui touche les premiers épis sur le sol. Sans doute aviez-vous en main votre fléau, dont la frappe séparait le grain de la balle.

C'est l'été, l'admirable moment des moissons préservées par les siècles, et dont on a dissous les hommes.

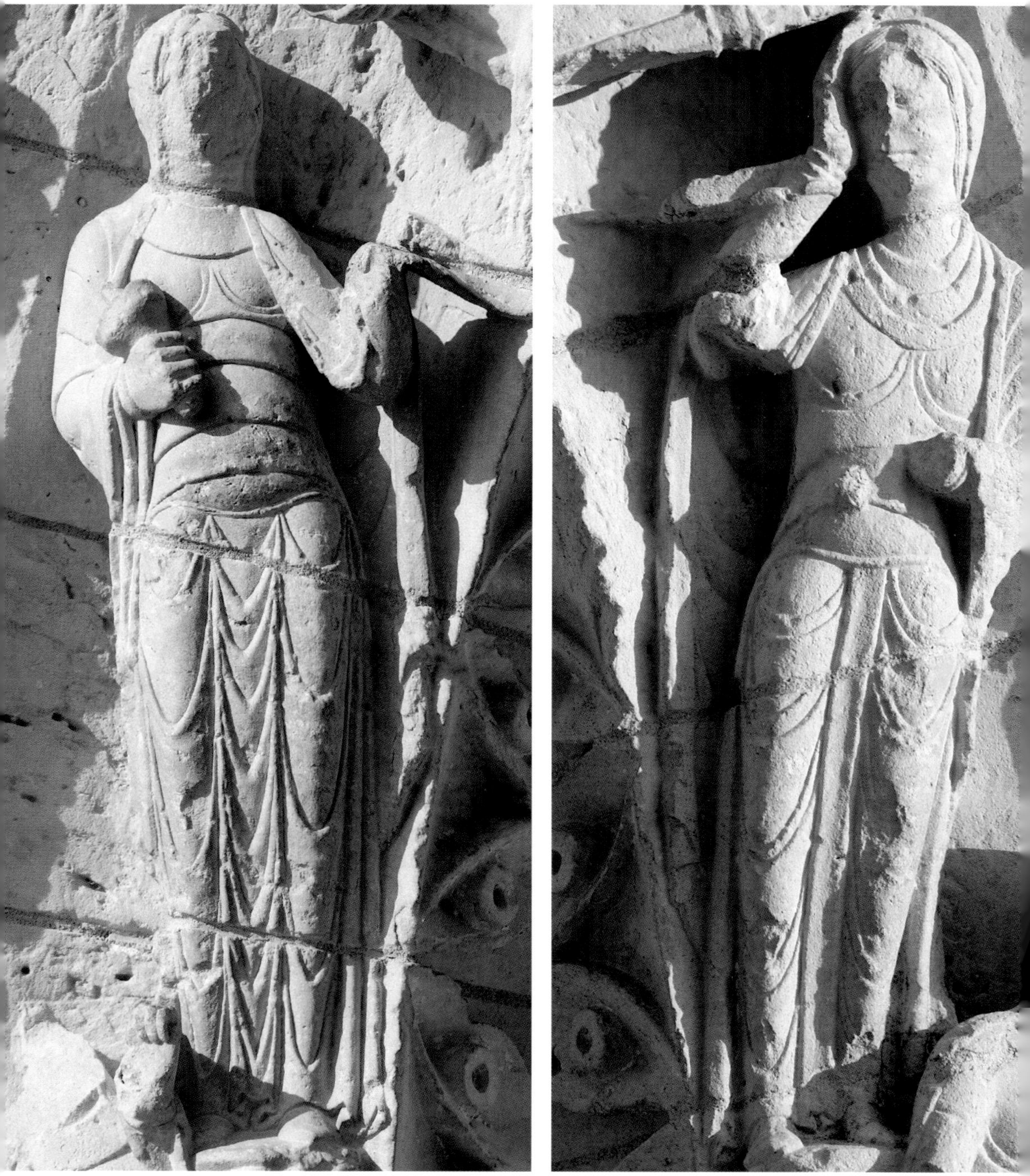

Une vierge sage, une folle, troisième voussure, portail ouest

À quoi se joue la sagesse ou la folie, dans ce qu'on voit des corps ?

Folle, sage...

Jeunes femmes qu'on dit vierges, c'est une étrange histoire que vous tissez sous nos yeux, dans vos corps si jumeaux d'apparence.

Vous, qu'on dit sage, vous tenez contre votre poitrine, bien haut levée, la lampe qui dans la nuit vous éclaire. Sur vos cheveux un voile semble-t-il, qui se prolonge sur vos épaules. Le vêtement qui vous habille fait des courbes marquées, des drapés gonflés de vous-même qui vont jusqu'à vos pieds.

Votre corps est doux, éthéré comme il convient aux vierges, mais si présent sous le regard comme toutes les femmes qu'on peut aimer. Vous êtes la vie qui passe, séduisante, qui appelle. L'on imagine la clarté de ce visage qu'on a mutilé, pour éteindre peut-être cette folie vivante qui faisait peur. Sagesse plus folle que celle des hommes, quelle est cette huile dans vos mains qui vous offre à l'amour, et dont vous avez d'inépuisables réserves ?

Vous, qu'on dit folle, vous venez de perdre à jamais l'espoir de ce voyage et cette fête. Vous retournez à vous, seule, vous tenant le visage comme pour contenir mieux l'angoisse qui vous étreint. Vous n'avez plus de lampe, on l'a brisée. Vous aussi, le voile sur les épaules et les cheveux vous enveloppe. Et c'est le même vêtement long sur vous.

Mais l'ymagier a mis au monde d'abord votre douleur, ce qui reste du corps quand c'est la désespérance. Votre folie, ça n'était rien, c'était de prendre tout dans l'instant, de grappiller les plaisirs, de butiner le monde comme il se donne. Et vous voici flétrie presque, murée de solitude à jamais, quand l'homme vous dit que non, il ne vous connaît pas.

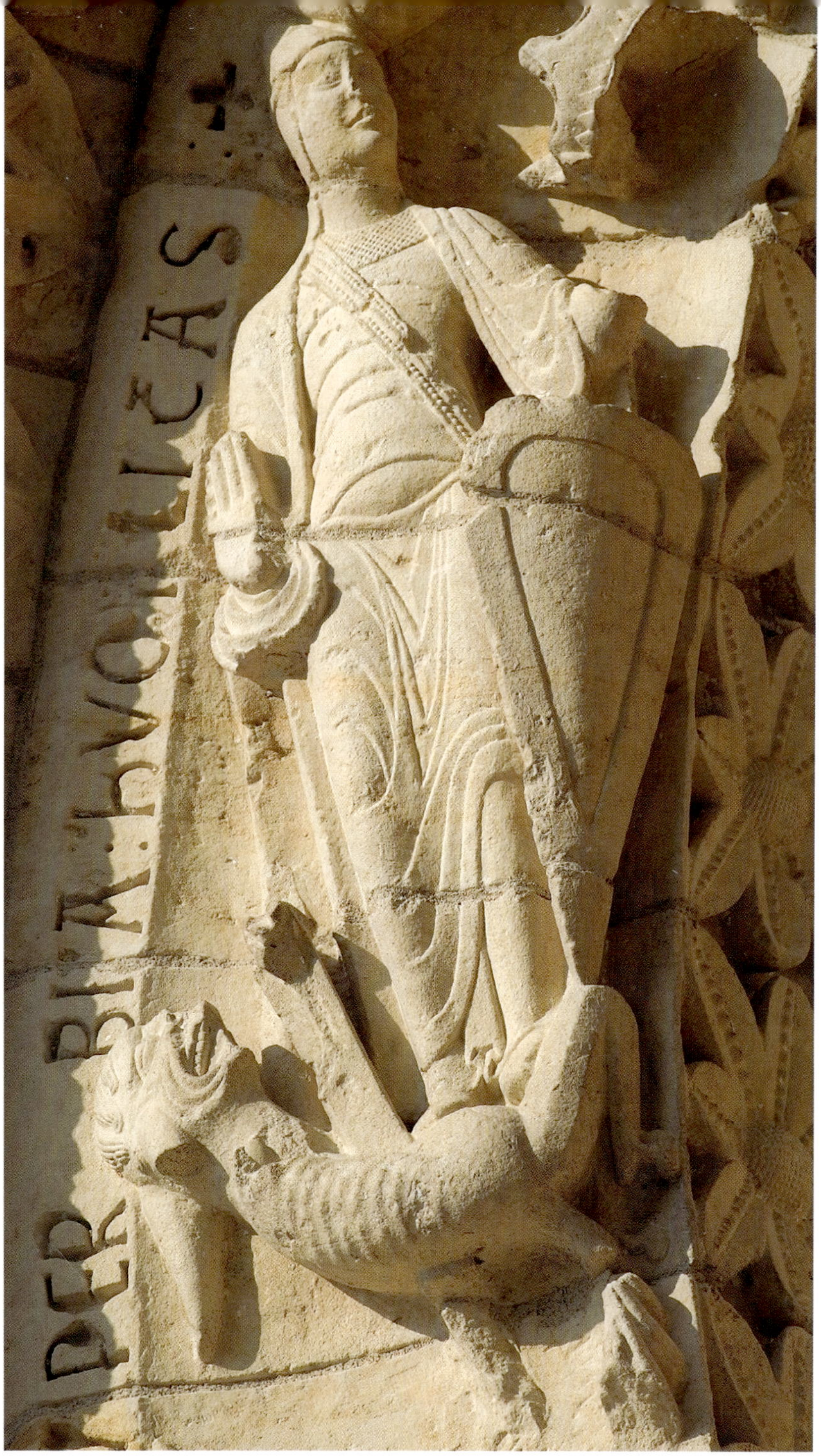

L'Humilité terrassant la Superbe, seconde voussure, portail ouest

Vertu, c'était le courage des hommes
et voici la femme, en guerrier
transperçant sereinement le mal

Ymages

L'Humilité et la Superbe

Superbe, ce qu'on dit aujourd'hui d'une imposante beauté, désigne au XIIe siècle l'orgueil, le premier des péchés capitaux, que les clercs médiévaux situent comme la racine de tout mal. Mal pervers, car sous couvert d'aspiration à la grandeur, l'âme humaine veut s'élever plus qu'elle n'est, sans limites. " *Vous serez comme des dieux* ", dit à Ève le serpent de la Genèse, le péché d'origine tient de l'orgueil, voilà pourquoi la Superbe est à la source des vices.

SUPERBIA : HUMILITAS, l'ymagier met la légende sur la pierre. La Superbe est donc aux pieds de l'Humilité, la vertu qui tempère, qui régule l'âme, qui lui garde sa propre mesure. Mais ce n'est pas la théologie médiévale que l'ymage met en scène, c'est la victoire des vertus telle que l'a racontée Prudence le poète, quelque sept siècles auparavant. Que savait vraiment l'ymagier ? Avait-il lu le texte, lui avait-on raconté l'histoire, cette frénésie du combat dans le rythme syncopé des mots ?

La Superbe est saisissante d'effroi, de tourmente, de puissance dans la violence. Il y a la douleur, cette épée qui lui transperce le corps, ce corps qui se retourne, côtes saillantes, vers celle qui la domine au-dessus. Il y a ce visage qui rugit, mâchoire ouverte, dents pour mordre. Il y a cet être hideux, convulsé, terrassé, mais qui ne lâche rien de sa force agressive.

Et puis l'Humilité, sereine, un soldat en tenue d'apparat. Son vêtement l'enveloppe parfaitement, il tombe en plis exacts comme si la vertu avait posé devant l'ymagier. Corps féminin dans sa plénitude, dans la discrète majesté de sa victoire. Observez le visage de l'Humilité, à peine altéré par les siècles, et que la parure autour du cou souligne. Voyez la rondeur simple des traits, cette expression d'un si grand calme intérieur, quelque part comme une paix d'éternité. Est-ce là le visage d'un triomphe ? Modestie de la vertu, paradoxe du combat... la paix est ailleurs, radicalement.

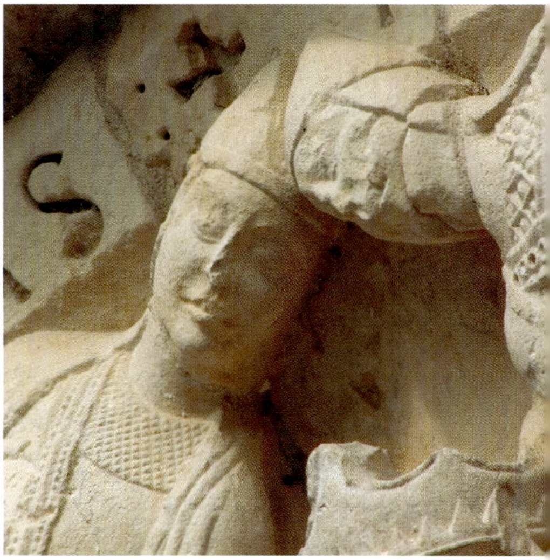

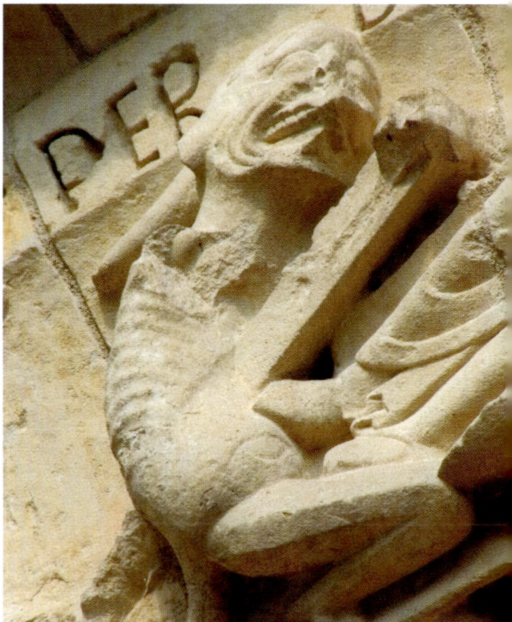

L'Humilité et la Générosité, puis la Superbe, seconde voussure

Visages, douceur, violence, l'écart des êtres, irrésolu

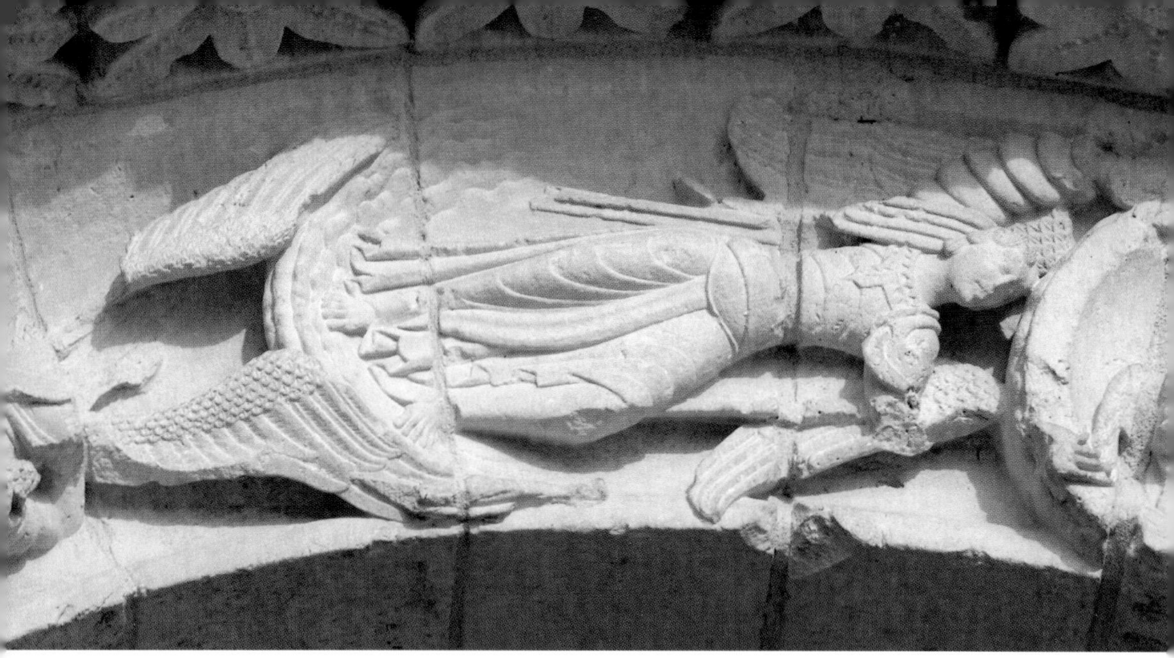

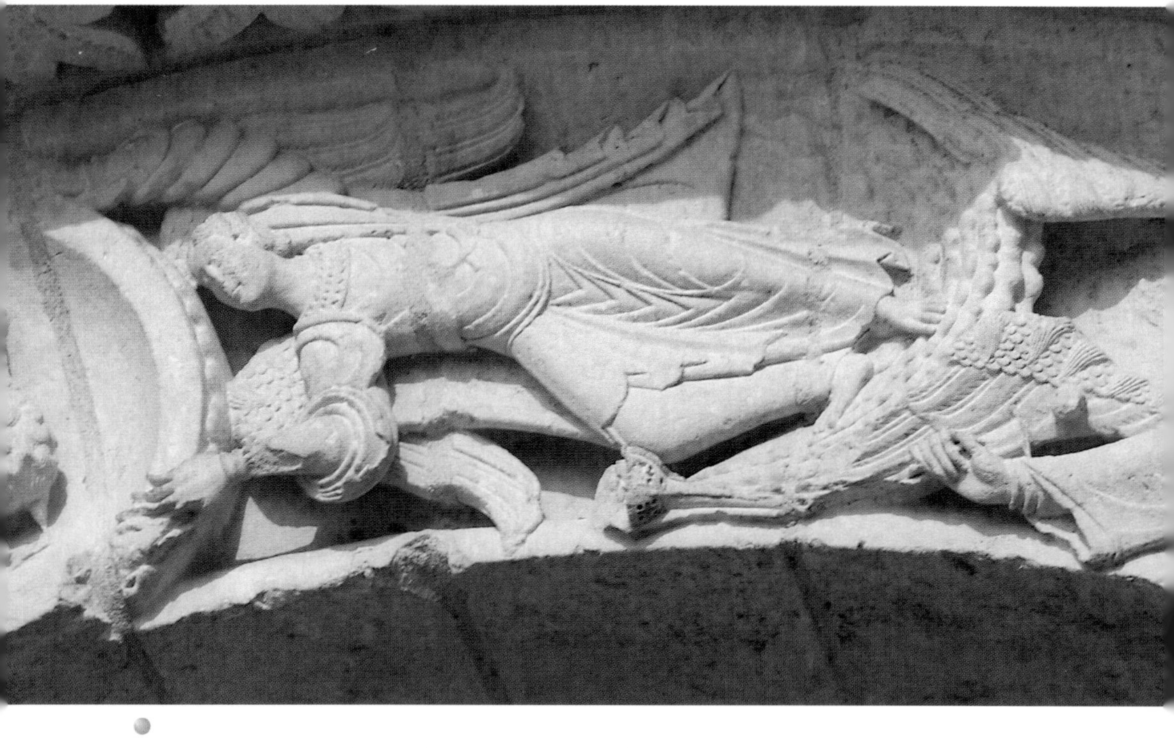

Anges au sommet de la première voussure, portail ouest

Ange, mon ange,
dans le murmure de l'amour
la buée des lèvres, le vent
ce qui nous porte,
d'un être à l'autre

Les anges

Les anges sont innombrables, " *des myriades de myriades* " dit la vision d'Apocalypse. Les anges passent, et c'est comme un soupir dans le silence, et ceux qui perçoivent leur passage sourient entre eux. Les anges sont dans le ciel, ils ont des ailes donc, et les pieds sur les nuages. Ils ont le corps comme une transparence, on ne devrait saisir d'eux qu'un reflet.

Comment peut-on représenter les anges, eux qui ne sont qu'un souffle qui court, de message en message, eux qui murmurent dans les rêves, qui apparaissent vêtus de lumière ? Comment peut-on mettre des anges dans la pierre ?

Mais est-ce bien ce corps ou ce visage d'enfant qui importe ? Ou bien encore ce vêtement sublime dans l'air, si proche de celui des vierges voisines ? L'ymagier vous a donné les traits de l'adolescence, de cet élan de l'homme nimbé de l'enfance, où tout est simple encore, quand on n'a rien perdu, rien saccagé.
On vous imagine tout en blanc dans ce matin de printemps, accueillant les femmes " *Pourquoi cherchez-vous parmi les morts celui qui est vivant ?* " Les anges disent toujours l'essentiel, mais dans le soupir qui passe, on ne comprend pas souvent leurs phrases pures.

Ce qui importe, ce n'est pas l'image de chair qu'on vous a donnée, c'est cela plutôt, cette chaîne ininterrompue que vous formez sur chaque versant de l'arc, dans tous les territoires du ciel. Vous vous portez l'un l'autre, courbes des ailes qui offrent au corps suivant son chemin, bras qui portent les nuages. Vous peuplez l'air et le temps, innombrables, réseau multiplié du même message qui célèbre le vivant. Vous n'avez rien d'autre à dire, rien d'autre à montrer que ce prolongement de soi en l'autre, en un immense murmure incessant qui veut vaincre la mort.

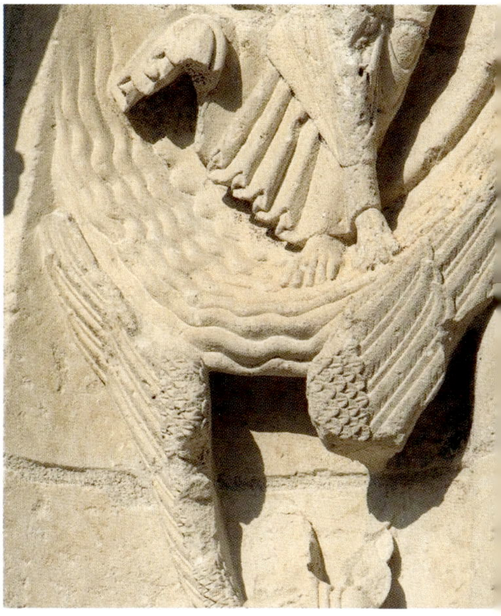

Les ailes, les nuages, le vêtement

L'orbe des anges
ce vouloir dans l'air
des corolles fines

Des scènes bibliques

Des ymages
en réseau ▸ 58
Les portails mettent en œuvre un système visuel complexe.

Les grands ensembles iconographiques sur lesquels on vient de s'attarder dans les pages précédentes n'épuisent pas toute la sculpture à dominante religieuse de l'église. Mais ils en sont la part essentielle. Le reste est constitué de scènes historiées qu'on trouve sur certains chapiteaux, à l'intérieur comme à l'extérieur.
Par son cadre, le chapiteau limite la représentation, c'est un instantané comme on le dirait d'une photographie, une vue isolée de l'histoire qu'on raconte. Contrairement aux portails où l'unité de sculpture s'agrège à d'autres en une complexité visuelle dense, il n'y a pas à Aulnay de suites d'ymages qui tisseraient d'un chapiteau à l'autre un ensemble.
Par contre, c'est la profusion qui impressionne. Plus de deux cents chapiteaux sculptés répartis sur tout l'édifice. Et si ceux dont l'iconographie est religieuse sont minoritaires, c'est leur répartition et leur fonction qui questionnent.

À l'extérieur, ils sont surtout placés au chevet avec parfois, on l'a vu à la fenêtre centrale de l'abside, une symbolique évidente. Mais d'autres chapiteaux sèment leurs histoires çà et là, sans qu'on sache toujours le pourquoi de tel ou tel emplacement. Était-ce le libre choix de l'ymagier ? Ou bien manquons-nous des clés qui de part en part de l'église permettaient aux clercs tel ou tel parcours de méditation, tel ou tel repère signifiant ?

À l'intérieur, les scènes historiées prennent place autour de la croisée du transept principalement, dans cette logique du lieu central proche du divin. Mais ce qui marque surtout, à l'intérieur, c'est, sinon l'absence, du moins le peu de prégnance des ymages. On a déjà évoqué ce saisissant retournement lors du passage du dehors vers le dedans. Au sein de l'espace divin, l'ymage est plus rare, plus distante, ponctuelle. Elle fait office de mémoire, elle ne suscite pas le désir.

C'est surtout l'Ancien Testament qui fournit la matière aux ymages. Pour qu'elle " fonctionne " la représentation doit être emblématique, immédiatement lisible au fidèle. D'où des scènes comme Abel et Caïn, ou Adam et Ève. D'autres personnages, qui nous semblent aujourd'hui de moindre importance dans le déroulé de la Bible, sont très prisés à l'époque romane. C'est le cas de Samson, qu'on retrouve sur plusieurs chapiteaux à Aulnay, ou du prophète Daniel figuré dans la fosse aux lions, à cause peut-être de la dimension spectaculaire de l'histoire.
Un autre thème récurrent sur les chapiteaux – on le retrouve à Chauvigny, à l'Abbaye aux Dames et à Saint-Eutrope de Saintes, à Saujon par exem-

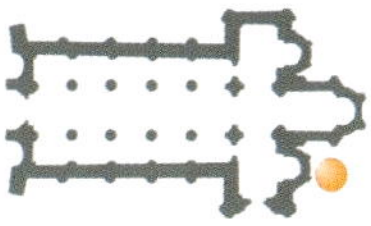

ple – est la pesée des âmes : on sait que le Jugement Dernier est une des préoccupations majeures de l'époque, que l'on retrouve sur les grands tympans d'Autun ou de Conques.

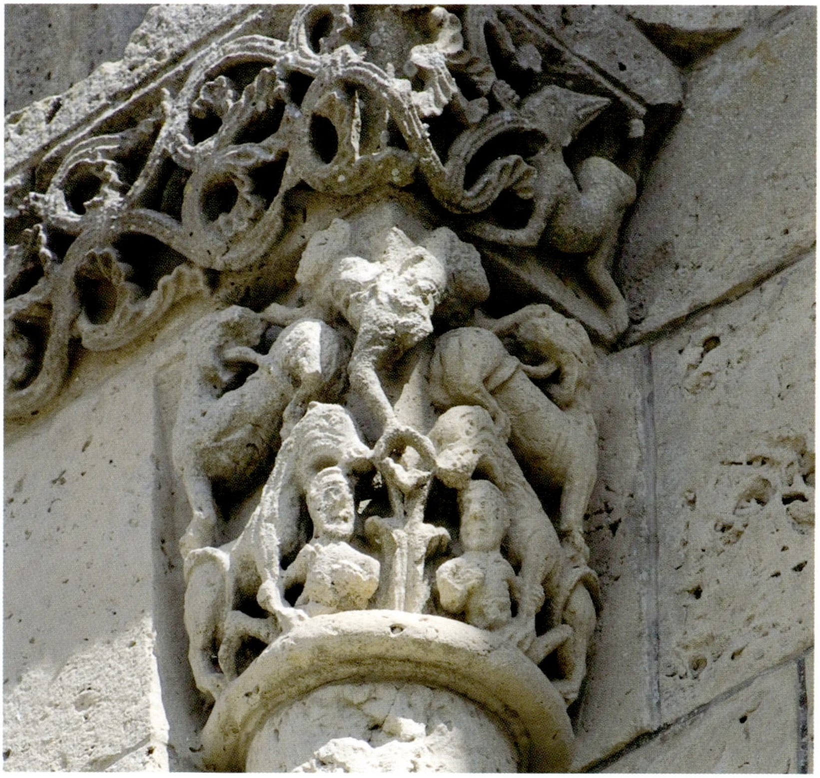

Chapiteau ouest, fenêtre sud de la travée du chœur

Deux hommes, quatre lions, peut-être un seul prophète...

Parfois les chapiteaux laissent dans l'indécision quant à ce qu'ils racontent. Ainsi celui-ci, d'une fenêtre du chevet. Deux hommes allongés à terre, dominés par des lions. Ils ont peur visiblement, mais tiennent pourtant chacun de leur main gauche la patte de l'animal. La scène est doublée, symétrique dans l'axe du chapiteau. Est-ce vraiment le prophète Daniel au sein de la fosse aux lions qu'on voit ici, qui semble, à l'encontre du texte, sur le point d'être dévoré ? La découverte des sculptures incite parfois à la modestie du savoir, au plaisir de la contemplation seule, comme ici de la puissance bestiale et de la terreur de l'homme.

" Mon Dieu a envoyé son ange, il a fermé la gueule des lions et ils ne m'ont pas fait de mal. "

La Bible,
Livre de Daniel, VI, 23
op. cit.

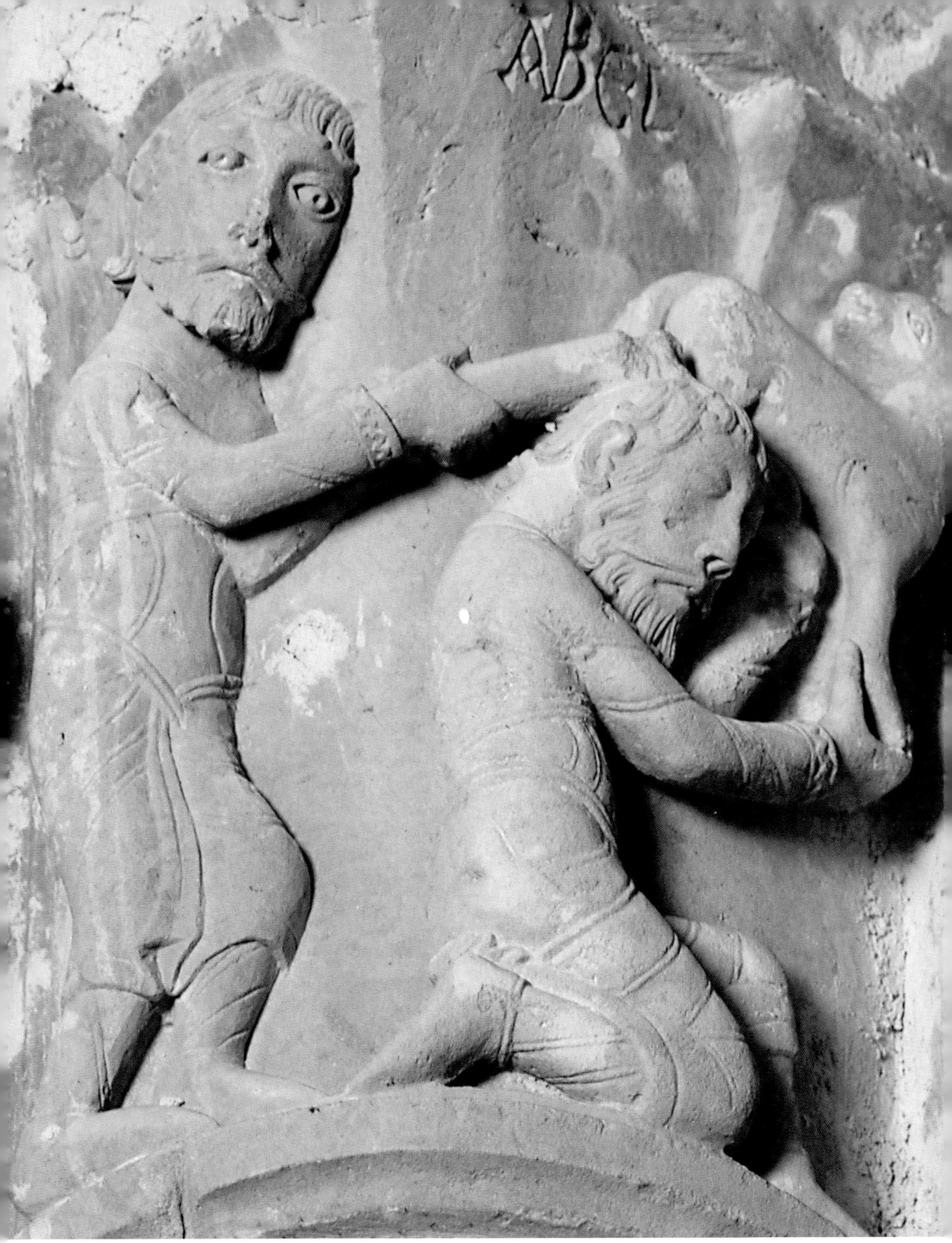

Chapiteau du pilier nord, entrée du bas-côté sud

***Si ce n'était ce visage terrifié, terrifiant,
ce pourrait être un jeu même, comme les enfants
qui miment déjà la chaîne de la mort***

Le meurtre d'Abel

On connaît le nom des protagonistes, l'ymagier les a gravés, CAIM, ABEL. C'est une histoire dans la mémoire, si souvent rencontrée, rangée dans son enfance, à l'abri dans les livres. C'est une histoire de l'enfance du monde, si terrifiante et si banale au fond, un homme qui tue un homme, son frère. Un meurtre encore, comme tous les autres qui emplissent la mémoire de l'humanité, meurtres fondateurs mille fois répétés, guerres saintes ou laïques, meurtres tous les jours, un homme tue un homme, toujours.

Il y a deux images dans l'ymage. À droite, l'homme qui se prosterne. Il porte au-dessus de lui un agneau. Abel le berger fait une offrande à Yahvé, qui l'accueille, d'un agneau premier né de son troupeau. L'animal prolonge l'homme, Abel a le regard clos, la tête courbée, le torse encore droit. L'agneau ne regarde pas vers Yahvé ou vers le sol, il s'est tourné vers l'arrière, il pressent le danger.

À gauche, Caïn arrive dans le dos de son frère agenouillé, il le surprend, il le frappe d'un gourdin. Les yeux de Caïn sont grands ouverts, il ne regarde pas celui qu'il met à mort, son visage est tourné vers nous, qui passons. Et dans ce visage – les yeux agrandis, la bouche ouverte – on y lit mêlées la détermination et la stupeur.

Caïn le sédentaire cultive le sol, il donne en offrande les produits de sa terre qui ne plaisent pas à Yahvé. Abel le pasteur qui nomadise offre un agneau... Caïn tue Abel, il gagne la guerre, il devrait régner sur le monde qui naît. C'est l'inverse pourtant que le texte fondateur clame : " *Maintenant, sois maudit et chassé du sol fertile...* " Retournement radical du religieux, qui prend parti pour le vaincu, pour la victime. Dieu, désormais, n'est plus violent.

L'ymage ne dit rien de cela, mais elle est étrangement calme. Abel est tout entier pris dans son offrande, dans sa relation à Yahvé. Pas de trace de douleur sur le visage. La mort acceptée, totalement. Même le geste de Caïn semble mesuré. La stupeur on l'a dit, et peut-être déjà la honte, cette peine si lourde à porter, qui présage celle désormais de tous les meurtriers de l'histoire.

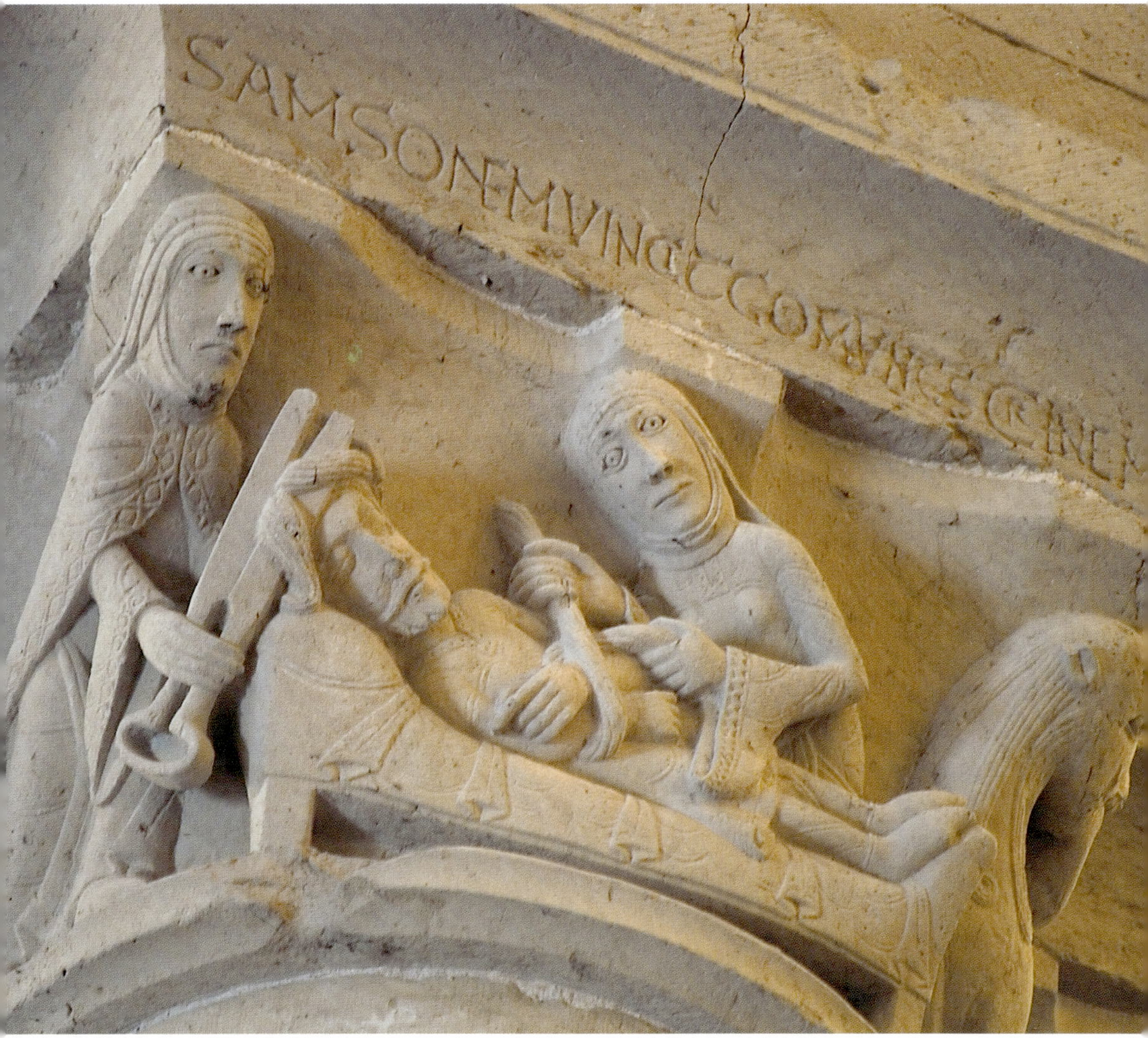

Chapiteau du pilier nord-ouest de la croisée du transept

Le regard
de celles et ceux dans la pierre, qui nous regardent,
qui nous prennent à témoin de leur geste,
une courbe à peine à l'oeil, au visage,
et nous voici pris au piège des angoisses

Samson et Dalila

Qui est Samson ? Un des Juges d'Israël, consacré à Dieu dès sa naissance et doté par lui, grâce à sa chevelure, d'une force surhumaine. Il choisit une femme parmi les Philistins, les ennemis d'Israël, mais pas de réconciliation, il ne s'ensuit que conflits et combats que Samson gagne toujours.

Qui est Dalila ? Une femme dont Samson tombe amoureux, et que les Philistins approchent et paient pour qu'elle découvre le secret de la force de Samson. Trois fois Dalila la séductrice demande : " *d'où vient que ta force est si grande?...* ", trois fois Samson répond que si on l'attache avec des cordes, ou avec " *sept tresses de ses cheveux* ", il perdra sa force. Dalila l'endort, l'attache, mais à chaque fois sans succès. Et Dalila continue son harcèlement. Excédé, Samson lui dit la vérité : " *Si on me rasait, alors ma force se retirerait de moi...* " Dalila l'endort encore et, dit le texte, appelle un homme qui rase les sept tresses des cheveux de sa tête.

Que montre l'ymage du chapiteau ? Samson endormi, allongé sur un lit dont on voit les plis du drap. À gauche, un personnage debout avec aux mains d'énormes ciseaux. Il coupe deux tresses des cheveux de Samson, il regarde ce qu'il fait. Au centre, Dalila certainement, penchée sur son amant. Elle est en train d'attacher ses mains, avec ce qui ressemble fort à une tresse de ses cheveux. Elle a le regard fixe, étrange, vers le vide au-devant, vers nous qui passons.

Reste encore l'inscription, sur le tailloir au-dessus, maintes fois interprétée en divers sens.
Qu'y lit-on ?

SAMSONEMVINCITCOMVNTSCRINEMO

Ce qu'on a rendu le plus souvent par :

Samsonem vincit com(a) v(i)n(c)t(u)s crine mo(ratur)

Et là, richesses de la langue latine, *vincit* peut être une forme de *vincere* (vaincre) ou de *vincire* (lier, attacher). D'où, deux traductions possibles :

- *" elle attache Samson avec ses cheveux, lié par sa chevelure il s'épuise "*
- *" elle triomphe de Samson par ses cheveux, lié par sa chevelure il s'épuise "*

Reste enfin la composition de l'ymage, magnifique, et elle sans conteste.

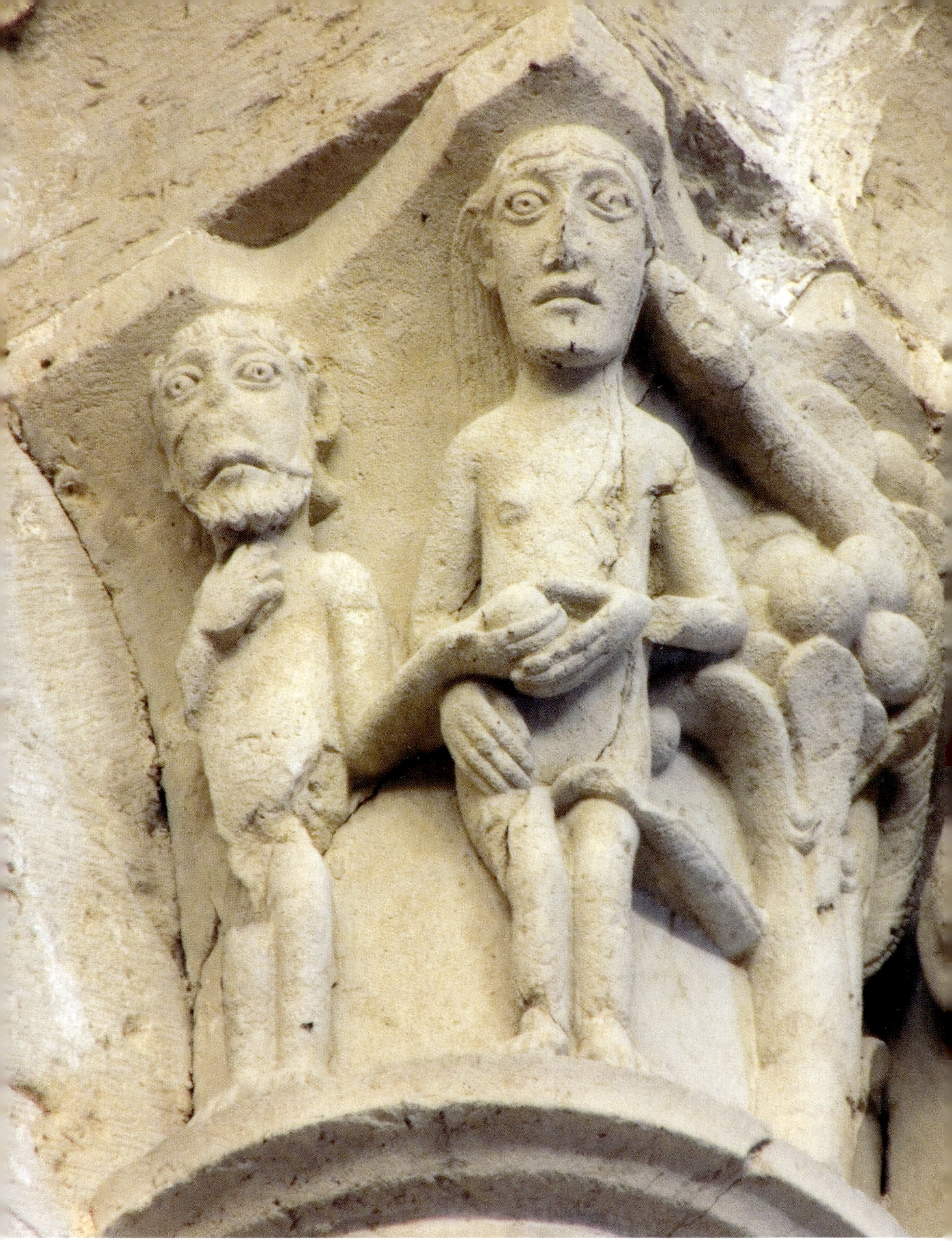

Chapiteau du pilier nord-ouest de la croisée du transept, côté nef

À l'origine
il y a votre regard de solitude déjà, halluciné

Adam et Ève

C'est toi qui es au centre de la scène, Ève, tu en es le personnage principal par la taille de ton visage, de ton corps. Tes cheveux vont en arrière, tes yeux sont fixes au-devant, tu nous regardes. Que cherchait-il à nous dire, l'ymagier qui t'a faite, dans ton visage si présent, mais sans douleur, mais sans plaisir ?

Peut-être ne fais-tu qu'écouter le serpent qui contre ton oreille te murmure des mots si doux. Comment le serpent peut-il ainsi séduire la première femme au monde sinon par le langage – souffle et rythme, les mots qui font l'image ou le chant ? " *Être comme des dieux* ", " *connaître le Bien et le Mal* "... qu'as-tu compris vraiment, Ève, qu'as-tu vécu, à part ce mouvement du désir qu'il avait mis en toi, vers l'arbre, vers le fruit de l'arbre ?

L'arbre est près de toi, comme une corbeille emplie de fruits ronds et doux et tendres certainement, chargés d'un suc essentiel. Tu l'as goûté, le fruit, tu l'as donné à ton compagnon à tes côtés qui le prend dans sa main. Lui aussi a ce même regard étrange face à nous.

Tu perpétues la chaîne du désir, Ève, mais debout, côte à côte, et comme lointains, Adam et toi, vous creusez votre solitude. Vous êtes-vous jamais aimés ? C'est le serpent qui t'embrasse, Ève, qui te parle, qui te dicte ta conduite. Plus même, il est en toi, il sort de toi, de ton sexe... Pour Adam, tu n'as que ce geste vague de la main.

À ce moment où l'on vous voit, êtes-vous encore dans l'innocence merveilleuse du grand jardin, là-bas, à l'Orient, avec toutes les beautés d'arbres et toutes les bontés des fruits ?

Ève, tu es nue encore. Et c'est comme si l'habit dont tu vas te vêtir allait cacher à jamais ta beauté, celle du monde, celle de tous tes enfants les hommes. Voile des voiles, qui veut circonscrire cette rupture irrémédiable de la mort qu'on vient de découvrir, cette peur d'être nu, devant l'autre, à jamais immensément vulnérable.

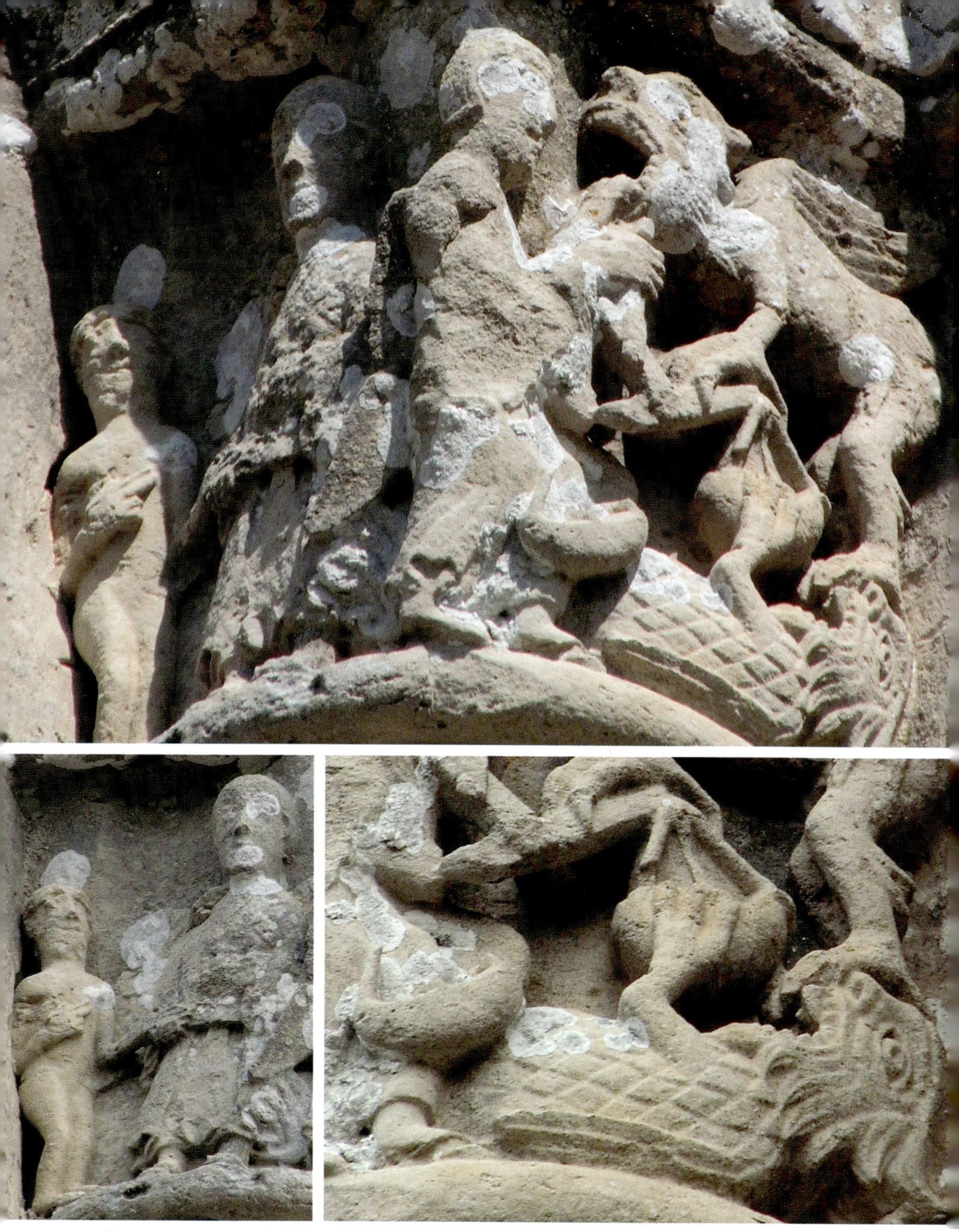

Chapiteau ouest, fenêtre sud-est de la travée de l'abside

À la mort, la balance qui fait la vie, la mort.
Près de l'âme naïve, les anges,
que savent-ils vraiment de ce temps qu'elle a tissé ?

La pesée de l'âme

Cela se passe au-dehors, à l'ouest d'une fenêtre de l'abside. C'est une ymage modeste, qui subit le soleil et la pluie, et les lichens font des taches aux personnages, leur donnant plus encore que l'érosion une sorte de permanence précaire qui force l'attention.

Et c'est bien une permanence d'humanité qu'on voit là : déjà, dans l'Égypte ancienne, on croyait à cela, l'âme qu'on pèse à l'issue de la vie, quand elle quitte à jamais son corps.

Tout à gauche, et qui semble émerger des profondeurs du mur, venir d'ailleurs, un petit personnage tout en blanc : c'est l'âme souriante qui arrive dans l'au-delà. Elle est accueillie par un ange, à ses côtés, qui lui tient la main.

C'est sur l'autre face du chapiteau, à droite, qu'a lieu ce dernier jugement. Qu'a fait cet être humain – corps et âme – durant sa vie terrestre ? Quelle était sa manière de vivre ? Qu'a-t-il engrangé, dans la mémoire de ses jours, quelles actions, bonnes et mauvaises ? Est-ce le Bien qui prévaut, ou le Mal ?

Un autre ange tient le fléau d'une balance à deux plateaux. L'ange semble serein, mais la balance est bousculée, agrippée par deux démons qui convoitent l'âme du défunt. L'un appuie, l'autre tire, pour que la balance penche du côté du Mal. Celui allongé sur l'astragale a le corps couvert d'écailles, et la face avide. Au-dessus, l'autre démon menace l'ange, mais ce dernier ne bronche pas, certain qu'il est que le Bien pèse plus lourd que le Mal.

L'ymage est merveilleusement simple. Elle a pour nous le charme naïf des visions d'autrefois. Pourtant, au XIIe siècle, la justice divine est encore binaire, elle apparaît comme implacable, sans recours, Enfer ou Paradis. Et l'heure du jugement hante les esprits. Le Purgatoire, cet autre lieu plus accommodant, plus complexe, est seulement en train de naître.

"L'au-delà est un des grands horizons des religions et des sociétés. La vie du croyant change quand il pense que tout n'est pas joué à la mort."

Jacques Le Goff,
La Naissance du Purgatoire
Gallimard (1981)

Astragale

L'astragale est une moulure arrondie à la base du chapiteau et qui le sépare de la colonne sur laquelle il repose.

Voilà, les pierres sont abreuvées de lumière
elles ne nous offrent rien
que la profusion précaire d'une ancienne parole
pour tenter mieux, peut-être, de vivre

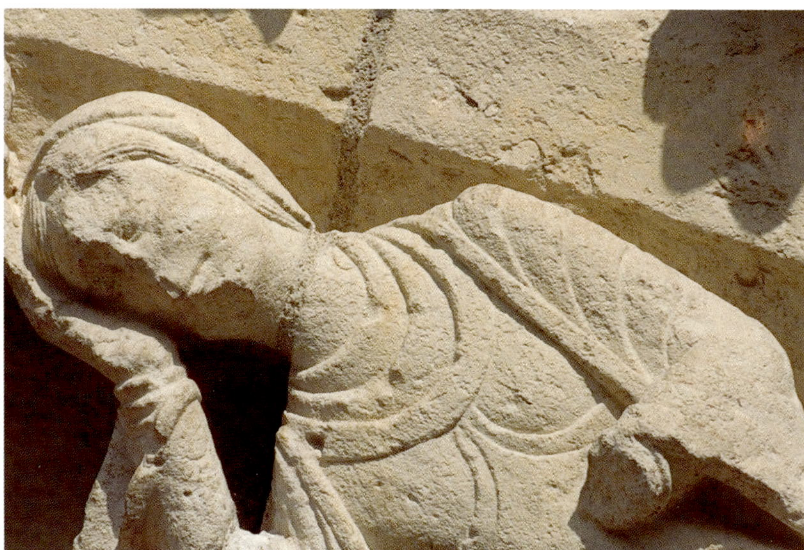

Vierge folle, troisième voussure du portail ouest
Femme dans la douceur inquiète, pour quel rêve endormi ?

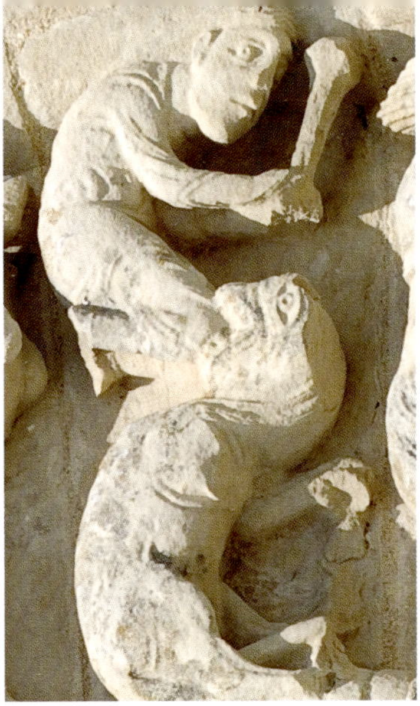

Un pygmée lutte avec un monstre,
trente-deuxième claveau, quatrième voussure du portail sud
Le petit homme, face à la puissance dévorante

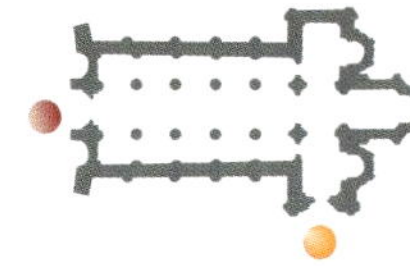

Parcours du bestiaire

Entrer dans le monde du bestiaire roman, c'est comme ouvrir une boîte à merveilles, dans le jardin secret de l'enfance : on va de découverte en découverte, fasciné par ces objets qu'on met à la lumière et qui d'eux-mêmes presque vous racontent une histoire. Il y a toujours, dans les histoires de l'enfance, une vérité absolue, ce mouvement de l'imaginaire qui d'un monde hétéroclite crée de superbes cohérences. La boîte à merveilles est ainsi inépuisable, l'enfance toujours en découvertes, et son regard toujours nouveau.

Il faut être un enfant certainement, dans le cœur, pour goûter ce bestiaire étrange, ces figures qui semblent toujours rebelles au savoir. Un enfant pour la fraîcheur, doublé d'un quêteur pour la soif, pour l'exploration.

Il y a d'abord peut-être, l'étonnement heureux devant la qualité de cette sculpture. À Aulnay, même s'il existe des variations de style, tous les thèmes sont traités par les ymagiers avec une égale puissance. Les ymages du bestiaire, parce qu'elles sont très denses dans l'édifice, prennent une force singulière, d'autant plus vive que nous disposons rarement, dans l'instant du regard, des références qui permettraient de les situer, de les circonscrire, comme on peut le faire pour une ymage religieuse. Puissance brute, instinctive, de ce qu'on voit, animale pourrait-on dire, tout ce qu'on perçoit vous émeut comme dans une impulsion première.

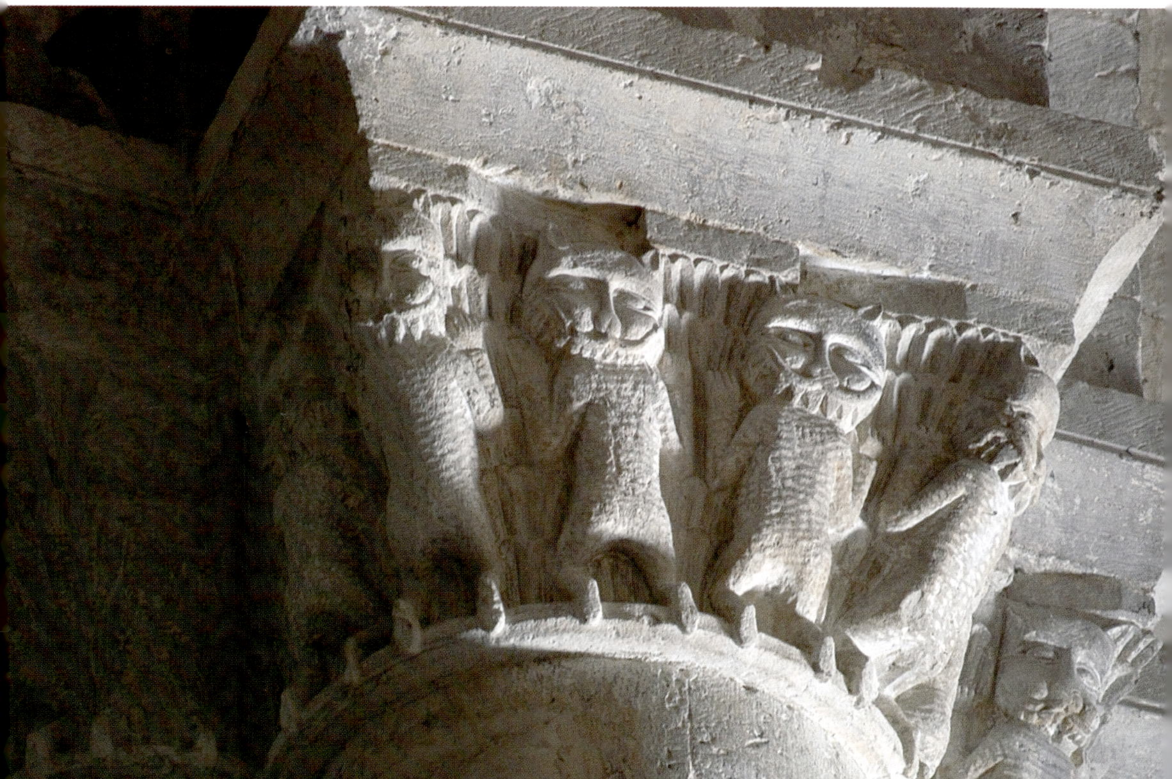

Chapiteau du pilier sud-est de la croisée du transept
Côte à côte, tous les hommes
pareillement prosternés devant ceux qui les dévorent

C'est que, entre la lumière et l'ombre des formes animales, ce ne sont pas simplement des bêtes que l'on voit, mais, dans l'inquiétude souvent, une part profonde, enfouie, de notre humanité.
Prenez par exemple sous le regard ce chapiteau, tout en haut de la croisée sud-est du transept. Tout autour, de petits personnages, des hommes visiblement, agenouillés, de dos. On ne voit plus leurs visages, chacun est en train d'être dévoré par une bête aux dents proéminentes. La face – seule part visible de chaque monstre – semble sortir d'un feuillage. Peur première d'être effectivement mangé, englouti, dans ce monde médiéval encore peu sûr. Mais au-delà, le dialogue – le combat, la fusion – entre l'animal qui est mon double, et cette part si radicalement différente de mon être. Entre cette parenté proche du vivant – là d'où je viens – et cette conscience, autre moi-même, où s'écrivent la solitude et la violence. Où est l'animal vraiment, l'humain, l'inhumain ? Image métaphorique extraordinaire : le bestiaire est ainsi, il nous met en dialogue avec nous-mêmes, l'animal est un signe, il renvoie à autre chose, à de l'invisible, support de nos passions, de nos désirs.

" De cette théorie de l'animal-signe découlent aussi les explications étymologiques qui fleurissent dans les bestiaires médiévaux, ces recueils d'exemples animaliers où la créature a perdu toute épaisseur charnelle pour se muer en support de lecture allégorique et spirituelle. "

Marianne Besseyre,
in Bestiaire du Moyen Âge
Somogy Éditions
d'Art (2004)

Et devant ces figures donc, vous reliez les fils de votre imaginaire, du dragon qu'on croit connaître aux éléphants qui vous sont aujourd'hui familiers, vous voudriez nommer l'inconnu, établir la signification de tout cela. Vous vous approchez, guettant l'angoisse étrange dans le regard des bêtes, cherchant encore comment interpréter ce grouillement qui vous échappe.
Ceux du XIIe siècle faisaient-ils autrement ? Connaissaient-ils la provenance de ces monstres ? Etait-ce pour eux comme un paysage familier ? Le bestiaire médiéval, qui peuple les pierres d'Aulnay comme les manuscrits qu'à l'époque on commence justement à nommer " bestiaires ", vient en fait de très loin dans l'espace et le temps. Comme nous, mais avec leur propre vision, ils interprètent une partition écrite bien des siècles plus tôt encore.

Le Physiologus, espace et temps d'une filiation

Entre le IIe et le IVe siècle, très probablement à Alexandrie selon les historiens, est écrit un texte rassemblant une cinquantaine de descriptions d'animaux. Ce texte, resté anonyme, puise dans les cultures hébraïque, égyptienne, grecque et latine, avec des ramifications parfois lointaines en Orient, sa collection d'animaux réels ou légendaires.

Ce *Physiologus*, en langue grecque, donne à l'animal une vocation spirituelle, à cette époque où le christianisme est en voie d'émergence : d'un côté, on y présente la nature de l'animal, de l'autre une sorte de vision spirituelle, symbolique, à la manière d'un diptyque.

Ce discours théologique, qui prend appui sur un large spectre culturel du monde animal, a très vite un succès considérable. Plusieurs versions grecques se succèdent, avec des ajouts, et des versions latines, éthiopiennes, coptes, syriaques, arabes, arméniennes... L'ensemble est remanié, amendé, enrichi, comme en témoignent encore les manuscrits conservés dont les plus anciens remontent au VIIIe siècle. Cette mémoire résiduelle indique combien s'est développée durant presque dix siècles, et à travers un large espace géographique, cette résonance de l'animal et de l'humain dans sa quête spirituelle, avant que le bestiaire ne prenne sa forme médiévale.

" En se faisant le réceptacle de toutes ces traditions et en permettant leur diffusion à travers les siècles, le Physiologus est devenu un véritable pont culturel reliant peuples orientaux et occidentaux. "

Alexandre Vermeille
Physiologus de l'Orient à l'Occident, un patchwork multiculturel au service de l'Écriture, mémoire, Université de Neuchâtel (2006)

On aurait tort de croire cependant que cette vaste antériorité ait produit, à l'époque où l'on bâtit Aulnay, un savoir stable comme on dirait aujourd'hui, ou même une lecture bien établie.

C'est que cette médiation de la bête comme projection des passions humaines " déborde " constamment : de l'animal bien réel à l'animal imaginaire, de ce qu'on observe aux comportements inventés, tout devient symbole, multiple, polyvalent, changeant. La même figure peut illustrer tantôt le Bien, tantôt le Mal, l'animal, comme l'homme variant dans ses actions, dans sa manière d'être.

Dès lors, c'est bien d'une interprétation symbolique qu'il s'agit, d'un dialogue entre soi-même et ces repères allégoriques, aux échos de bêtes et d'hommes mêlés, et si le but ultime est de se rapprocher de Dieu, l'itinéraire emprunte parfois des chemins surprenants.

" Les figures animales offrent l'avantage considérable de suggérer, par analogie, non pas des idées, mais les caractères, les comportements et les désirs humains. "

Arnaud Zucker
Morale du Physiologos : le symbolisme animal dans le christianisme ancien (IIe-Ve s.), in Rursus N° 2 (2007)
http://revel.unice.fr/rursus/document.html?id=142

Le défilé des monstres

Le portail sud ► 58
Le parcours religieux du portail.

Vivons donc d'un peu plus près le bestiaire d'Aulnay, qui s'impose à nous d'abord à la quatrième voussure du portail sud, au sein d'un ensemble dont le message religieux, on l'a vu, est riche et complexe.

Comme souvent dans la sculpture romane, le regard cherche à embrasser l'ensemble, cette voussure rayonnante à l'harmonie parfaite dont on sent dans l'instant l'unité profonde. Mais très vite aussi, et vous ne vous êtes

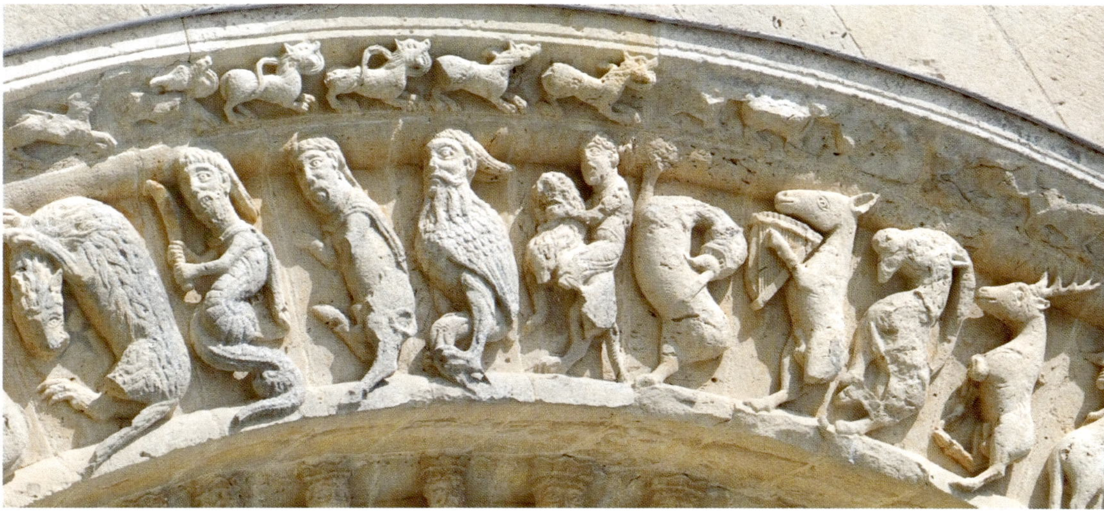

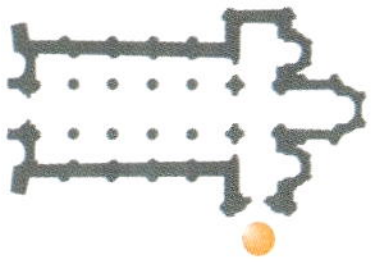

Quatrième voussure, portail sud, partie basse de l'arc côté ouest

Défilé,
les séductions, les peurs, les vanités, nos emblèmes dérisoires

approchés qu'à peine, chacune des trente-cinq figures vous saute aux yeux, vous accapare, chaque acteur de cette étrange procession vous appelle. Comment ne pas être fasciné ? Pour peu que vous vous laissiez libre cours à vous-même, chaque ymage vous prend comme dans un filet.

À grands traits d'abord, quelques repères, de l'ouest à l'est, de gauche à droite. C'est un lion en premier, ici symbole du Bien, qui combat le dragon maléfique, puis un félin qui se lisse le col, et puis un être hybride, à la longue queue de serpent ou de dragon, au corps d'homme qui brandit un couteau et dont le visage menace. Suivent un monstre qui rappelle le centaure, une sirène oiseau, un homme qui chevauche un animal, un animal retourné qui dévore un enfant. Puis la figure bien connue de l'âne musicien, un bélier et un cerf, tous deux dressés sur leurs pattes arrière, symboles sexuels de la vie printanière. Centaure, chouette, chimère, griffon, cyclope continuent cette sarabande du vivant, où chaque visage, animal ou humain, exprime avec force la fantaisie rarement, plus souvent la violence ou une triste solitude.

Attardons-nous au sommet de l'arc. À droite du cyclope, un oiseau, l'emblème du Bien, domine et enserre la tête d'un dragon, force maléfique. Tous deux regardent vers la gauche, le bas de la voussure, tout comme la plupart des figures qu'on vient d'évoquer. À droite encore, quatre figures symétriques. Deux griffons d'abord, face à face, aux cous enlacés : le griffon, à la fois aigle et lion, est le maître de la terre et du ciel. Même thème ensuite un peu altéré, puis deux couples d'oiseaux qui boivent à une coupe : la coupe c'est l'Eucharistie, boisson de vie éternelle, à laquelle l'âme du croyant se nourrit. Enfin, encore des oiseaux qui dominent des quadrupèdes féroces. Au sommet de l'arc, c'est la symbolique positive des figures divines. Et celles-ci sont symétriques, comme si elles étaient à l'origine de ce défilé du bestiaire.

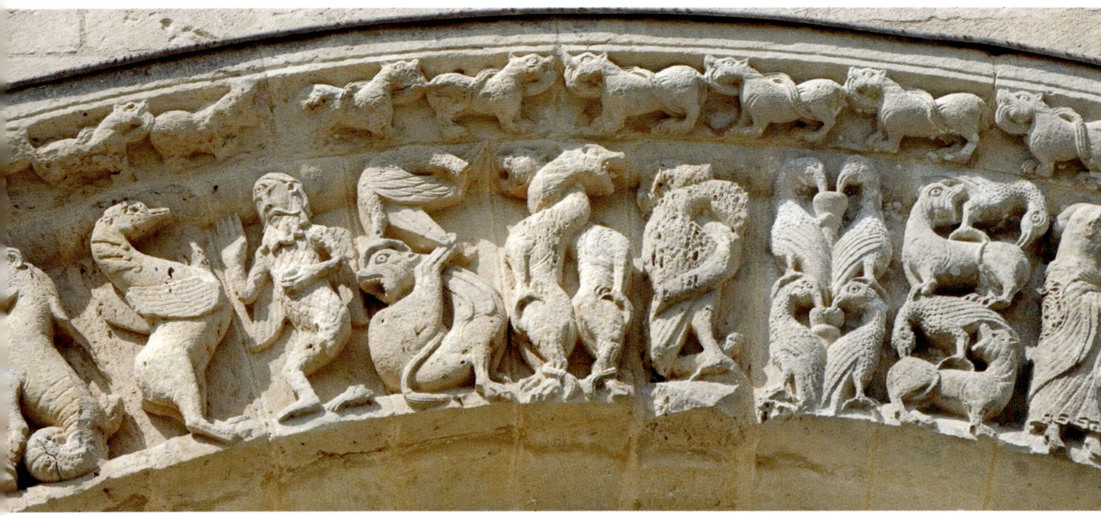

Quatrième voussure, portail sud, sommet de l'arc

Défilé, toujours un à un
dans l'étroit passage du regard,
mémoire en soi de nul recours
et l'appel, toujours, des figures
des yeux de pierre si présents
dans leur cruel silence qu'on n'effacera pas

Le charadrius ▸ 114

Lire l'histoire du charadrius et de son malade, dans la page Ymages qui lui est consacrée.

Plus à notre droite en effet, vers l'est, les visages sont largement orientés vers le bas de la voussure. On y trouve le bélier et le loup qui parodient la messe, le charadrius flanqué de son malade, des sirènes oiseaux et poisson, des monstres qui s'affrontent, un dragon qui crache du feu. Puis c'est une mantichore, animal mythologique venu de l'Inde via la Perse : corps de lion, ailes de chauve-souris, tête de femme, elle est une mangeuse d'hommes. Le parcours se termine par le combat d'un pygmée juché sur un dragon, et une autre scène de violence, opposant à nouveau un pygmée et un monstre.

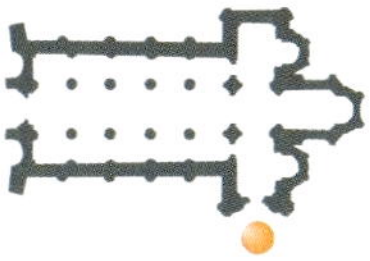

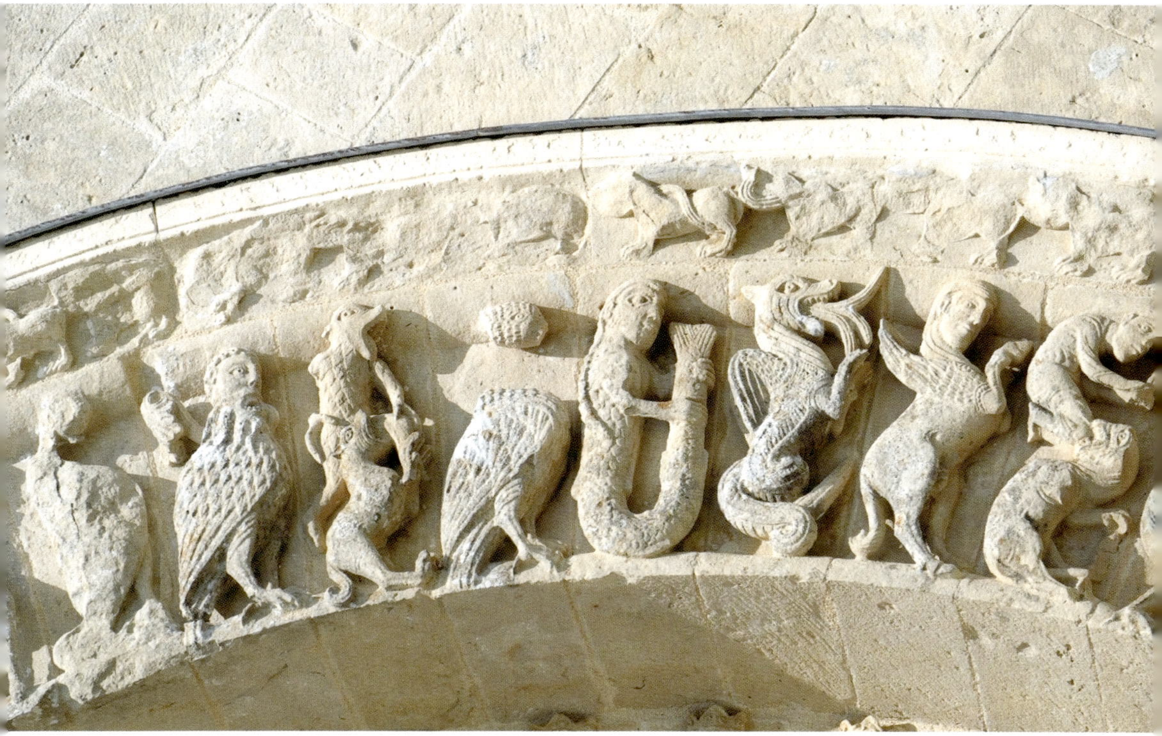

Quatrième voussure, portail sud, partie basse de l'arc côté est

Défilé, la parade de nos délires,
ce que nous fomentons
ce que nous façonnons depuis des siècles

ivants et violence

Dans toutes ces ymages, peu d'animaux familiers. Pour l'essentiel, ce sont des monstres. Monstre, celui qu'on montre, parce qu'il fait prodige, qu'il est de l'ordre du fantastique. Au XIIe siècle, le terme est dénué de la connotation criminelle qu'on lui adjoindra plus tard.

Bien plus, ces monstres sont souvent bien humains, dans les visages surtout, que le talent de l'ymagier a rendus extrêmement présents. L'homme qui s'incorpore à l'animal, cela forme une étrange communauté d'êtres vivants, dont l'âme profonde affleure en ces traits des visages qui semblent s'interroger sur leur identité même.

Cette humanité de la bête a son revers symétrique, la bestialité de l'homme. Si ce sont les visages animaux qui expriment le plus facilement la violence, les références mythologiques disent aussi cette violence, projetée en quelque sorte vers l'animal.

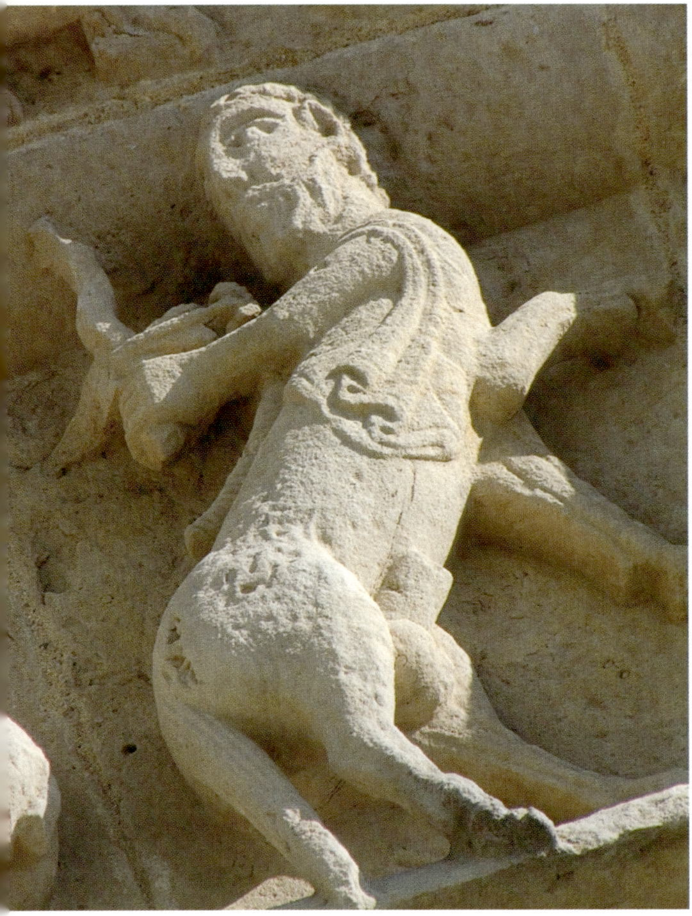

Centaure, onzième claveau, quatrième voussure, portail sud

Voile sur l'épaule
l'être vivant,
mélange
de courbes, de puissance
qui va tuant

" La statue à tête humaine et à croupe de bête, centaure ou sphinx, immobilise ou représente le passage instantané du sacrifice humain au sacrifice animal, où la bête représente l'homme. [..] Statues de la substitution. "
MICHEL SERRES
Statues
François Boutin (1987)

Deux exemples. Le centaure d'abord, qui vise de son arc son voisin le cerf. Extraordinaire puissance plastique de cet être hybride, magnifiquement fusionné par l'ymagier. Le visage est serein, mais on pourrait dire implacable aussi bien. Le corps est tendu vers le combat, comme son arc lui-même.

Saura-t-on jamais ce que ce corps exprime, qui s'érige entièrement dans le geste de mort ? Homme et taureau mélangés, le centaure est ivre de désir, sauvage. L'homme décharge vers lui, dit le philosophe, sa propre violence. Qu'y a-t-il sous la pierre, qui se tient tapi, qui suinte d'elle, et que nous ne voulons pas voir ?

La lutte du monstre et du pygmée ensuite. L'antiquité grecque (Homère et d'autres) puis latine (Pline l'Ancien et d'autres) suppose l'existence d'un peuple de très petite taille, qu'elle fait vivre au gré de son imaginaire. Au Moyen Âge encore, le pygmée est un être inventé. Certains disent qu'il vit en Inde, d'autres en Éthiopie.

Cet être humain, petit, donc faible, l'ymagier le représente aux prises avec un monstre à la gueule ouverte. Les deux êtres se font face, dans le long de leur corps, debout l'un et l'autre. Ils s'affrontent, le monstre semble avide de chair. Mais ils s'étreignent aussi, voyez le bras du pygmée qui tient le dos du monstre, et ses maigres jambes posées sur les cuisses lourdes de l'autre. L'autre, qui fait face, qui domine, qui agresse, mais dont on ne se sépare pas. L'autre, le radicalement différent et mon double à la fois, la peur devant lui qui tient au ventre, violence qui fait le lien, qui le maintient.

Image intemporelle de notre humanité, le claveau au plus bas du portail sud, le plus éloigné du sommet divin de l'arc, décline avec l'évidence la plus dure ce qui fonde nos relations d'hommes.

Ce bestiaire du portail sud, audelà de l'imaginaire ébouriffant et de la liberté de création qu'il révèle, met en fait l'homme à nu. Et comme tel, il nous interpelle aujourd'hui.

Par cet extrême dialogue – tout autant combat, fusion – avec l'animal, il agit comme un révélateur des couches profondes, enfouies, de notre imaginaire, comme on le dirait de notre cerveau reptilien.

Et c'est le génie des ymagiers d'Aulnay que d'avoir laissé planer l'ambiguïté dans l'expression admirable de ces visages, de ces faces, d'hommes, de bêtes. Où est l'animal vraiment, et l'humain, et l'inhumain ?

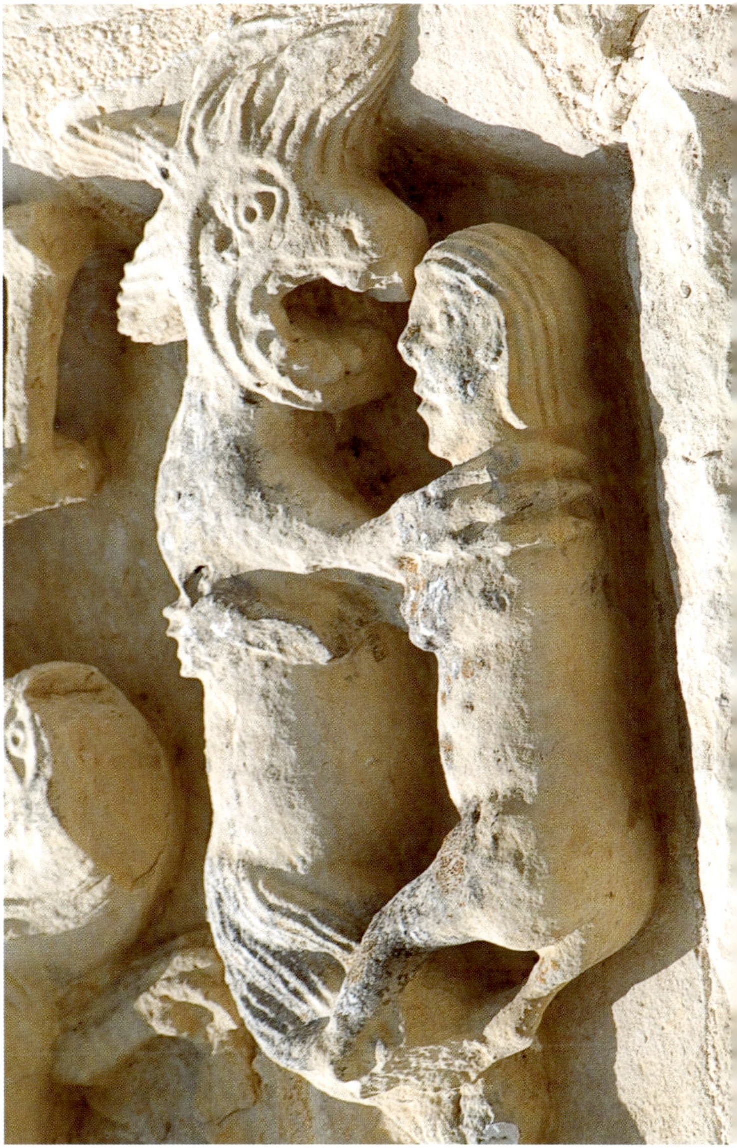

Le monstre et le pygmée, trente-troisième claveau, quatrième voussure, portail sud

L'homme précaire aux prises toujours avec l'autre, le monstre le double insatiable

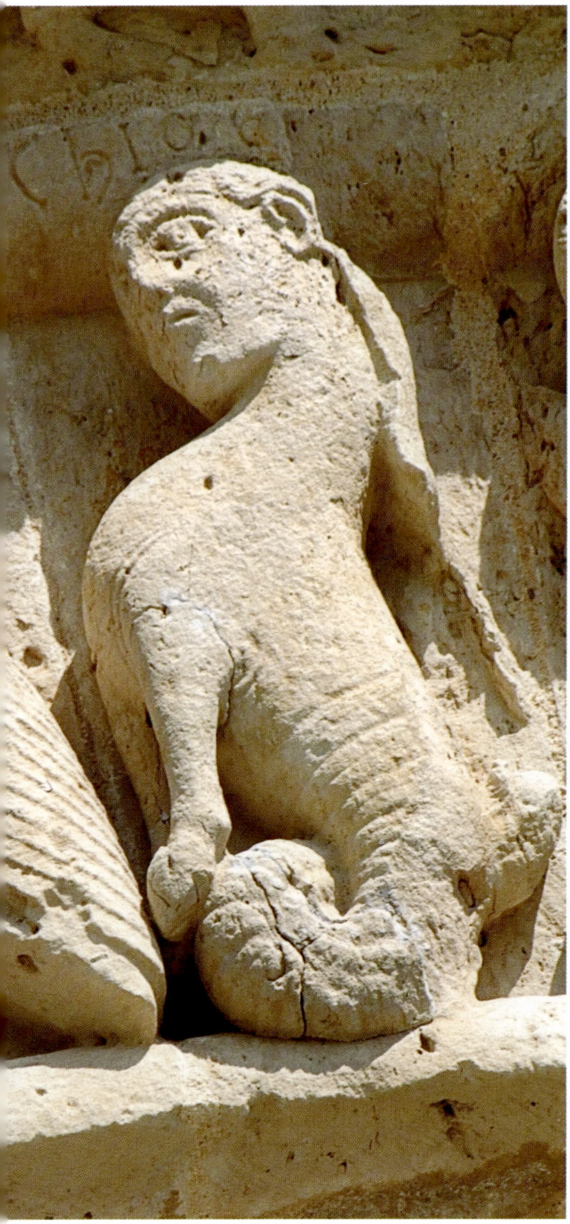

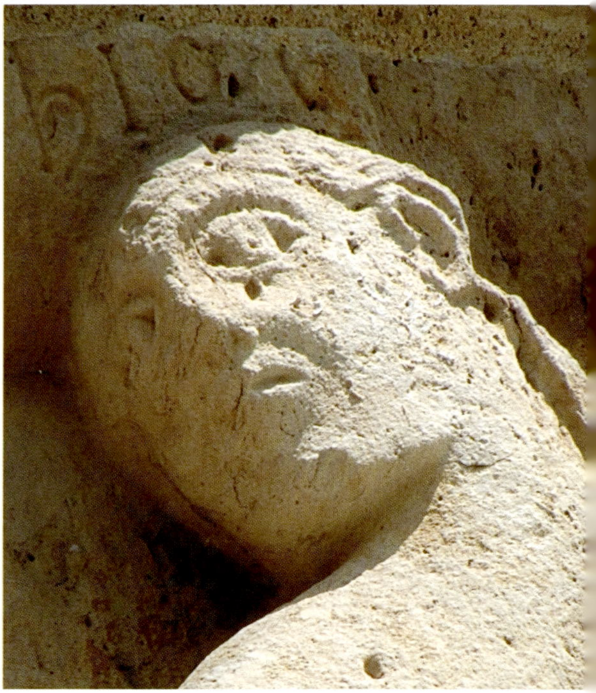

Treizième claveau, quatrième voussure du portail sud

Revenir au visage
comme sur le métier cent fois
tisser les traits
chercher l'humanité
garder en soi, juste un instant
cette part éblouie de l'autre

La chimère

Comme toujours, la rencontre c'est par le visage, le vôtre a cette immense douceur des femmes un peu tristes après des temps d'épreuves. Ou peut-être, tout au creux de vous, rêvez-vous à l'inaccessible ? C'est ce que dit votre nom, chimère, qu'on voit encore sur la pierre. " *C'est une chimère...* " comme on le dirait d'un rêve fou, de ce qu'on bâtit en soi et dont on sait depuis toujours l'impossible.

Comme souvent ici dans ce cortège des figures, quand la lumière s'avance dans le jour, elle détaille votre visage, le rend plus impassible, plus dur, comme si cette douceur première qu'on a ressentie laissait place à quelque cruauté cachée.

Ce qui ondule sur votre dos, est-ce un reste d'une imposante chevelure ? Vous vous tenez debout, un peu cambrée, ainsi votre poitrail ressemble encore aux poitrines des femmes. Ainsi, le rêve continue, et si ce n'était cette peau de pierre, on vous parlerait, on chercherait le pourquoi de cette douceur triste.

Qu'importe au fond cette queue de serpent et ces pattes un peu raides qui vous prolongent ? Est-ce que cela vous rend plus lointaine, et si différente, que nous ne puissions pas tenter le dialogue ? Les lointaines légendes grecques qui vous ont fait naître vous ont donné comme père Typhon, le dieu des mauvais vents, et comme mère Échidna, à l'affreux corps de vipère et au merveilleux visage de femme. Les légendes savent bien que nous sommes tous un peu des monstres, que toute la douceur du monde n'est qu'apparente.

On dit de vous que vous êtes lion, chèvre et serpent à la fois. L'ymagier vous a d'abord fait femme, intensément. Et cette ardeur du feu reste au fond de vous, cachée, qui nous fait peur, qui peuple nos désirs.

" Elle était de race divine, non humaine : lion par devant, serpent par-derrière, chèvre par le milieu du corps, terrible, elle soufflait l'ardeur d'un feu flamboyant. "

HOMÈRE
L'Iliade (IXe siècle av. J.C.)
Traduction EUGÈNE LASSERRE
Garnier Flammarion (1965)

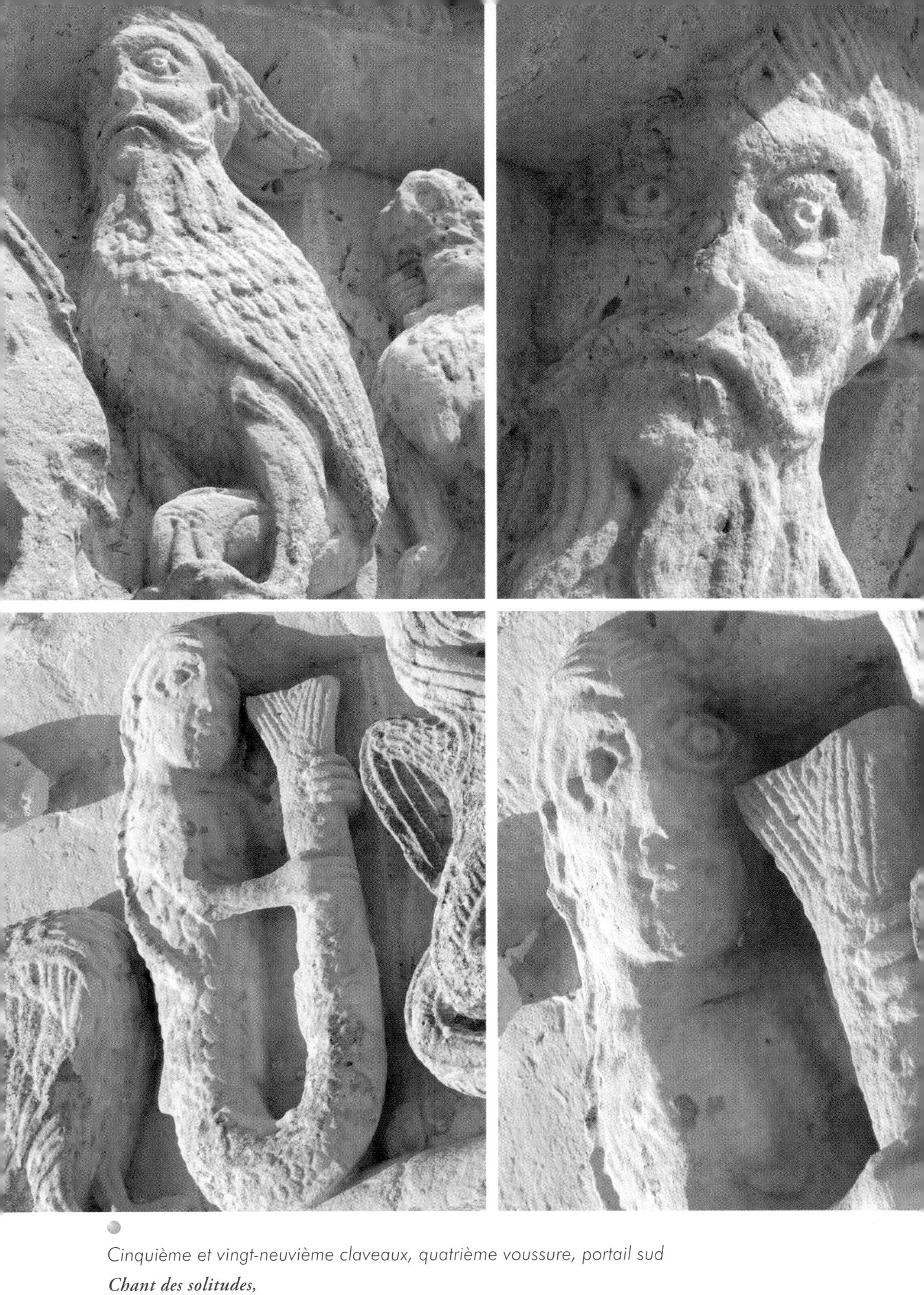

Cinquième et vingt-neuvième claveaux, quatrième voussure, portail sud

Chant des solitudes,
l'incertitude bouleversante des visages

Les sirènes

C'est une merveilleuse histoire, dans l'enfance, on l'écoutait pour s'endormir, il y avait ce lointain pays de la mer et ce chant pur, absolu, qui détournait les hommes d'eux-mêmes, qui mêlait au voyage l'immense vie des voix heureuses et la mort qui n'était encore qu'un mot simple. Les sirènes ne font pas peur aux enfants, elles les charment déjà, ils sont prêts au désir, à l'écoute de tous les chants sublimes.

Vous êtes là sur ce portail, toutes deux sirènes, visage d'homme et visage de femme, comme un espace élargi d'humanité à la puissance du chant. Homère le poète, qui fit votre renommée à travers l'Odyssée d'Ulysse, se garde bien de vous décrire, il sait que seul le chant suffit, qui fait tout oublier de soi, qui prend le corps comme une image. Le poète qui fabrique le chant des mots, il sait bien que c'est l'universel de l'amour. Et que de l'amour à la mort, il n'y a que cette frontière frêle : vous êtes comme nos miroirs de l'inéluctable.

L'ymagier vous a fait oiseau d'abord, pour le chant. Qui n'a jamais entendu dans une matinée printanière cet innombrable chœur, incessant de répons en répons, ne sait pas ce qu'est le désir amoureux. Chant nuptial des oiseaux, entêtant – celui des sirènes a-t-il cette élégance fascinante qui ne s'arrête pas ?
Mais pourquoi ce visage d'homme, et cet insondable regard comme au bord d'un autre monde qu'on pressent, terrifiant ? Est-ce l'homme pris au piège de son désir qui s'anéantit en vous ? Comme votre chant, l'ymagier trace dans la pierre l'inéluctable de la mort. On ne voit plus bien votre corps puissant d'oiseau, vos cheveux bien mis en arrière, votre barbe qui ondule doucement, on ne voit que cela, votre visage au bord du gouffre, qui nous étreint.

L'ymagier vous a fait aussi poisson, quelques claveaux plus loin. Poisson, pour le chant de la mer en ressac qui ne s'épuise pas. Et par quelque enjouement de l'ymage, on sent bien que vous êtes une femme – ces cheveux longuement tressés qui flottent sur votre dos d'écailles, ces seins qui émergent encore dans le haut de vous-même, juste avant que votre humanité laisse place à la souplesse fluide du poisson. Approchons-nous, visage contre visage : dans le dénuement de la pierre, l'incertitude encore, bien plus que le bonheur du chant.

L'ymagier vous a voulues ainsi, maléfiques, " *à l'âme partagée* "comme nous-mêmes. Maléfiques, et sublimes comme ce chant des pierres aussi, quand la lumière sur vos visages renvoie l'indécidable.

" La féminité et l'attraction sexuelle qui tentent l'homme sur le chemin de sa vie (la navigation) sont réunies dans la sirène. Si l'on veut, la femme et son chant d'oiseau représentent la femme et son attraction sexuelle. "

Xosé Ramón Mariño Ferro
Symboles animaux
Desclée de Brouwer (1996)

" Les sirènes sont des bêtes vivant dans la mer qui portent la mort ; par leur voix, ce sont des Muses. La moitié de leur corps a une forme humaine, et l'autre moitié a l'apparence d'une oie. [..] Ainsi en est-il de tout homme à l'âme partagée, fluctuant dans toutes ses démarches "

Traduction Arnaud Zucker
Extrait du Physiologus grec
in Physiologos :
le bestiaire des bestiaires
Ed. Jérôme Million (2004)

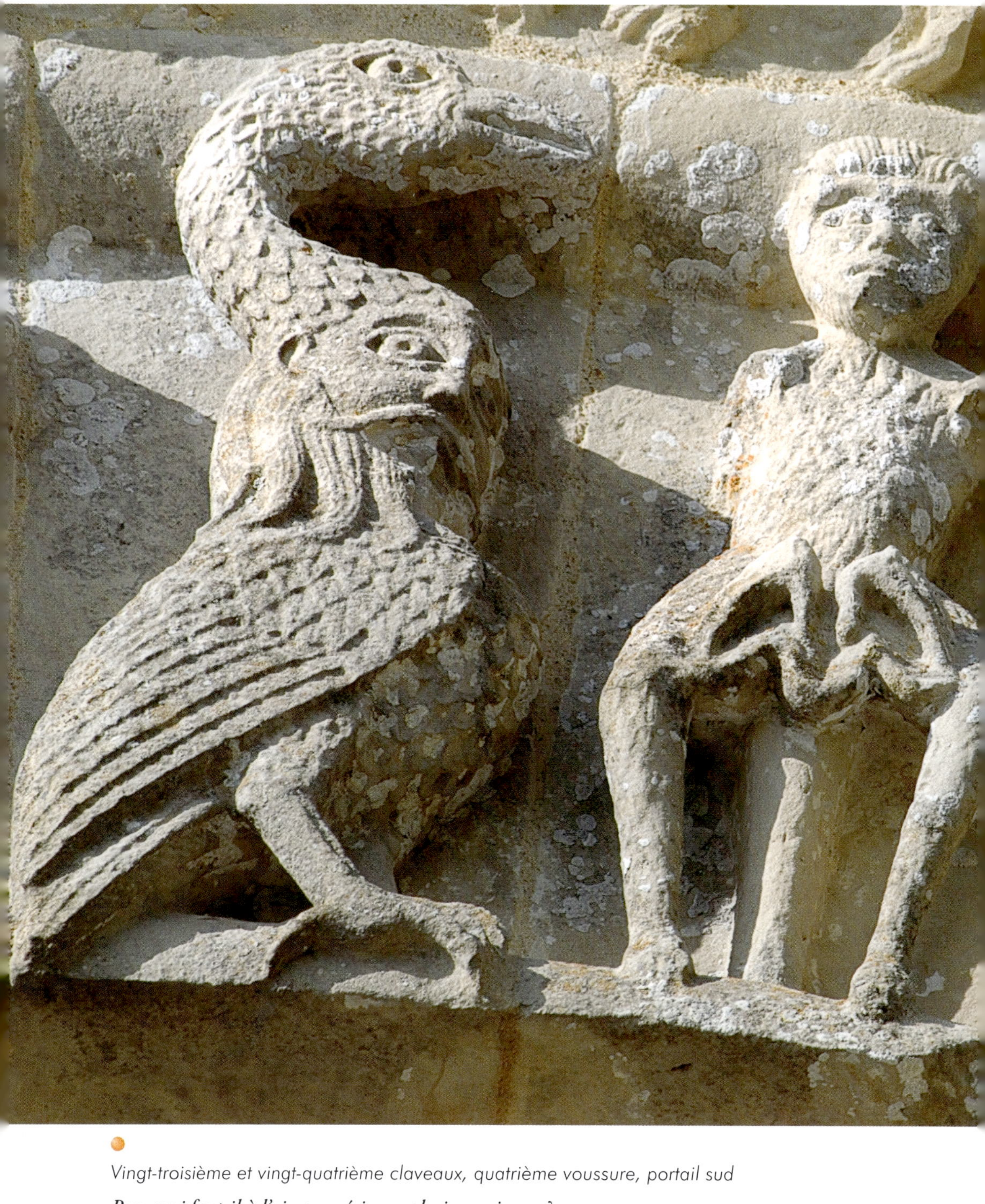

Vingt-troisième et vingt-quatrième claveaux, quatrième voussure, portail sud

Pourquoi faut-il à l'oiseau guérisseur plusieurs visages ?

Le charadrius et son malade

Deux ymages, côte à côte, et qui sont liées, sans que l'oeil de prime abord le décèle. À gauche, un être étrange, comme bien des figures de ce portail sud. Son corps est celui d'un oiseau, les serres tiennent la base du claveau, les plumes sont tracées avec précision. Le visage est celui d'un homme, à la barbe fournie. Il regarde devant lui, un peu de biais. Si le corps s'arrêtait là, ce pourrait être la sirène oiseau, déjà rencontrée à quelques pierres de là. Mais le monstre se prolonge : du haut de la tête d'homme émerge un long cou d'oiseau qui se termine par une tête à nouveau, au bec allongé.

L'oiseau regarde, à droite, un personnage, assis sur un tabouret semble-t-il, et qui nous fait face. Son vêtement est imprécis, ses cheveux lissés en arrière. Il est dans une posture étrange, jambes largement écartées. Ses bras ont disparu, mais ses mains tiennent et montrent, proéminentes, ce qui semble être ses parties génitales. L'ensemble du personnage apparaît comme affaibli, mal formé, et le visage fixe, presque prostré. On peut se dire que cet homme est malade, dans la partie du corps qu'il exhibe.

C'est le Physiologus qui donne peut-être la clé de la scène : il décrit un oiseau, tout blanc, qui a le pouvoir de guérir un malade s'il accepte de le regarder. Si, par contre, il détourne son regard, le malade va mourir. Un ouvrage du XIIe siècle* précise le mode de guérison : " *Si le malade va mieux se porter et guérir, le charadrius le regarde avec attention et s'approche de lui, il met son bec sur sa bouche, et en inspirant, il absorbe la maladie de l'homme, puis, s'envolant vers le soleil, il la brûle, la disperse, et le malade est guéri.* "

On ne sait pas bien quel animal réel est à la source de ce merveilleux guérisseur : l'alouette (qu'on appelait " calandre " autrefois), la blanche colombe, le héron... ? Les manuscrits le représentent comme un oiseau au long cou, mais sans cette monstruosité de la tête humaine.

Qu'a voulu l'ymagier, en l'assemblant peut-être à une sirène ? Faire comprendre que, comme le chant merveilleux, le pouvoir de guérir n'était que tromperie ? Pourtant, dit-on, c'est dans le palais des rois qu'on trouvait le fameux oiseau. Pourtant, lit-on dans le Physiologus, le charadrius est le symbole du Christ, lui qui a endossé toutes nos maladies et nos péchés...

* De bestiis et aliis rebus (Des bêtes et autres choses) fut attribué à Hugues de Saint-Victor, puis à Hugues de Fouilloy, deux clercs du XIIe siècle. Cité dans " The Caladrius and its legend, sculptured upon the twelfth-century doorway of Alne church, Yorkshire ", George Druce, Archaeological Journal (1912), repris sous forme numérique : http://bestiary.ca.

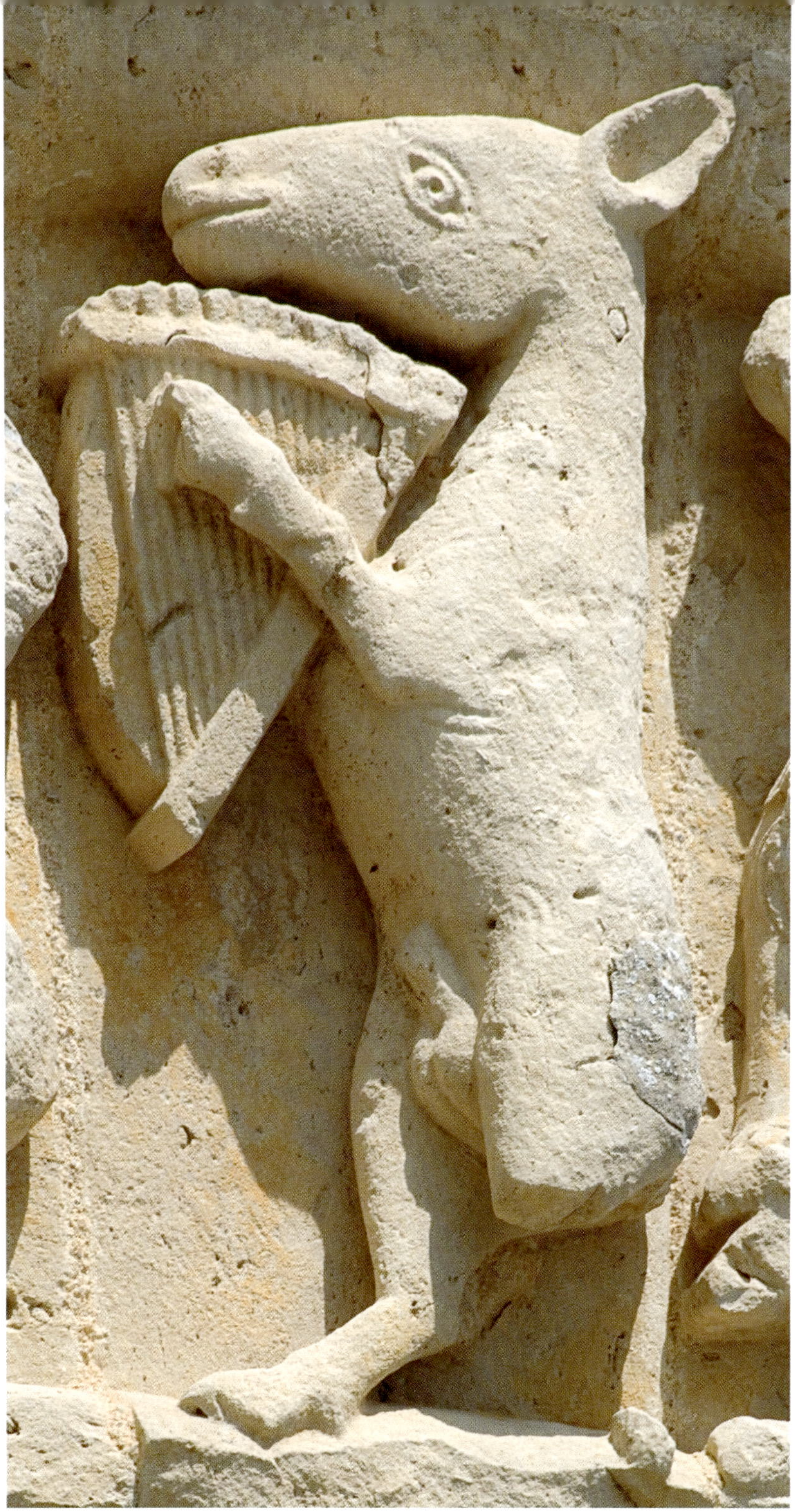

Huitième claveau, quatrième voussure, portail sud

Si gentil, si naïf, et qui voudrait la musique comme une évidence...

L'âne musicien

Comme tu sembles heureux, l'Âne, dans ton sourire esquissé, comme tu sembles fier, tu t'es grandi, tu serres contre toi, bien fort, cet instrument qu'on ne connaît plus aujourd'hui, entre la harpe et le psaltérion disent les spécialistes, et qu'on nommait *la rote* de ton temps.

Il s'ajuste bien l'instrument, tu penses qu'il est fait pour toi, tu frappes de tes sabots les cordes, l'Âne, tu vas devenir vraiment musicien, et tout ton corps frémit de contentement, toi qui depuis si longtemps cherches à chanter, naïvement, désespérément.

Mais les hommes t'ont fait bête, l'Âne, le poète latin s'est moqué de toi quand tu as voulu t'essayer à la lyre. Et tous t'ont pris pour un imbécile. Tu es devenu un symbole, l'Âne, mais pas de la musique, de la bêtise.

Ecoute Abélard, un des grands esprits de ce temps où l'ymagier t'a fait naître : *" Celui qui contemple l'Écriture sans la comprendre, la tient comme un aveugle devant ses yeux, c'est un miroir où il ne peut se reconnaître [..] et comme un âne attaché à une lyre, il reste ainsi oisif devant le livre. Il est à jeun, il a devant lui le pain et il ne se nourrit pas "**

Voilà pourquoi tu es là. Tu aurais dû comprendre qu'il ne fallait pas juste frapper les cordes mais les pincer, et qu'avec tes sabots ce n'était pas possible, que tu ne pouvais pas manger de ce pain-là. Comprendre la musique, l'Âne, ou les mots, ou les symboles...

Alors, tu es là, dans ton bonheur béat, un peu dérisoire, pour nous dire qu'il faut comprendre, toi qui dit-on ne comprends rien. Prendre avec soi ces ymages de pierre, creuser en elles quelque histoire personnelle qui prenne sens. Ne pas jeter un œil léger, ne pas juste frapper les cordes, mais se nourrir du monde.

" Un âne vit une lyre laissée par terre dans une prairie. Il s'approcha et essaya les cordes avec son sabot. Elles résonnèrent à peine touchées. " Le joli instrument, ma foi ! Mais c'est un malheur qu'il me soit échu, dit-il, car je ne connais pas la musique. Si quelqu'un de plus savant que moi l'avait trouvé, il aurait charmé les oreilles par des accents divins. " "

Phèdre
Fables, VI, 13 (Ie siècle)
Traduction Pierre Constant
Garnier (1937)

* Lettre à l'Abbesse du Paraclet, *in* " Abélard, sa vie, sa philosophie et sa théologie ", Charles de Rémusat, Didier (1855)

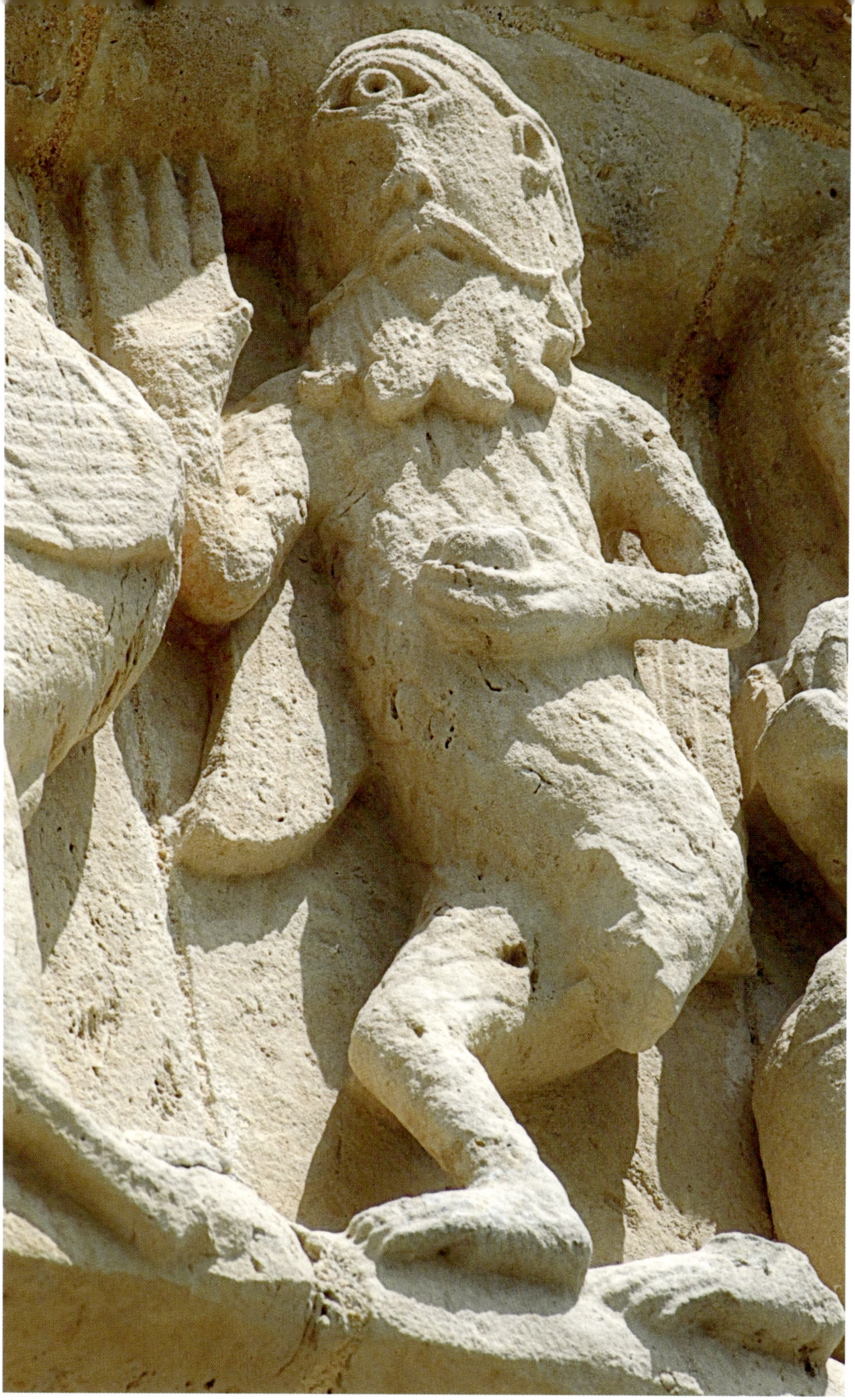

Quinzième claveau, quatrième voussure, portail sud

L'oeil vide comme une absence,
et la main qui fait signe comme une arme

Le cyclope

On regarde la pierre, on voit l'œil, au front, au centre du front. C'est un cyclope. Quelque part dans la mémoire, une image bien apprise, bien rangée, sous des années de poussière, dont on ne sait presque plus rien.

On cherche donc les clés dans ce qu'on voit. On repart du visage, de cet œil rond, immense, qui surgit d'une cavité ovale, profonde. Mise à part cette monstruosité flagrante, c'est un visage d'homme à part entière. Tout juste si l'ymagier ne lui a pas laissé ses deux yeux *comme nous* : un est encore là, l'autre juste effacé. La moustache traverse le visage et rejoint les cheveux, la barbe est belle. Et comme bien des monstres du bestiaire d'Aulnay, son visage est empreint d'une infinie tristesse, de la douleur de ceux qui côtoient l'intolérable, l'intolérance des autres devant leur différence.

De sa main droite, il semble se protéger. De son voisin le griffon ? Bien peu probable. On s'aperçoit que cette main est taillée comme un trident, quatre dents ici, quatre doigts. On se souvient, on rassemble des bribes, on cherche... le trident du dieu de la mer était fabriqué par les cyclopes.

Et l'autre main semble bien banale. Que tient-elle ? Une boule, un fruit ? Pour quel usage ? Et rien du gigantisme ici des cyclopes, l'ymagier a voulu ce corps un peu rond, déformé. On s'avise alors des ailes et de ces écailles ou ces plumes sur tout le corps. Est-ce un *vrai* cyclope au fond ce mélange ajouté d'animal et d'homme ? L'ymagier voulait-il mener ses êtres au bout du fantastique, dissoudre les références, les mémoires, couper de toute racine, pour que la peur de celui qui voit soit sans recours ?

On se surprend à relire l'Odyssée, les aventures d'Ulysse, quand avec ses compagnons, il enfonce un pieu d'olivier brûlant dans l'oeil unique du monstre cannibale, pour lui échapper. On retrouve les foudres de Zeus, les armes des cyclopes, les batailles titanesques de la mythologie grecque. On voudrait quelque écho, quelque histoire, au soleil du bestiaire.

Mais le cyclope reste seul, il continue de faire signe dans l'inconnu, dans l'énigme. Il faut arrêter la quête, accepter l'ignorance, se résoudre au seul pathétique de ce visage si proche de nous, à la seule souffrance de ce regard prégnant, radical. Les pierres, parfois, ne parlent pas.

Semis de symboles

“ Ces questions multiples que le Moyen Âge occidental se pose à propos de l'animal soulignent combien le christianisme a été pour lui l'occasion d'une extraordinaire promotion. La Bible le déclarait impur et le dévalorisait, l'Antiquité gréco-romaine le négligeait ou le méprisait ; le Moyen Âge chrétien ne cesse de s'interroger à son sujet et, ce faisant, le place constamment sur le devant de la scène... ”

Michel Pastoureau
L'animal
in Le Moyen Âge en lumière, op. cit.

“ [..]le peintre ou le sculpteur n'entendent pas imiter les réalités qui les entourent telles qu'ils les perçoivent de leurs yeux. Ils se servent de ces objets comme de formules pour évoquer une autre réalité, autrement essentielle et, à vrai dire, invisible.[..] Les formes figuratives et les couleurs sont plutôt conçues comme les indices de réalités invisibles qui transcendent les possibilités du regard. ”

Jean-Claude Schmitt
Le corps des images
Gallimard (2002)

En peu d'endroits comme en cette voussure du portail sud, le bestiaire roman est aussi dense, aussi chargé de fulgurances, par la concentration des ymages et par le rôle aussi qu'il tient dans le portail lui-même.
Pour autant, d'autres figures du bestiaire sont présentes à Aulnay : à parcourir tout l'édifice, c'est constamment que vous êtes surpris, décontenancés parfois par les *étranges bêtes*. Aussi bien à l'extérieur qu'à l'intérieur, les chapiteaux montrent l'animal, et ce bien plus fréquemment que des scènes religieuses.

On sait, grâce aux historiens, à quel point l'animal est un sujet de préoccupation à l'époque romane. Mais s'attarder devant certains chapiteaux de la nef centrale, devant certains des modillons des absidioles, est toujours un émerveillement et une énigme. Émerveillement devant la capacité des sculpteurs à rendre aussi présents, attractifs même, ces silhouettes, ces faces, ces regards. Énigme, car le plus souvent ce qu'on pressent derrière l'intensité de cette présence ne nous est pas donné.

Cette sensation est particulièrement puissante devant ces imposants chapiteaux de la nef, où l'ymagier disposait, dans la loi du cadre architectural, d'un large volume. Les oiseaux, les griffons, les dragons figurés là tracent une occupation précise de l'espace par leurs symétries, leurs répétitions. Mais au-delà de la virtuosité plastique – et à la différence du décor végétal ou géométrique qui leur est proche – on sent bien que leur expression, leurs postures sont là pour signifier, donner du sens. L'animal est une passerelle vers l'invisible, sans doute comme tous les sujets des images médiévales. Mais nous sommes aujourd'hui comme démunis devant ces symboles disséminés dans la pierre, sans fil conducteur évident.

D'autant que se côtoient, allègrement mêlées, des bêtes bien différentes. Animaux familiers d'abord (la chouette, le chien, les oiseaux...), animaux exotiques ensuite (les éléphants...) : les uns et les autres sont-ils là seulement comme témoins de la vie quotidienne ou des pays lointains ? Quant aux animaux fantasmés (le dragon, le griffon, le basilic...) que l'imaginaire des siècles a construits de toutes pièces, en amalgamant tel et tel fragment d'animaux réels, leur irréalité ajoute encore à notre confusion.

L'appréhension, aujourd'hui, de ces ymages passe sans doute par quelque éclairage d'une symbolique incroyablement complexe, car – on l'a mentionné – changeante, multiple, ambiguë parfois. Mais peut-être faut-il éviter le piège si contemporain de trop de rigueur et de science seules. Ces figures étaient d'abord, pour les ymagiers créateurs comme pour ceux qui les regardaient, des témoins de l'invisible, propres à développer en chacun une évocation, un prolongement personnel. L'autre versant de l'éclairage, tout autant approprié, est dès lors un parcours poétique de ces ymages, recréant dans l'expérience personnelle d'aujourd'hui, une cohérence de la vision.

Prenons l'exemple du lion. C'est un animal venu d'ailleurs, mais que la Bible a rendu familier (Daniel dans la fosse aux lions, Samson qui déchire le lion comme un chevreau...). Sur certains chapiteaux, il est donc un simple *personnage* de la scène. Le lion est aussi le symbole de Marc l'évangéliste, donc bénéfique. Mais on voit parfois le lion dominé par les oiseaux, force du ciel : il symbolise alors le monde d'en bas, maléfique. Le lion, comme le mal, rôde et rugit. Mais c'est aussi le roi des animaux, l'attribut du pouvoir royal. Multiplicité des chemins donc.

Mais où se situer, quand le lion est figuré seul, comme à ce modillon de l'absidiole nord ? Est-ce la prouesse du sculpteur qui lui fait mordre sa queue, ou quelque écho de l'ambivalence de l'homme qui se combat lui-même ? Au-delà de l'extrême fluidité du corps, de l'élégance presque ingénue du regard, au-delà de cette danse dans la lumière, de cette fraternité presque, on voudrait savoir, résoudre la beauté.

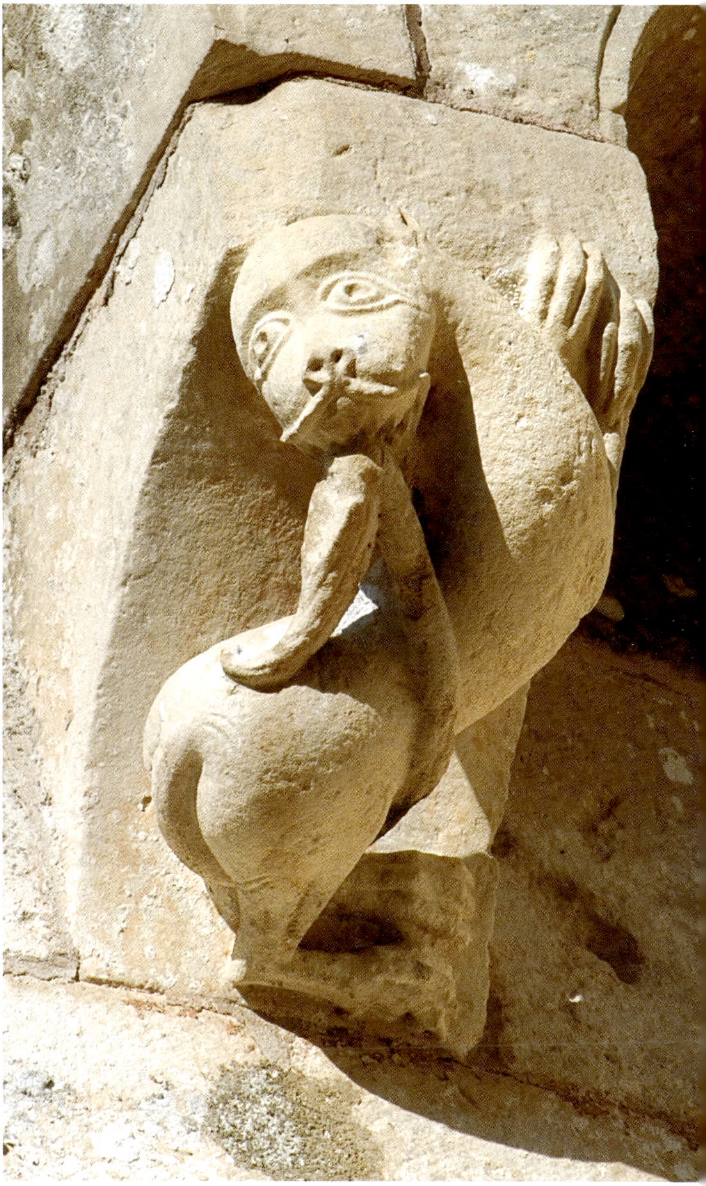

Un lion, neuvième modillon de l'absidiole nord

Le corps
dans sa plénitude des courbes
et cette part de soi, comme un lien
qu'on exhibe

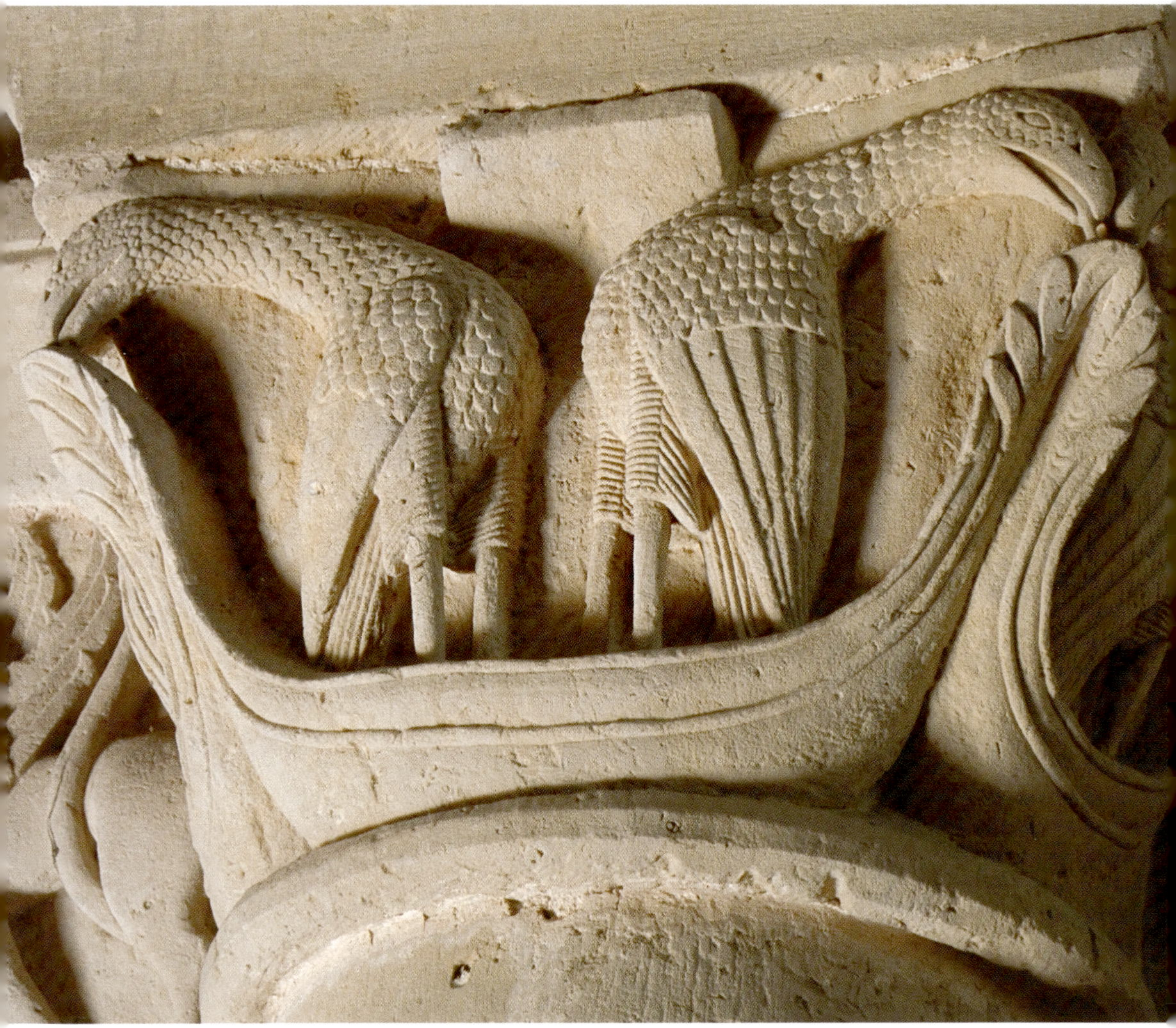

Chapiteau de la nef côté sud, second pilier ouest

Barque ou nacelle
ou corolle de plantes,
est-ce dans l'espace ou sur l'eau
que vous voguez, infiniment ?

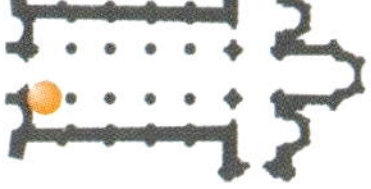

Les oiseaux sur la barque

On peut passer ici sans vous voir vraiment, vous êtes proches de la porte et rares sont les moments où la lumière vous donne vie. Mais c'est alors le bonheur inexpliqué quand on vous découvre, debout dans cette barque, maintenant l'un l'autre dans la symétrie parfaite le fragile équilibre du monde.

Tout semble simple et solide pourtant : vos pattes verticales, fortes, et le faisceau de vos plumes que l'ymagier a fait converger vers le sol pour un appui de plus. Vous avez le corps épais, empli. Et comme lui, votre cou s'affirme dans l'espace. L'ymage se répète, trois fois, sur chaque pan de la corbeille du chapiteau, et vos têtes se rapprochent, se touchent, solidaires.

Vous êtes dans une barque et l'oeil d'abord en saisit l'admirable courbe légère qui remonte avec tant de finesse jusqu'à vous. On songe à ce bateau des morts des anciennes légendes, voguant vers l'éternité dans quelque espace indéfini. On s'aperçoit que votre barque tient de la nacelle végétale plutôt, qu'elle se serre contre sa voisine, comme dans le clapotis à peine de quelque lagune, des gondoles imaginaires.

Plus on vous voit, et plus votre perfection dans l'ymage serre le cœur. Qu'est-ce qui trouble ainsi, quand on croit avoir fait le tour de l'harmonie des formes ? Est-ce votre tête à l'identique multipliée, œil sans regard, bec ouvert sur la peur ? Est-ce l'intime perception de la précarité de cet esquif voguant vers nulle part ?

Vous êtes les symboles, dit-on, de l'élévation de l'âme, vous nous faites aller vers le ciel. On est devant vous comme devant l'énigme des plénitudes, on ne sait pas si c'est l'âme, mais on sait que vous allez rester dans la mémoire, accrochés à nos rêves. Quand on vous a fait naître, d'emblée les bâtisseurs d'alentour vous ont pris comme modèle, essaimant votre image. Elle peuplait déjà leurs rêves aussi, dans une inexplicable évidence.

Ailleurs,
les oiseaux... ► 200

Cette figure des oiseaux sur une barque a été reprise dans plusieurs églises romanes de Saintonge et Poitou

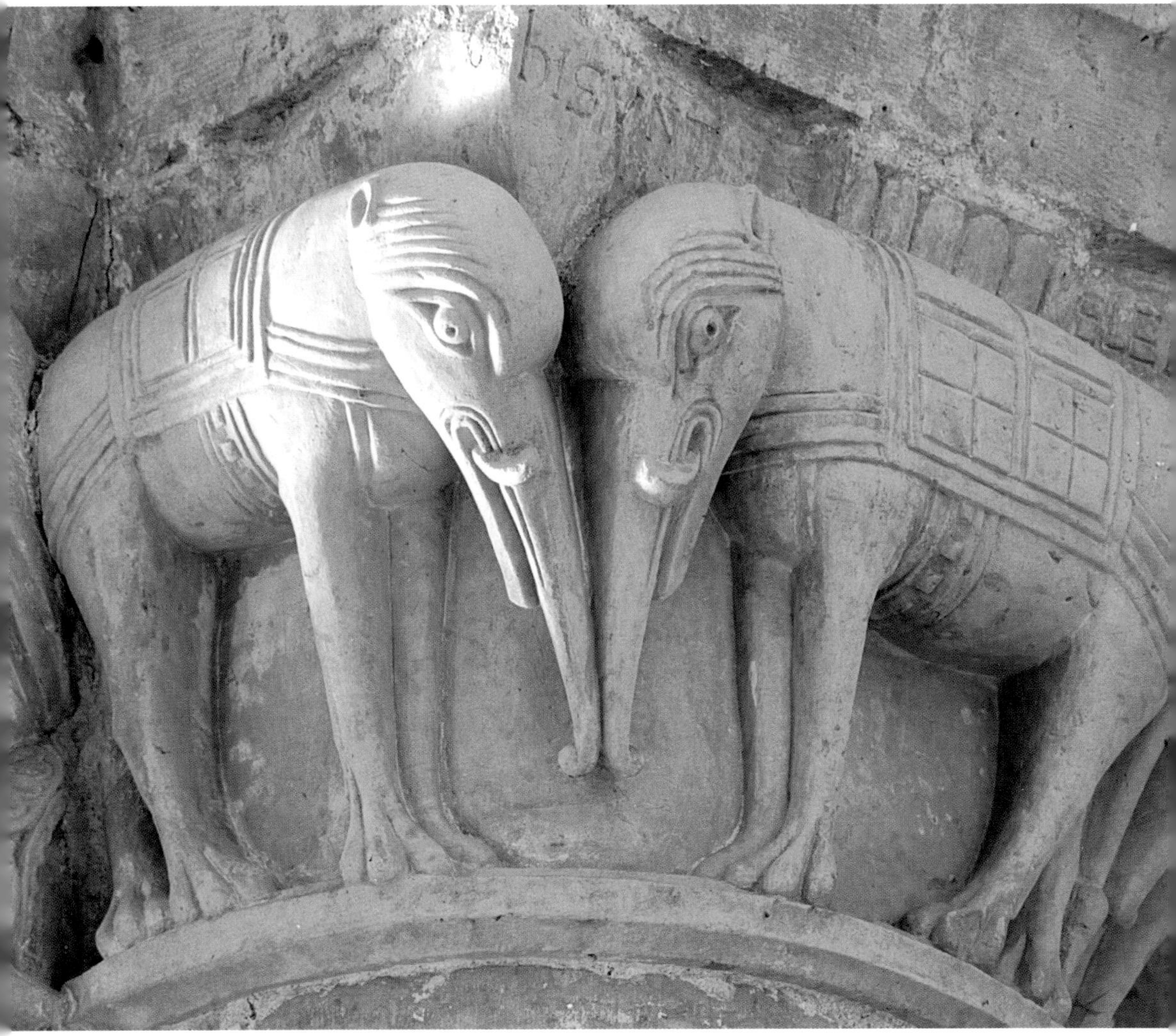

Chapiteau du bas-côté sud, à l'entrée du transept

On ne sait pas le pourquoi de l'ymage
Est-ce l'enthousiasme d'un seigneur croisé
ou d'un moine pèlerin de retour d'Orient ?
Ceux qui l'ont mise là savaient-ils
qu'ils l'offraient pour un si long temps d'humanité ?

Les éléphants

Quand on lève les yeux vers vous, c'est toujours la surprise, on s'étonne à chaque fois de cette sorte de clin d'œil que vous nous faites. Et l'on se dit que c'est cela qui vous a rendus célèbres à ce point, cette capacité d'intriguer. Vous avez *beau faire partie du décor*, on a beau vous avoir vus maintes et maintes fois, il y a toujours de vous à nous comme un signe malicieux de connivence.

Familiers, un peu drôles, on vous regarde, on sourit, les enfants vous montrent d'emblée du doigt. Les éléphants, c'est un peu comme au cirque. " *C'est sûr, ils nous regardent* "... " *On dirait qu'ils se baissent vers nous* "... Vous faites l'attraction, depuis longtemps certainement, vous avez l'habitude, les enfants sont charmants.

Mais la toute première fois, quand vous avez émergé de la pierre et que les femmes et les hommes parcourant cette église vous ont découverts, que s'est-il passé vraiment, dans leur regard ? " Hi svnt elephantes ", ce sont des éléphants, avait écrit l'ymagier au-dessus de vous, pour qu'ils le sachent bien, qu'ils ne l'oublient pas.

Eux regardaient ces longues pattes effilées, élégantes, et cette sorte de long bec, très fin lui aussi, qui allait presque jusqu'à terre. Vous aviez de *longues dents* disait-on, ils les voyaient sortant de votre bouche, et vos oreilles si minces qui coiffaient votre immense tête vous donnaient un air enfantin. L'ymagier vous avait figurés en costume d'apparat et l'on sentait bien, déjà, sans trop savoir, que vous pouviez aider les hommes.

Les hommes de là-bas, de ces lointains pays d'Orient d'où l'on se disait de bouche à oreille que vous veniez. Avez-vous perçu, à l'époque, l'incertitude, l'angoisse ou les rêves que vous faisiez naître dans les têtes de ceux qui passaient ? Et durant tous ces siècles, impassibles, avez-vous senti les changements du regard sur vous, au fur et à mesure que d'étranges animaux si lointains vous êtes devenus des jouets de cirque ?

Aujourd'hui que votre image est toute décalée, vous faites plus rire que rêver. Vous avez gardé votre placidité bienveillante, mais il n'y a plus d'Orient lointain, tout est proche, tout défile sur l'écran, plus de mystère. Reste l'émerveillement des enfants et l'histoire de votre ymage, qui fait toucher l'histoire du monde.

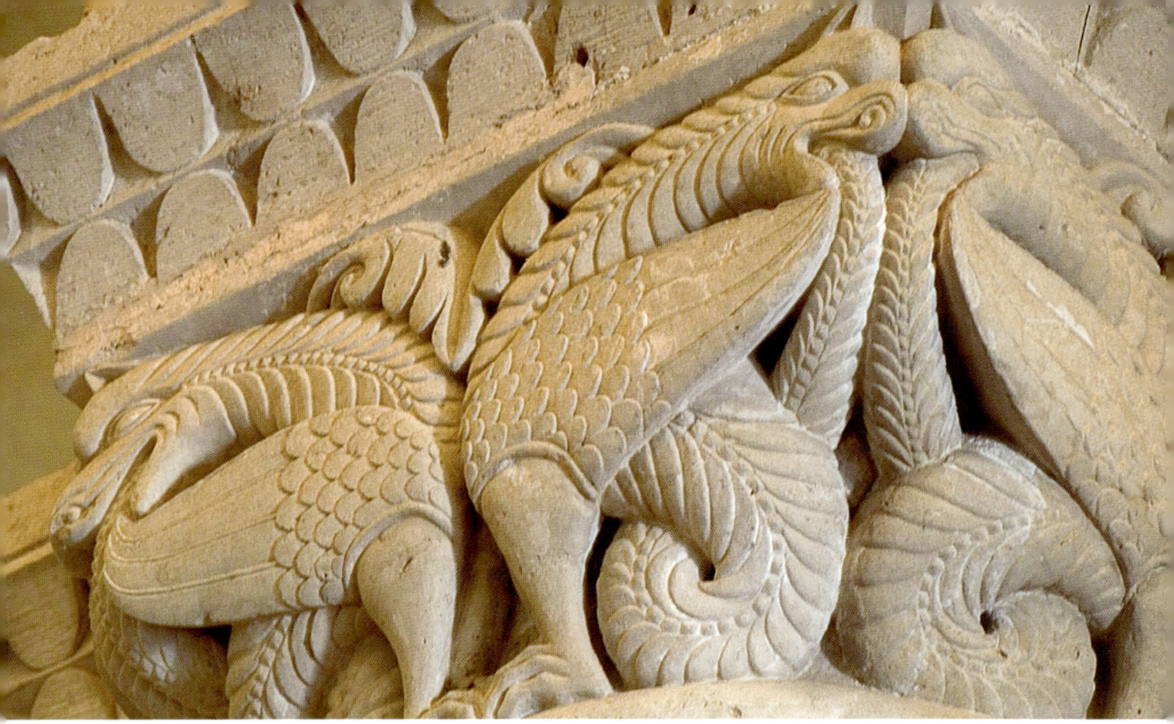

Chapiteau de la nef côté sud, quatrième pilier nord

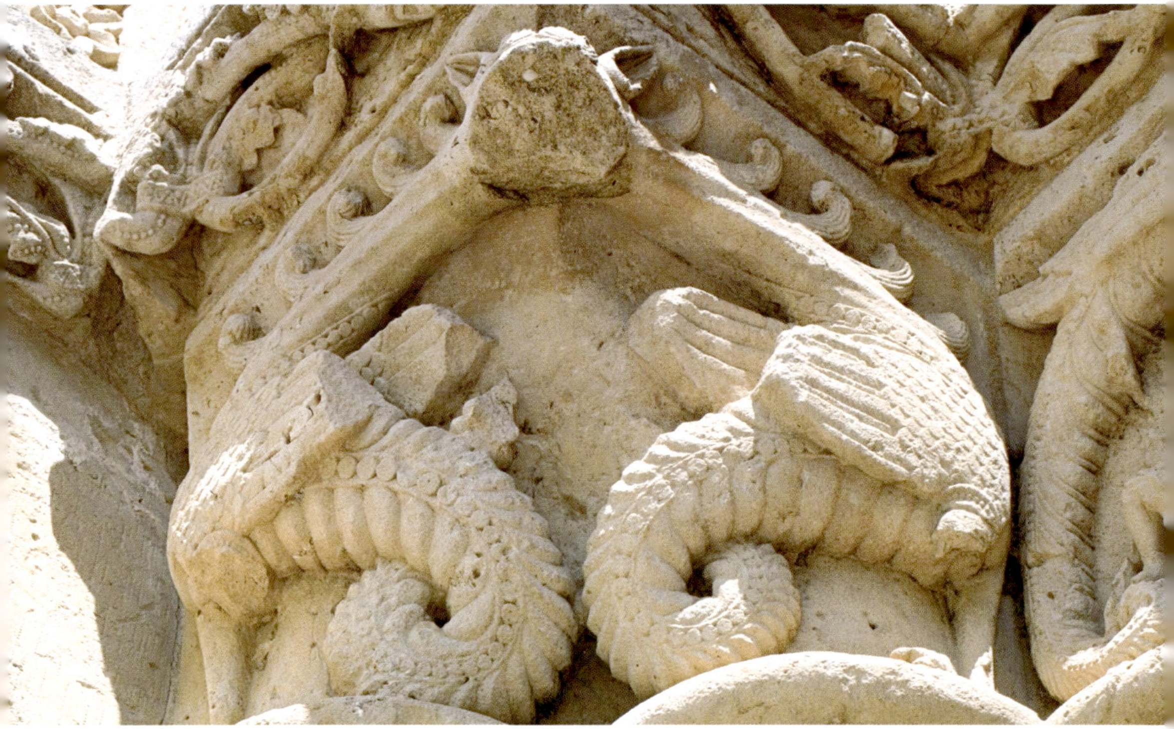

Chapiteau du portail ouest, côté nord

Plié, déplié,
l'être vivant, le même, séparé, fusionné
et pas de moule pourtant, pas de modèle

Le dragon

Quand un serpent est vieux et gros, croyait-on autrefois, il lui pousse des ailes et des pieds, il devient un dragon. Mais certainement ce n'est là qu'une légende. Le dragon existe depuis toujours, depuis l'aube des civilisations, il y a des milliers d'années, quand les hommes en forgeant leurs cultures ont créé leurs monstres, pour les aider peut-être à cheminer dans le maquis de vivre.

Le dragon tient du serpent qui adhère à la terre de tout son corps, il en a gardé la queue puissante et longue qui, dit l'Apocalypse, " *traîne le tiers des étoiles du ciel* " et les jettent sur la terre. Il tient de l'oiseau par ses ailes et ses griffes. Son corps écaillé et sa tête – ou ses multiples têtes parfois – tiennent du crocodile dévorant. La terre, l'air et l'eau : avec le feu qu'il crache, le dragon est entièrement métis, il marie tous les éléments de l'univers. Nous en avons fait en Occident la totalité du mal.

La première ymage est à un ample chapiteau de la nef, dans la lumière incertaine et diffuse. C'est comme un amas lourd et dense du vivant qu'on voit, une énergie sur soi repliée, potentiel de luttes tapi dans l'ombre, puissance resserrée, tendue, corps contre corps. Ici le dragon étale sa majesté maléfique, son corps s'entrelace à lui-même, il dévore sa propre extrémité, dans une immense tension de tout son être dont tous les reliefs expriment la force.

La seconde ymage coiffe deux colonnes du portail ouest. Plus de lumière, plus de proximité aussi, plus d'espace, les deux corps peuplent le chapiteau avec souplesse, élégance. Il y a cet intense mouvement des deux cous qui longuement cherchent à ne faire qu'un, qu'un seul visage de bête. Qu'était-il, ce visage, avant qu'on le détruise ? Est-ce qu'il inspirait trop la peur, ou la séduction, qu'on l'a brisé comme une idole ?

Le dragon n'existe pas, mais il est partout aujourd'hui comme hier dans les images des hommes. Il témoigne. De nos peurs, de la violence qui pourrait déferler. On ne peut s'empêcher de le faire vivre en soi. Il est métissé, comme maintenant le monde, terriblement contemporain.

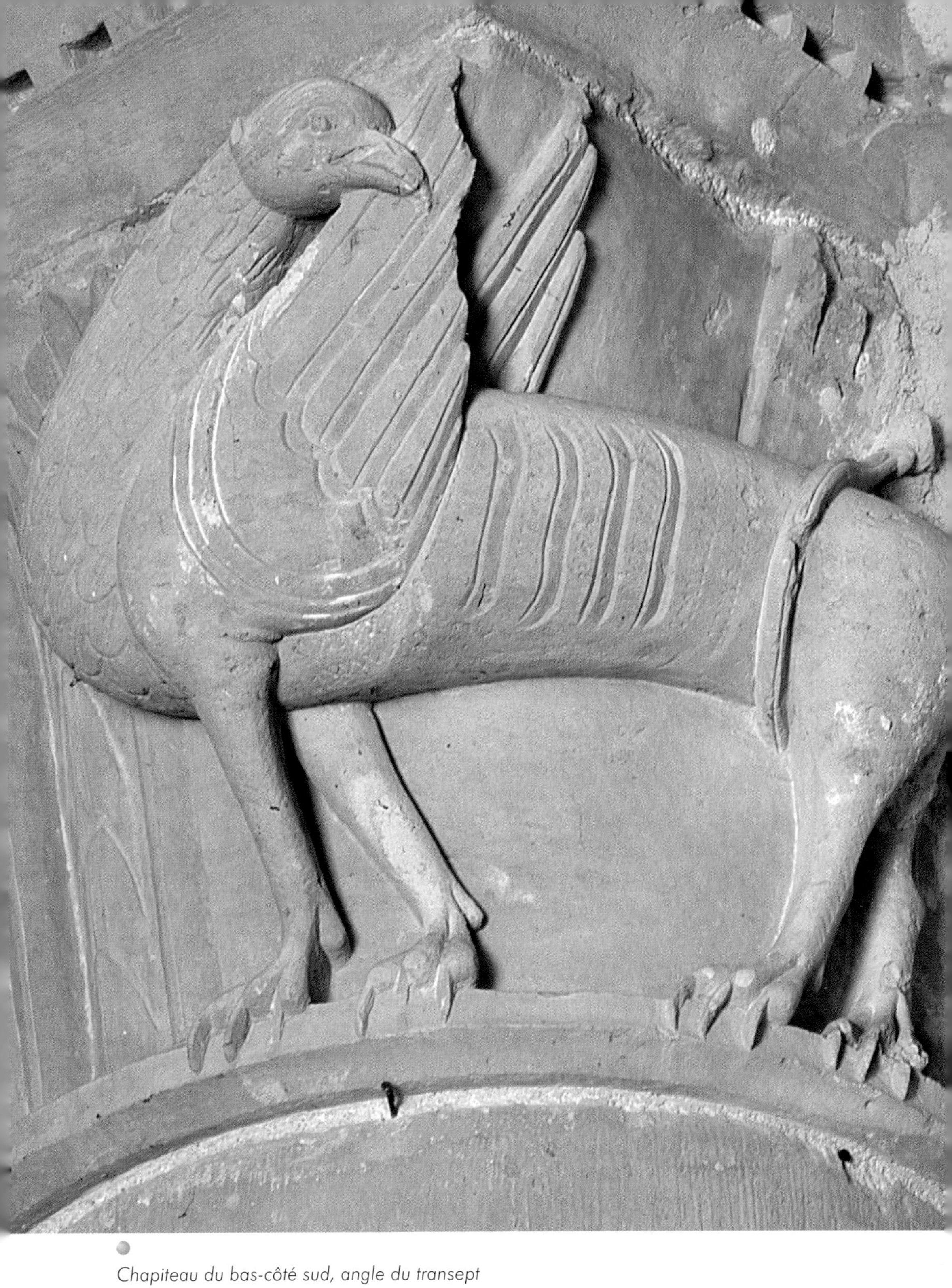

Chapiteau du bas-côté sud, angle du transept

Voyez les courbes, toutes les courbes du corps, éperdues dans cet instant de grâce

Le griffon

Vous aussi, vous venez d'un temps très ancien, de contrées très lointaines. C'est un après-midi doux de l'automne, on vous regarde, on prend le temps de ce dialogue avec les pierres muettes. On reste là, quelques minutes de temps suspendu pour une ymage, pour un souffle, un accord insensé du modelé des formes, de la lumière, de la mémoire. On guette les échos du lieu, ceux de la pierre, ce que tout cela remue en soi.

Il y a de la grandeur en vous, comme un mouvement pur que votre corps révèle. On ne comprend pas bien cela, la pureté. C'est comme un paysage, immense et précis à la fois, quand on voit d'un coup tout au loin la crête bleutée des sommets et sur l'autre versant les maisons toutes proches d'un village éclairé. Vous avez cette ampleur du paysage, ce corps qui vers l'avant s'affirme comme une haute idée de l'être. Et la netteté austère, dépouillée, qui vous nimbe en entier, du port racé de vos pattes, de vos serres, à ce regard en arrière faisant de votre cou et de vos ailes un pas de danse.

Vous venez du Croissant Fertile, dit-on, de ce pays du paradis, et des temps premiers des villes, de l'écriture, de l'organisation des hommes. Vous êtes l'aigle et le lion fondus ensemble, le maître du ciel et celui de la terre. Comme vous semblez unique pourtant, et prodigieusement vous-même. Vous êtes né, croit-on, quand il a fallu un emblème pour les chefs des hommes. Pouvait-on imaginer un emblème divisé ? Vous réconciliez la terre et le ciel, le quotidien et l'espérance, ce que devraient faire tous ceux qui mènent les peuples. Vous êtes un bel emblème, un gage d'unité.

Tellement qu'on vous a vu bientôt sur les palais de l'Assyrie, sur les tissus de Byzance, sur les céramiques de Corinthe... On a dit que vous habitiez un pays gorgé de mines d'or et que chaque matin vous montiez dans le ciel, ailes ouvertes, capter " *l'incandescence du soleil pour éviter que la terre habitée ne soit entièrement brûlée* " * vous êtes notre protecteur, aujourd'hui plus que jamais.

Et vous voilà, sur ce chapiteau de l'église dans l'après-midi de l'automne. L'ymagier ne vous a pas mis là juste pour la mémoire, mais parce que, pour lui, votre double nature, céleste et terrestre, c'était celle du Christ. L'ymagier prolongeait votre voyage dans les cultures du monde.

* *in* Le Physiologos, op. cit.

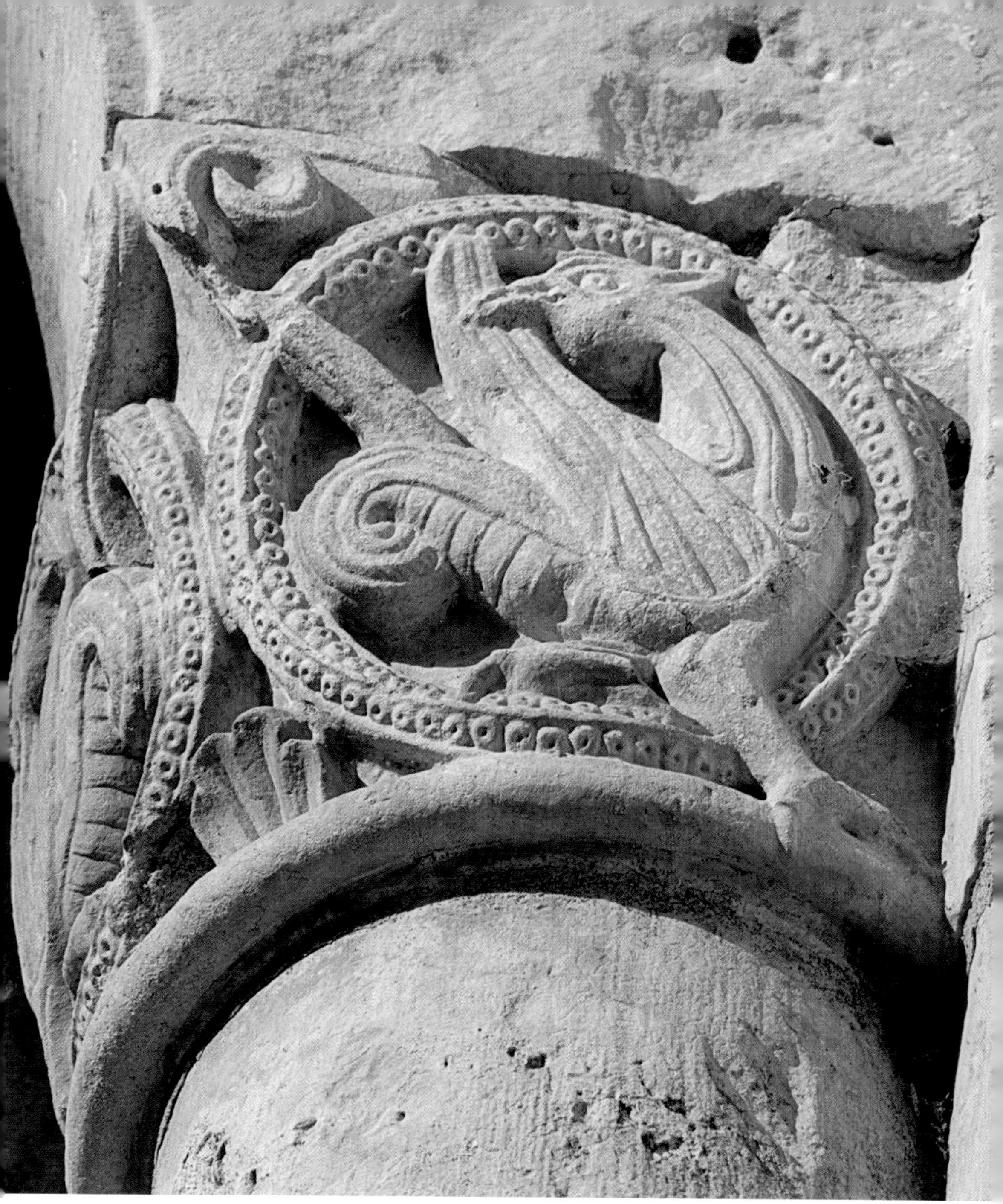

Chapiteau de l'absidiole nord, côté nord

D'une bête à l'autre,
les ymages nous appellent vers l'étrange
vers des territoires en nous-mêmes
inexplorés

Le basilic

C'est dans les parages nord de l'église, c'est au matin dans le soleil ce chapiteau de l'absidiole qui vous attire. Pourquoi s'arrêter devant cette ymage, il y en a tant et tant ? Ni très grande, ni très spectaculaire, mais vous vous arrêtez, pris peut-être par cette mémoire des manuscrits enluminés, de ces lettres ornées que vous avez vues dans les livres, dans les musées.

L'ymagier a tracé ce grand cercle comme un enclos, il l'a finement décoré comme une lettre, avec les moyens de la pierre bien sûr, plus humbles que les couleurs sur le parchemin. Et dans l'enclos, il y a l'animal lové, mais qui le franchit par ses pattes, par sa queue. Le cercle décoré magnifie la bête, elle a ployé son corps pour lui, dans ce geste qu'ont si souvent voulu les ymagiers, de la tête et du cou qui se retourne vers l'arrière de soi.

Vous vous dites soudain que cette ymage est une merveille d'équilibre entre l'immobile et le mouvement, le rond parfait de la limite et l'énergie latente du vivant qui s'en extrait, qui va s'en aller courir le monde, déployer son corps, voler...

Alors, alors seulement, vous vous avisez de l'animal. " *C'est un dragon* " – " *Non, dit votre ami, c'est un basilic, il porte une crête comme le coq* ". Et lui qui s'est plongé avant vous dans les livres vous raconte la très vieille histoire.

" *C'est un coq, qui est bien vieux et qui soudain sent un œuf dans son ventre. Effaré, il cherche un endroit à l'écart, dans quelque fumier chaud, pour y pondre bientôt, après des allées et venues d'angoisse. Mais le crapaud venimeux, qui l'observe, sent le venin dans le ventre du coq. Alors, il attend que le coq ait pondu son œuf, et le lui prend pour le couver. Et de l'œuf naît le basilic, qui a les ailes et la tête du coq, mais qui est d'abord le roi des reptiles, le plus venimeux de tous. Il peut te tuer, continue votre ami, par son venin terrible qu'il crache à distance, ou si tu le touches, ou même seulement si tu croises son regard. Le basilic, c'est la mort et le mal absolu.* "

Vous souriez, vous ne croyez pas trop que cette ymage si parfaite puisse engendrer la mort. " *Il n'y a pas de parade ?* " – " *Si, une seule, prendre un miroir, et le tourner contre lui. S'il voit d'abord sa propre image dans le miroir, son venin se retourne vers lui et il meurt dans l'instant.* "

Vous faites quelques pas tous deux, puis : " *Tu vois, dit-il, le basilic, c'est bien l'image du mal absolu, et le mal absolu de l'image.* "

Le diable est-il une bête ?

Non bien sûr, le diable n'est pas une bête, le diable est le diable, c'est suffisant. Il prend forme si l'on peut dire en cette période romane. Avant le XIe siècle, peu d'évocations du diable. Mais au moment où il entre vraiment en scène, les églises romanes vont contribuer à le rendre populaire. Écoutons un témoin de première main, Raoul Glaber, un de ceux qui affirment, au détour de l'an mil, avoir vu le diable : " *une petite taille, un cou maigre, un visage émacié, des yeux très noirs, un front contracté de rides, des narines écrasées, une gueule allongée, des lèvres épaisses, un menton rentré et pointu, une barbe de bouc, des oreilles hérissées en pointe, des cheveux dressés en désordre, des dents de chien, le crâne allongé, la poitrine enflée, le dos bossu, et les fesses agitant des vêtements sordides.* "

Raoul Glaber (vers 985-1047)

Placé dans un monastère à douze ans, moine indiscipliné, un peu nomade, Raoul Glaber a laissé dans ses " Histoires ", rédigées à Cluny, une des rares chroniques des événements de l'an mil, entachée de confusions et du merveilleux auquel il était très sensible. C'est à lui qu'on doit la fameuse expression " la blanche robe d'églises " dont le monde entier se serait revêtu à l'époque.

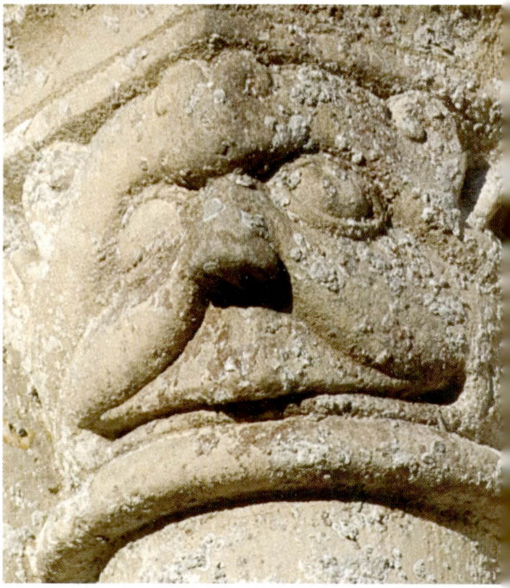

Chapiteau, seconde arcade, façade nord

Diable, l'invisible
que les lichens cachent encore
diable risible

Drôle de vision en songe, mais bien entendu, le diable se doit d'être horrible, de faire peur. Il tient de la bête brutale, primaire, mais il est proche de l'homme aussi, il est la figure de ses vices, du mal qui le déforme, qui l'avilit, le rend sale. En même temps, le diable parade, il séduit, il tente. Multiforme donc et partout répandu le diable, insaisissable.

Une multitude. " *Mon nom est légion.* " (Evangile de Marc, V, 9)

Le diable, le nord et l'Orient ► 44

Sur la façade ouest, un monstre diabolique un peu particulier

Principe du mal, le diable – celui qui divise, on l'a déjà mentionné – n'est effic qu'à l'insu même des hommes. Dans la vision chrétienne, ceux-ci se persécutent tre eux et " *ne savent pas ce qu'ils font* "(Évangile de Luc, XXIII, 34), calquant l comportements sur le modèle personnalisé du mal, qui les inspire. Satan, l'a nom du diable, c'est celui qui accuse.

Le diable donc agit dans l'ombre. C'est pourquoi sans doute l'art roman le représente souvent au côté nord de l'église, baignant dans l'ombre une grande part du jour. À Aulnay, les fenêtres de la façade nord portent toutes un chapiteau avec une " goule " diabolique, marquant par la répétition le territoire de prédilection du diable.

Les ymages romanes qui le représentent ont toutes, en Saintonge et Poitou du moins, un air de famille, même si l'expression de la face du diable varie du plus hideux au plus avenant, de la répulsion à la tentation. Il y a certes une part bestiale dans ce que donne à voir du diable l'ymagier.

Mais cette part est radicalement différente des ymages du bestiaire. Là où dans celui-ci, on voit des êtres où la part de l'homme et celle de l'animal fusionnent avec grâce, à la portée symbolique puissante, les figures du diable déclinent des proéminences, des outrances, que ce soit dans les rictus de la bouche, l'épaisseur des narines, l'énormité du regard. Parfois un détail – des oreilles pointées, des dents agressives – tient explicitement de l'animal, mais l'ensemble de l'ymage renvoie une identité qui lui est propre, où l'animal et l'humain ne sont pas exclus, mais sous-jacents.

Quand on regarde avec attention, par exemple ces chapiteaux de la façade nord, on perçoit bien cette unicité du diable. Et si ailleurs dans l'édifice on trouve des variantes, partout, d'évidence, le diable *saute aux yeux*.

Et c'est, à nouveau, le talent extrême de ces ymagiers d'Aulnay que d'avoir su créer, dans l'esprit du temps, un diable à ce point personnifié, cohérent, crédible suffisamment dans le monstrueux pour que les fidèles du XIIe siècle le prennent au sérieux.

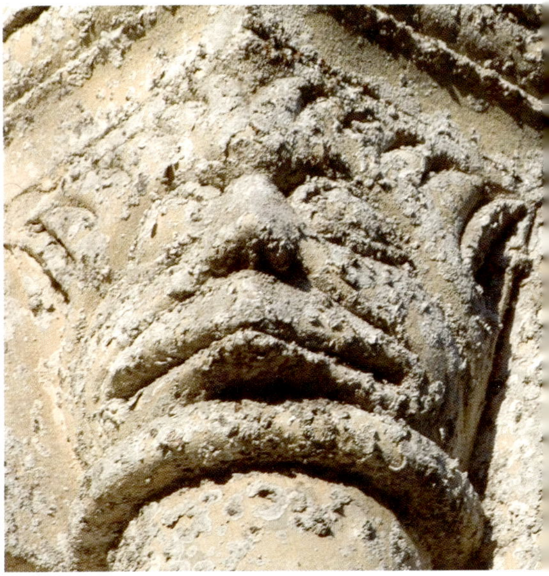

Chapiteau, troisième fenêtre, façade nord

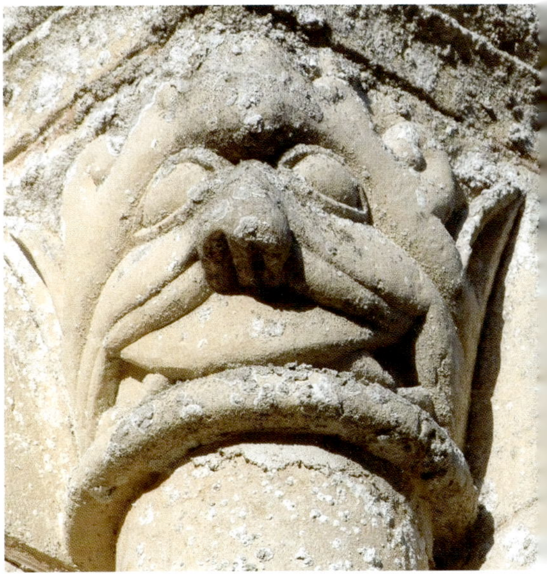

Chapiteau, quatrième fenêtre, façade nord

Diable, l'impossible
figure unique, le même et l'autre, incessants

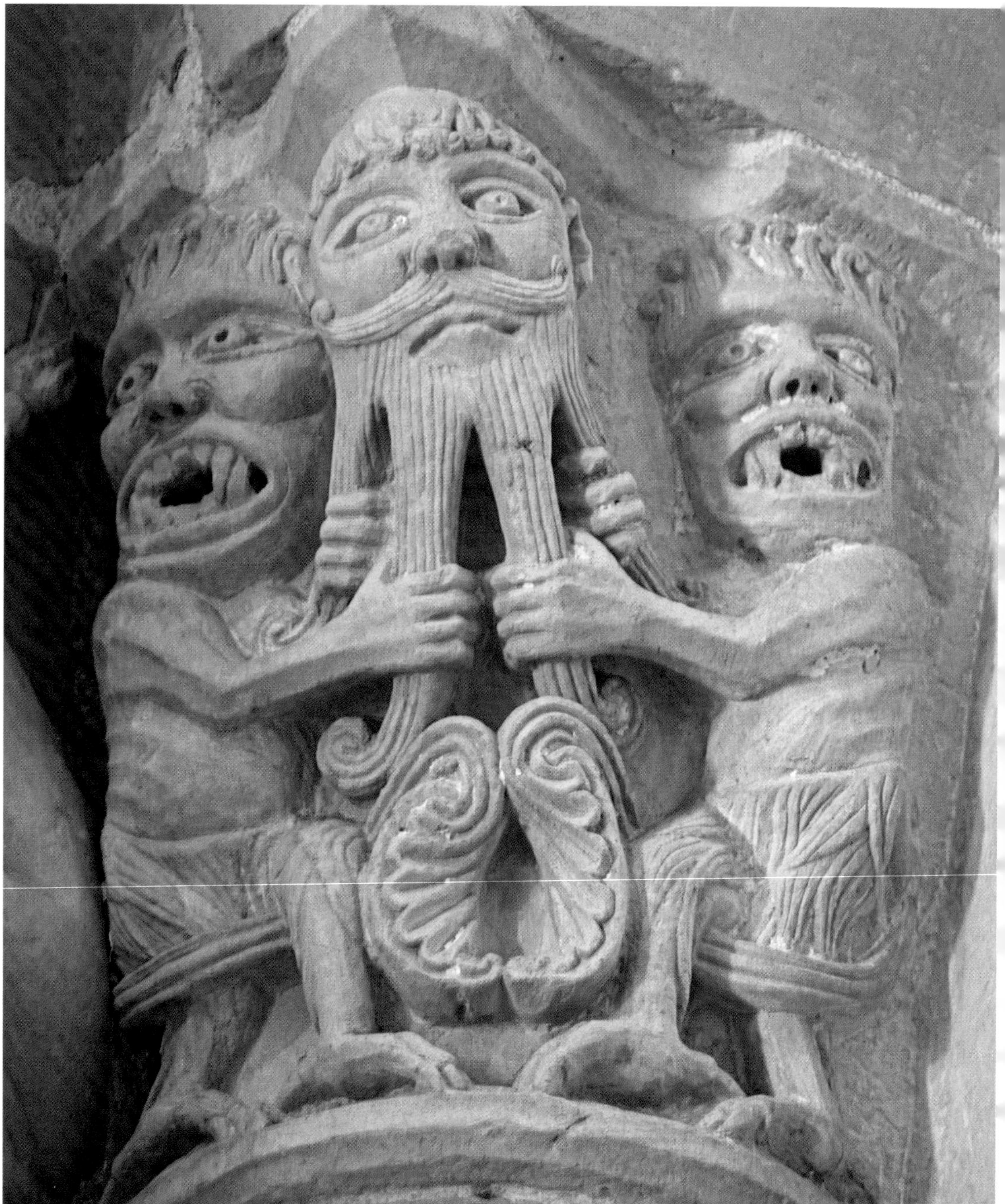

Chapiteau du bas-côté nord, angle du transept

La douceur et l'horreur
ou la résignation et le triomphe

L'homme et ses démons

C'est à l'entrée du bas-côté nord, à l'angle du transept, trois personnages dans l'ymage. Une figuration un peu désuète, un peu drôle, l'évidence de l'homme aux prises avec ses démons.

L'homme d'abord, au centre de la scène. Votre visage suit l'arête du chapiteau, mais curieusement l'ymagier vous a penché avec légèreté, accentuant ce côté bon enfant, un peu rêveur que vous avez. Somme toute, si l'on vous regarde bien, et vous seul, vous semblez heureux. Les cheveux qui ondulent et couvrent bien la tête, les yeux élargis à tout ce qu'ils peuvent voir, et la bouche tout à fait paisible, esquissant même un sourire : pas de doute, la vie vous a comblé. Ou tout du moins cet instantané de vous sonne comme une plénitude. Barbe et moustache à ce point fournies, est-ce un témoignage de votre sagesse, ou quelque effet de mode qu'un croisé d'Orient vous aurait dicté ?
En dessous de vous, une palmette inversée qu'on associe parfois à l'arbre de vie. Indéniablement, vous constituez l'axe du vivant de cette ymage. Vous seriez seul, on parlerait d'harmonie, de bonheur même...

La palmette ► 157

La palmette occupe une place de choix dans la grammaire des motifs de l'art roman

Mais vous êtes flanqué de vos deux démons. À tout le moins, ils gâchent le paysage, mais on sent bien que c'est pire : ils changent la vision, ils brouillent les pistes, c'est le rôle des démons.
D'abord, les a-t-on créés pour la peur, vraiment ? Est-ce un rire sarcastique, un cri de victoire, ou une face d'épouvante qui les habite ? Que veulent-ils nous faire croire ? Qu'ils vous tiennent prisonnier ? Mais vous semblez tellement vous offrir à eux. Est-ce possible que vous n'ayez à ce point aucun remords de vous livrer ainsi au Mal ? Cette barbe magnifique, est-ce vous qui l'avez séparée en quatre volutes ? Ils vous tiennent par elle, mais sans vous faire violence.
On ne doute pas pourtant que ce soient des démons : cheveux dressés, narines épaisses, dents acérées, pieds crochus. On voit leurs côtes, leur vêtement semble être de poils de bêtes. Ils sont doubles, identiques, symétriques. Chacun enjambe la tige de la palmette, chacun se mêle à la vie.

Mais vous n'êtes pas terrifié, la vie coule dans votre admirable tranquillité du visage. Savez-vous seulement qu'ils vous tiennent ? Eux d'ailleurs ne vous regardent pas, ils ne s'occupent pas de vous, ils vous tiennent, ils vous laissent. Comme vous, ils font face à ceux qui passent. Trois personnages qui nous font signe, de l'évidence à l'énigme. Car vous n'êtes pas aux prises avec vos démons, ce qu'on voit, c'est comme une coexistence acceptée, ou peut-être inconsciente. À moins qu'on ne veuille ici nous montrer toute face cachée de la sagesse, et qu'il n'y a pas de quiétude humaine sans cette part, en arrière, qui *ne sait pas ce qu'elle fait*.

Hommes, bêtes,
aux prises avec le monde

Qu'avons-nous inventé
qui ne soit pour aller au bout de nous-mêmes,
monstres illusoires
pour quelle éclaircie de l'âme ?

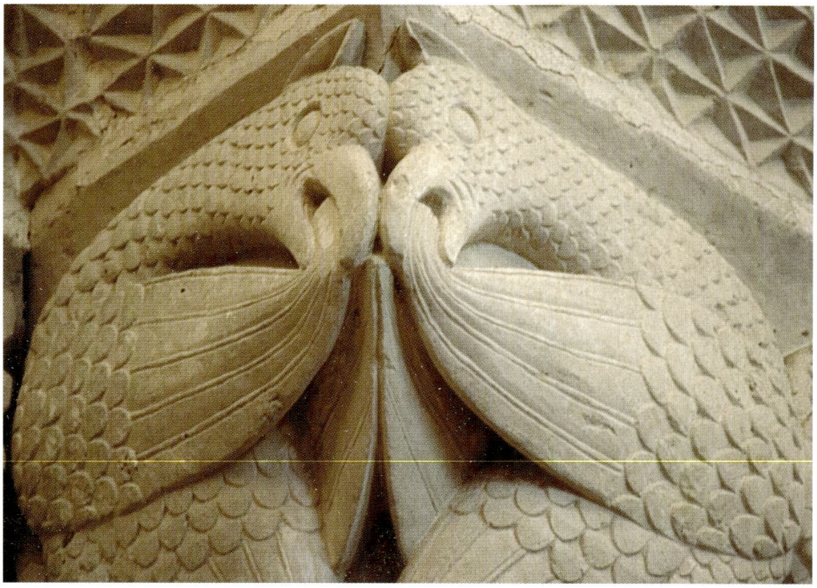

Chapiteau de la nef côté nord, quatrième pilier sud

Oiseaux
chacun dans la courbe de son corps
l'un contre l'autre chacun
ignorant l'autre

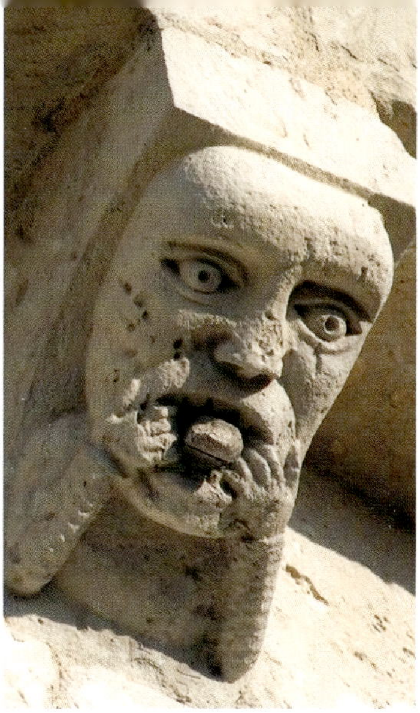

Un visage, dix-huitième modillon de l'abside

Celui qui nous nargue entre grimace et rire...

Parcours de l'imaginaire

Plus on avance dans la visite d'un lieu roman comme Aulnay, et plus la sensation d'unicité, de cohérence s'accentue. L'atmosphère pour ainsi dire se renforce, au fur et à mesure des allées et venues, des perspectives qu'on saisit, des détails qui s'accumulent dans la mémoire.

Pourtant, c'est une multiplicité de facettes qui vous abreuve, et leurs interactions. Éprouver cette richesse, s'en nourrir, c'est aller au-delà du premier regard, c'est, comme on le tente dans ces pages, décliner différents parcours. L'église romane est comme un mille-feuille qu'on n'épuise pas d'emblée.
Ainsi, à côté de la thématique religieuse prépondérante, du bestiaire particulièrement développé à Aulnay, on trouvera des ymages de moindre ampleur, mais qui jalonnent l'édifice et y instillent une fraîcheur, une exubérance très particulière.

Instantanés du monde médiéval

Le programme religieux des portails, les scènes bibliques de certains chapiteaux étaient très certainement déterminés par les clercs à l'origine de la construction. Par contre, les sujets sculptés sur les modillons semblent avoir été laissés au libre choix des ymagiers.

C'est du moins ce qui vient à l'esprit quand on découvre la diversité des thèmes, cette sorte de jaillissement qui touche à tout : objets du quotidien, animaux familiers, figures d'acrobates, musiciens... Parce qu'il est l'extrémité d'une pièce d'appui architecturale, le modillon se trouve en hauteur, sous les corniches, et il reste de petite taille. Cet espace d'expression, moins prépondérant, a donc été investi par les ymagiers, de leur imaginaire débordant. Certains chercheurs y ont vu la manifestation d'une culture laïque.

NURITH KENAAN-KEDAR
Les modillons de Saintonge et du Poitou comme manifestation de la culture laïque
in Cahiers de Civilisation Médiévale, CESCM, XXIX (1986)

Et c'est vrai qu'on est loin le plus souvent des préoccupations ecclésiastiques : scènes grotesques, touchantes, lestes parfois... c'est une veine populaire qui s'exprime avec vivacité. Par petites touches se compose ainsi toute une polyphonie du monde médiéval, de la simple fleur au tonneau qu'on célèbre en ce pays de vignes, des amoureux qui s'embrassent au guerrier en armes, du jongleur au monstre encore qui dévore...

" Au Moyen Âge, on n'arrête pas de parler de la beauté de tout ce qui existe. "

UMBERTO ECO
Art et beauté dans l'esthétique médiévale
Grasset (1997)

Est-ce au fond si étonnant que tous les sujets ainsi s'exhibent, sans souci d'une connotation religieuse, quand on sait que pour ces hommes la beauté du monde, de la totalité du monde est une évidence ? C'est l'ouvrage divin que l'on célèbre, dans son intégralité.

Où se trouvent ces ymages ? Essentiellement sur les modillons, on l'a dit, parfois aussi sur les chapiteaux. À l'instar de la plupart des églises romanes en Poitou et Saintonge, Aulnay est riche en modillons sculptés. Presque tous ont gardé ici l'impact des pierres originelles et leur qualité visuelle.

Entablement

Ce qui couronne un ensemble architectural. L'entablement peut comprendre une frise décorative et une corniche au-dessus.

Toute la corniche de l'abside est ponctuée de modillons, tout comme celles des absidioles nord et sud. Deux autres séries de modillons supportent les entablements entre les deux niveaux des façades sud et ouest. En tout, près de quatre-vingts sculptures, qui sont autant de pauses quand on tourne autour de l'église. Regard qui s'arrête, qui scrute vers le haut, surpris là par la silhouette tendue d'un acrobate, ici par un visage qui dévore ou vomit sa propre barbe, ailleurs par un entrelacs énigmatique.

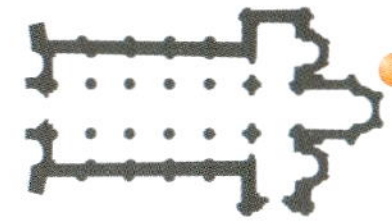

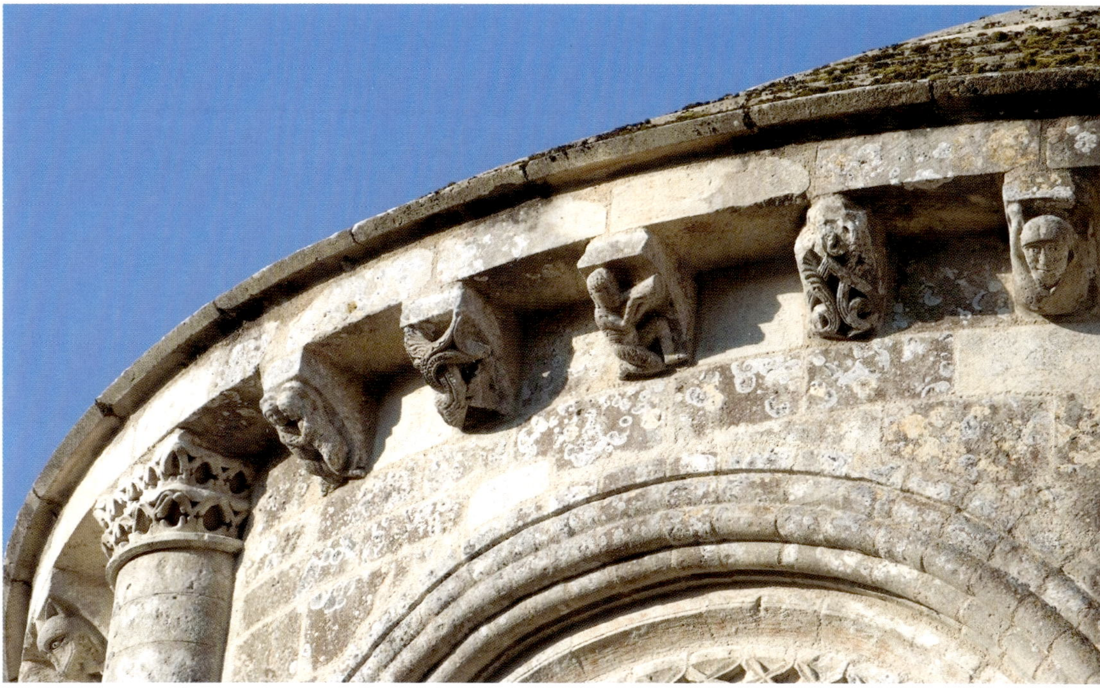

Vue partielle des modillons de l'abside

C'est au bord des pierres et du ciel
au rythme des pas
la courbure de la mémoire

Ces ymages sont modestes, mais elles font la scansion, le rythme de l'édifice. Elles changent aussi l'échelle du regard, elles font la représentation plus lointaine, obligeant celui qui passe à se forger un autre angle de vue, à se soumettre en quelque sorte à l'architecture, à ses courbes, à ses limites : l'ymage romane est toujours un lien avec l'espace, avec son peuplement. On passe, la fenêtre et le portail vous prennent le corps entier, vous plongent en eux. Vous émergez, là-haut les modillons vous incitent à plus de distance, plus d'acuité. Ils vous invitent à l'ampleur d'un rythme où chaque ymage s'isole, vous requiert dans sa présence, mais fugace, dans l'instant.

Un grand historien de l'art a dit de l'art roman que c'était " *une encyclopédie de l'imaginaire* " : les modillons en sont peut-être l'effet *dictionnaire*, atomes de sens dispersés, mais dans le fil continu d'un rythme architectural. Intermédiaires en quelque sorte entre la puissance complexe d'un portail et la légèreté visuelle des frises et des motifs.

" C'est l'encyclopédie de l'imaginaire avant l'encyclopédie du vrai. "

HENRI FOCILLON
Le Moyen Âge roman, art d'Occident I
Armand Colin (1938)

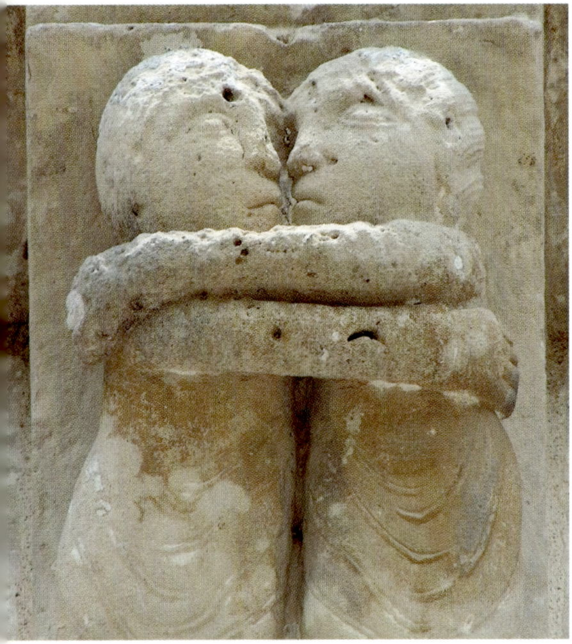

Troisième modillon, façade du transept sud
Dans l'étreinte, cœurs serrés
corps et visages, inépuisables

Si ces ymages sont simples le plus souvent, elles méritent cependant attention. Voyez ce couple d'amoureux à la façade sud du transept. Il y a bien sûr le charme premier de ce baiser de pierre un peu pudique, on acquiesce, on sourit, " *ils sont mignons* ", dit-on.

Mais *regardons*, dans ce minime espace, ce que *dit* l'ymagier. Une femme, qu'on devine à la rondeur à peine des hanches, à ses cheveux, et un homme, mais si semblables – le vêtement, la forme du visage, les bras. Est-ce la puissance amoureuse qui les a fondus ainsi dans la même image ? Et puis, ces bras de l'un vers l'autre jetés, qui font comme une clôture infranchissable à cette intimité. Et puis encore, ces visages, si jumeaux, si pathétiques dans cette expression minimale de la pierre romane. Quel est ce bonheur que nous transmet l'ymage ? Et que dire, après cela, de l'amour, dans ses abris, dans ses replis, dans ses identités... ?

Une légende

L'imaginaire, ce sont aussi les légendes, où le merveilleux dont le Moyen Âge est si friand se développe à l'envi. Par nature même, si l'on peut dire, la légende empile des couches de vérité, d'invention, de fantastique, de religieux, de morale, d'humour parfois. Comme les contes de l'enfance, les légendes sont un bonheur d'écoute, comme les histoires construites qu'on suit docilement, sachant bien où elles veulent nous mener.

Peu de légendes accrochées aux pierres des églises, mais une est fréquente, qu'on montre parfois sur des modillons, parfois sur un chapiteau comme ici, c'est l'histoire de saint Georges et du dragon, dont le succès ira grandissant tout au long du Moyen Âge.
Georges est originaire de Cappadoce, il sert comme officier dans l'armée romaine et arrive un jour dans la ville de Silène, en Libye. Près de la ville, un étang, et dans l'étang " *un dragon effroyable qui, maintes fois, avait*

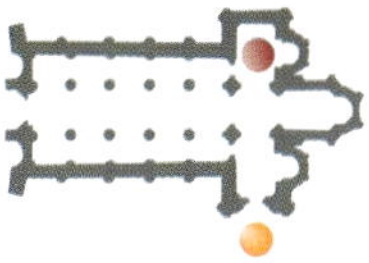

*mis en fuite la foule armée contre lui " **. Le dragon menace la ville, empoisonne de son souffle les habitants. Ceux-ci, pour l'apaiser, lui offrent en pâture deux brebis, tous les jours, puis quand le bétail manque, des jeunes gens tirés au sort. Le jour où arrive Georges, le sort tombe sur la fille du roi. Celui-ci, comme son peuple est furieux, se résout, désespéré, à la sacrifier. La princesse met ses plus beaux atours et s'avance en larmes vers l'étang. Saint Georges la voit, tente de la consoler, elle lui raconte toute l'histoire. Alors, au moment où le dragon sort de l'étang pour engloutir sa pitance, Georges se signe, et le combat bravement. Vainqueur, il revient en ville avec la princesse. Le roi se fait baptiser, et les habitants, par milliers...

À gauche du chapiteau, on voit la princesse qui tient d'une main sa robe dont les plis gonflent sa silhouette. À ses côtés, le cheval que Georges a lié à un arbre. De l'autre main, la princesse se tient aussi à l'arbre. La scène continue à droite. Georges est habillé en guerrier, il porte un casque, une cotte de mailles et tient en arrière son épée. Son bouclier le protège du feu du dragon.

Les deux visages sont graves, mais calmes, les corps bien élancés. Celui de Georges suit l'arête du chapiteau, marquant ainsi la limite, le rempart entre le mal du dragon et le bien, que la jeune fille et l'arbre symbolisent. Georges combat et protège, figure emblématique, à travers la légende et la narration de l'ymage, du chevalier médiéval.

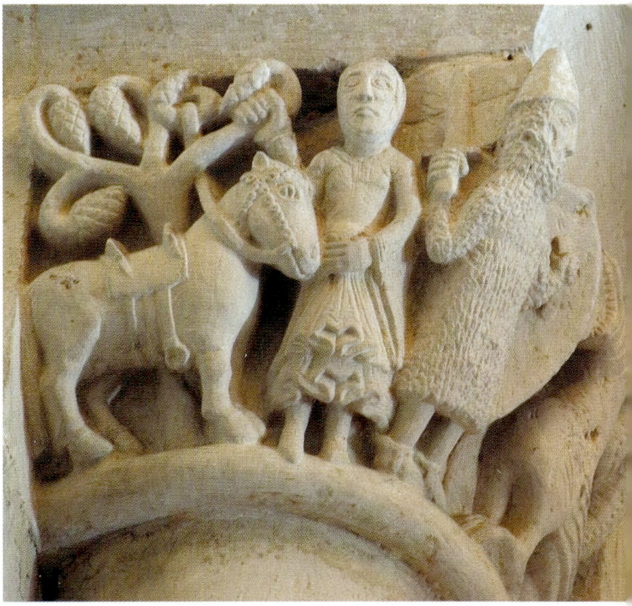

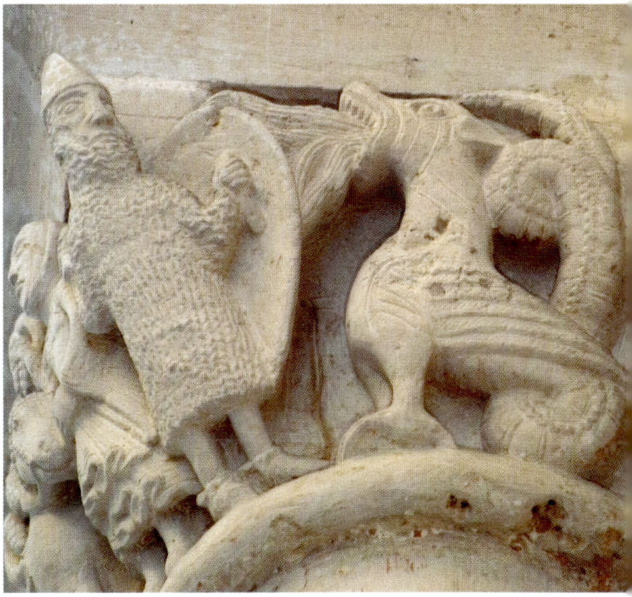

Chapiteau de l'absidiole nord, côté nord

Les histoires immuables que les pierres racontent...

* *in* La Légende Dorée, op. cit.

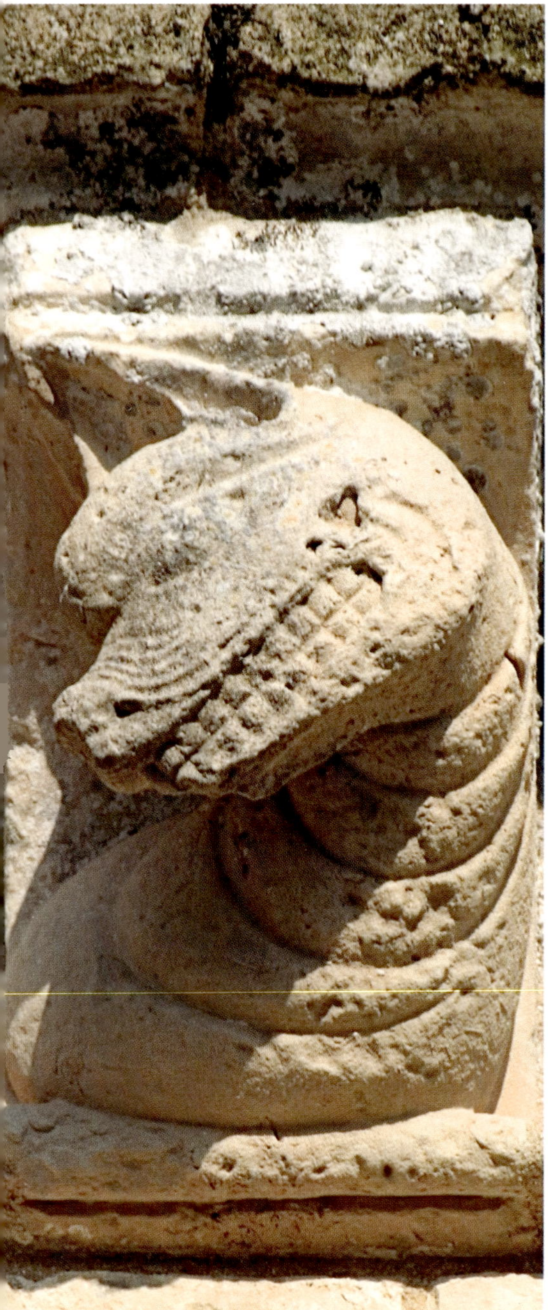

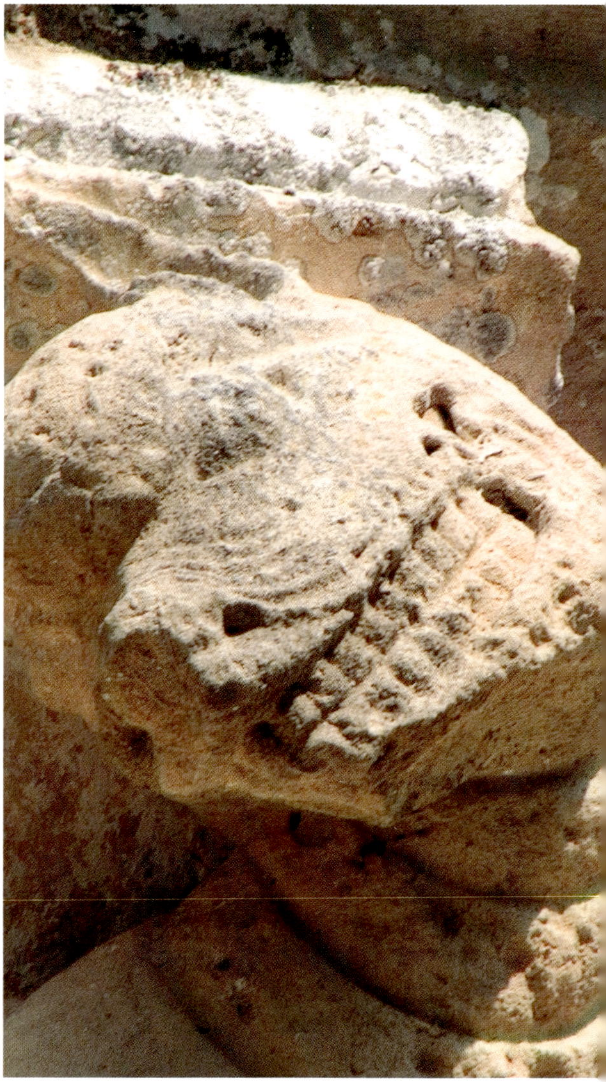

Sixième modillon de la façade ouest

Ce qui semble cruel,
soudain sous les traits de l'ymage
attirant comme toute vie

Entre chien et loup

En lisière de la grande forêt voisine, à quelques kilomètres à peine de l'église, dans cette tombée du jour du XIIe siècle, l'habitant des villages craignait, là comme ailleurs, de confondre chien et loup. Le loup était l'animal de la nuit, du sombre, le dévoreur de bétail, bientôt dans l'imaginaire dévoreur d'enfants. La seule pensée du loup, dit-on, terrifiait à cette époque tout le peuple.

On disait sur les loups bien d'autres choses encore, qu'ils avaient de la haine pour l'espèce humaine, qu'ils étaient féroces, gloutons, cruels, qu'ils mangeaient de la terre et de l'air en plus de leurs proies, et même qu'ils se dévoraient entre eux.

Les entendait-on hurler la nuit, des approches de cette église qu'on était en train de bâtir ? Venaient-ils même parfois rôder à l'orée des maisons du village, annonciateurs des malheurs humains ?

On ne saura pas ce qui a décidé l'ymagier à le faire figurer au fronton de la façade. Il lui a fait un cou annelé, qui pourrait être celui d'un dragon. Il a montré ses dents, nombreuses, à la ligne rigide comme un sabre et sa mâchoire entièrement ouverte. Il a fait ses oreilles dressées, convergentes, effilées. Et patiemment, il a travaillé tout le visage du loup pour le rendre ainsi tranchant, émacié presque, cruel.

Avait-il vu le loup l'ymagier, ou sa dépouille après une chasse que les vicomtes d'Aulnay devaient mener dans la forêt ? Ou bien était-ce un berger qui lui avait rapporté les méfaits sur son troupeau et l'avait décrit plus horrible encore qu'il n'était ?

Le loup faisait peur, il avait créé dans la pierre l'animal de la peur. Et le soir, dans ce moment d'indécision du jour et de la nuit, il se demandait, comme les hommes depuis des siècles, quelle était cette différence infime, radicale pourtant, du loup terrible et du chien protecteur.

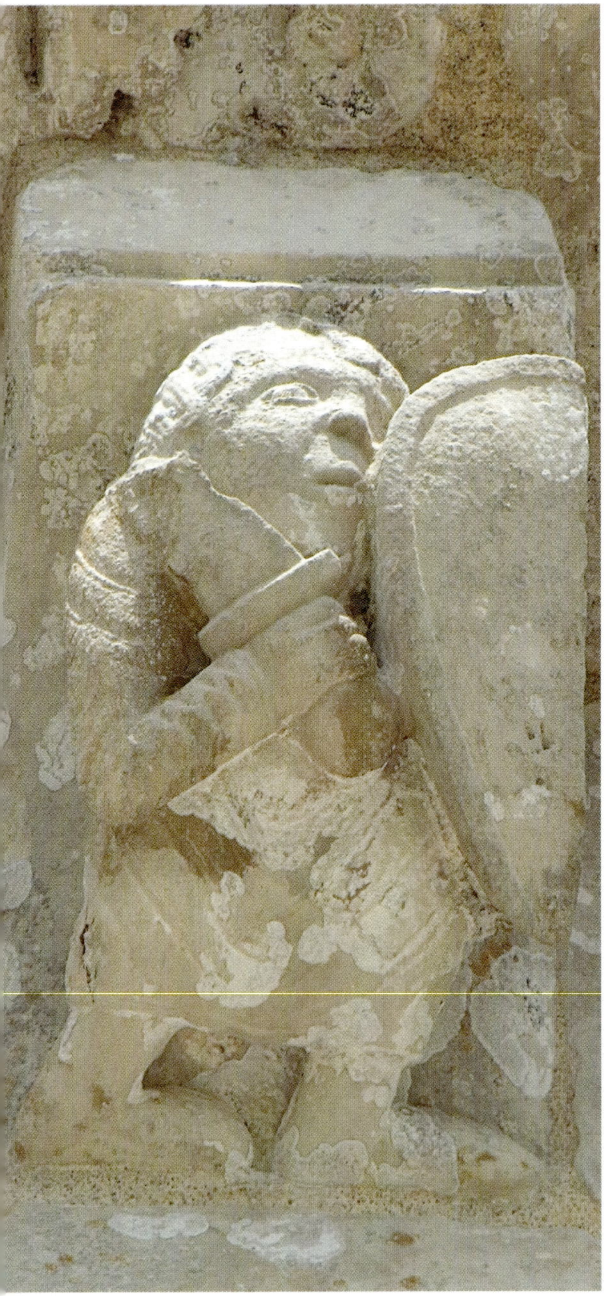

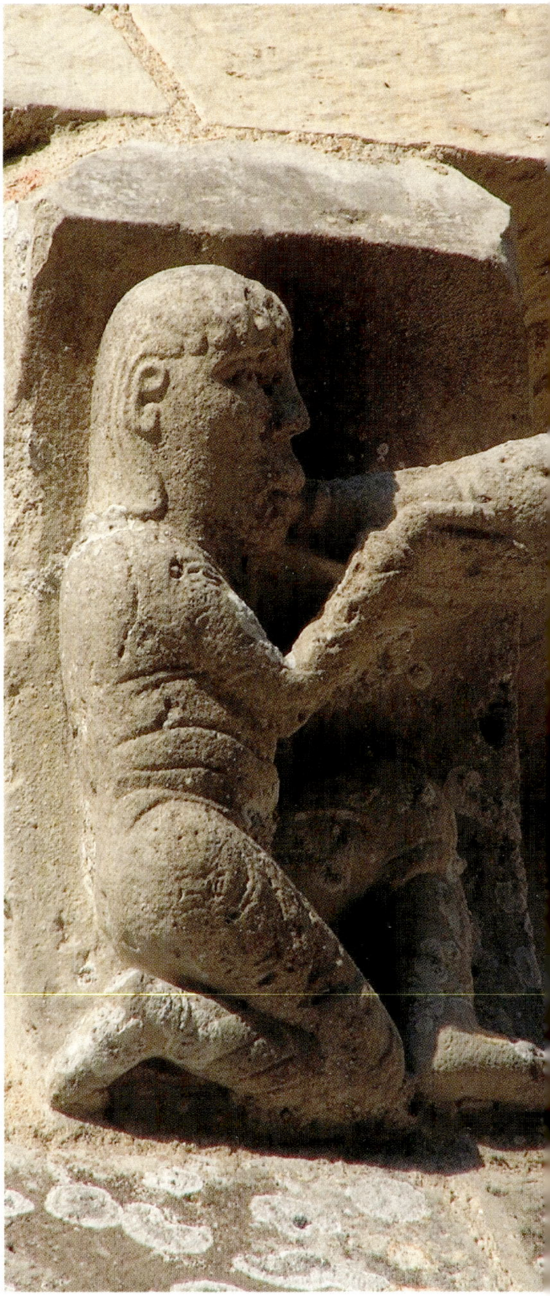

Cinquième modillon, façade du transept sud

Deuxième modillon de l'abside

Ceux qui font la guerre
vivent-ils de la mort comme les enfants dans l'innocence boivent à la naissance du monde ?

La guerre

Ceux qui prient, ceux qui combattent, ceux qui labourent : on connaît cette découpe en trois classes que les historiens du Moyen Âge ont décrite de nombreuses fois. Voici donc le chevalier, l'homme de la guerre, figure rarement présente sur les pierres de l'église. Comme il se doit, pourrait-on penser. C'est oublier que si leurs ymages sont peu fréquentes, l'univers de violence qui est quasiment leur raison d'être est lui partout présent ici.

Le chevalier existe pour les armes, pour le combat. Au modillon de la façade sud, il est comme ramassé, replié derrière ses armes. L'écu, ce long bouclier à la pointe effilée, le protège en entier, et il tient de son autre main la dague de son épée, sa compagne fidèle. Le courage, la force, l'honneur... le chevalier est un héros, qui joue sa vie au combat et qu'on couvre de gloire quand il en revient.

C'est l'attitude du personnage qui est remarquable dans ce contexte. Le peu d'espace laissé à l'ymagier par le modillon ne permettait ni la magnificence ni l'ampleur : le guerrier semble minuscule. Mais ce que ce corps et ce visage surtout expriment, dans ce rendu minimal de la pierre romane qui va toujours à l'essentiel, c'est la tension et l'offrande de l'être à ce combat qu'il va livrer. Dans la petitesse des formes, c'est comme si son énergie se décuplait, s'intériorisait, lui donnant du coup une dimension spirituelle. C'est le chevalier au grand cœur, qui protège, qu'on met ici à l'honneur. Ce pourrait être Roland ou l'un de ses proches, ce chevalier au regard éperdu, avant la bataille, à Roncevaux.

Vers l'abside, quelques pas plus loin, c'est sans doute bien lui, Roland, ce sonneur d'olifant, qui souffle dans le cor d'ivoire à perdre haleine. Trahi, à bout de force contre les Sarrasins, parmi ses compagnons morts, Roland veut prévenir Charlemagne son seigneur : *" Le comte Roland, à grand peine et grand effort, à grande douleur, sonne son olifant. De sa bouche jaillit le sang clair, de son front la tempe s'est rompue : le son du cor va très loin. "* *

Peut-on imaginer que l'ymagier ait entendu un jongleur de passage conter ces aventures, écrites quelques décennies plus tôt ? Il a fait le sonneur, qui porte haut l'olifant, ce modeste signe, en écho aux vertus de la chevalerie. En écho à l'histoire, aux légendes épiques qu'on propage, bien plus qu'à la guerre elle-même.

" L'art ecclésiastique se forgea dans un monde que la brutalité des hommes de guerre écrasait de tout son poids. On le voit donc fortement marqué de l'empreinte d'une culture violente, irrationnelle, ignorante de l'écriture, sensible aux gestes, aux rites, aux symboles : la culture des chevaliers. "

Georges Duby
Le Moyen Âge
Adolescence de la chrétienté occidentale 980 – 1140
op. cit.

* La Chanson de Roland, laisse 134, traduction Marcel Pernot, Hatier (1957)

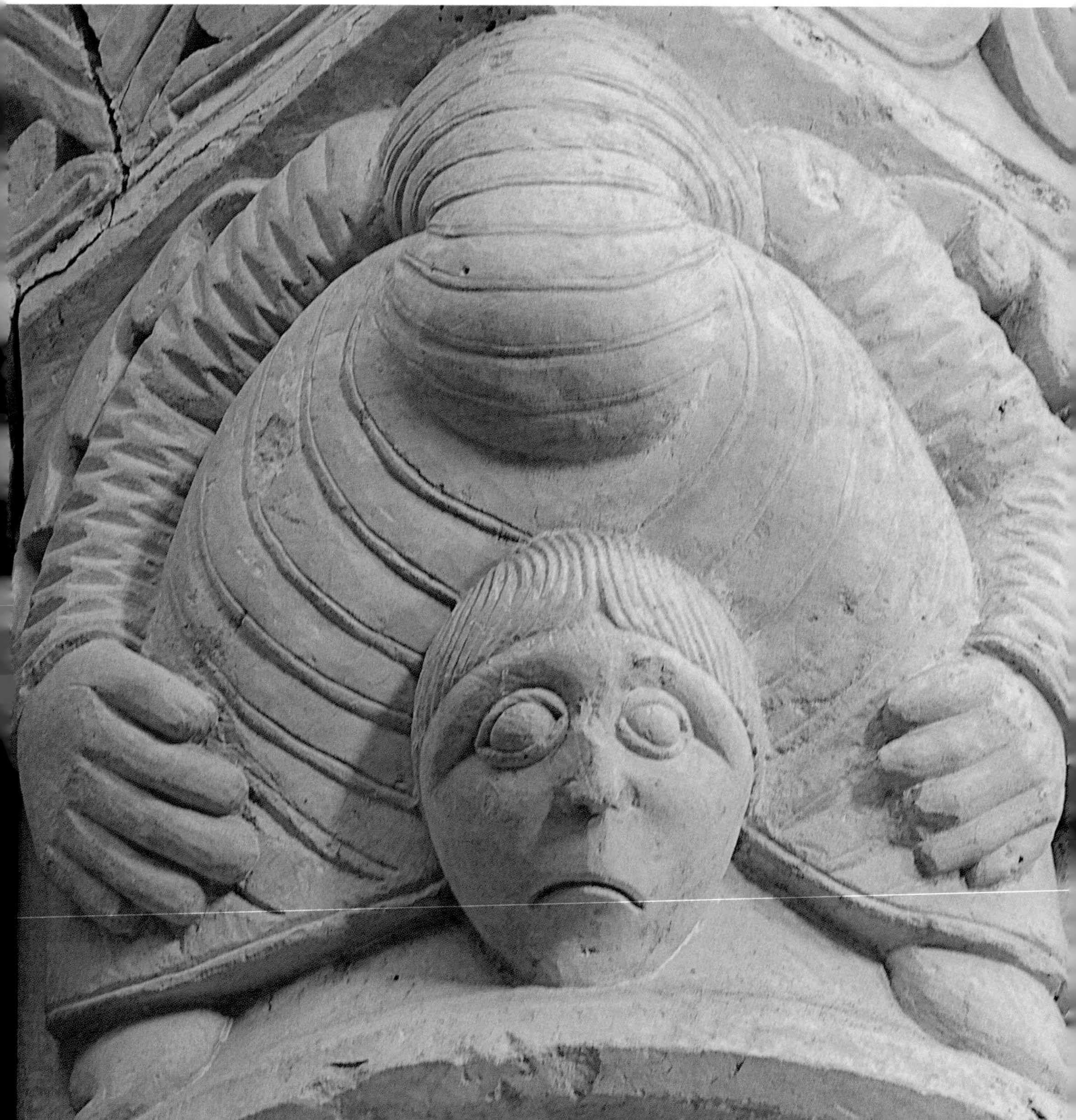

Chapiteau de la nef côté nord, troisième pilier sud

Visage, comme une énigme
au centre de la prouesse du corps

Les acrobates

On vous a placés dans l'ombre intérieure mais aussi en pleine lumière. Était-ce pour signifier que vous veniez souvent en ces parages. Acrobates, mais sans doute jongleurs d'abord – ceux qui jouent, qui font le spectacle entier, un peu musiciens, un peu poètes, contorsionnistes, acteurs...
Vous parcourez le monde, vous passez de village en village, nomades, aventuriers de l'époque à la vie difficile, aux mille talents. Un peu méprisés, un peu fascinants, vous faites irruption dans ce monde clos des villages où la peur règne. Vous apportez ce qu'on ne nomme pas encore la culture, des visions nouvelles, une parole différente, vous questionnez le corps, la lumière, vous chantez l'amour nouveau, la geste des chevaliers. Vous faites peur, vous vivez dans les marges du monde, on vous tolère, comme l'essentiel inavoué...

Vous êtes là pourtant, tous deux, et l'ymagier qui avait avec vous certainement quelque parenté de cœur vous a mis au monde dans un admirable moment de vous-mêmes.

L'étrangeté du corps d'abord, dans cette ymage de la nef, ployé dans l'improbable geste de montrer de l'homme un autre possible. Tous les traits du ciseau disent les rondeurs et la souplesse que vous offrez à la lumière. L'étrangeté du corps, qui peut se ramasser, se tordre, devenir galbe et forme pure...
Et ce visage qui émerge au bas de vous comme le cercle empli de l'être, est-ce une immense tristesse qu'il exhale, ou l'extrême tension de votre chair ?

Et vous, un peu plus loin, dans la lumière du levant, vous qui semblez suspendu au bord du vide, retenu par cette simple corde tendue de vos mains, serré sur vous-même comme si vous alliez jaillir dans l'espace, c'est votre visage aussi qui nous emplit d'abord. Bien plus que la peur du geste, c'est l'angoisse de l'existence qu'on lit en vous, l'angoisse inassouvie de l'artiste, étonné à jamais des territoires en lui, qu'il donne au monde.

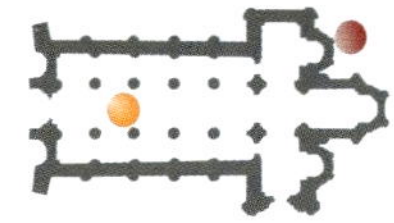

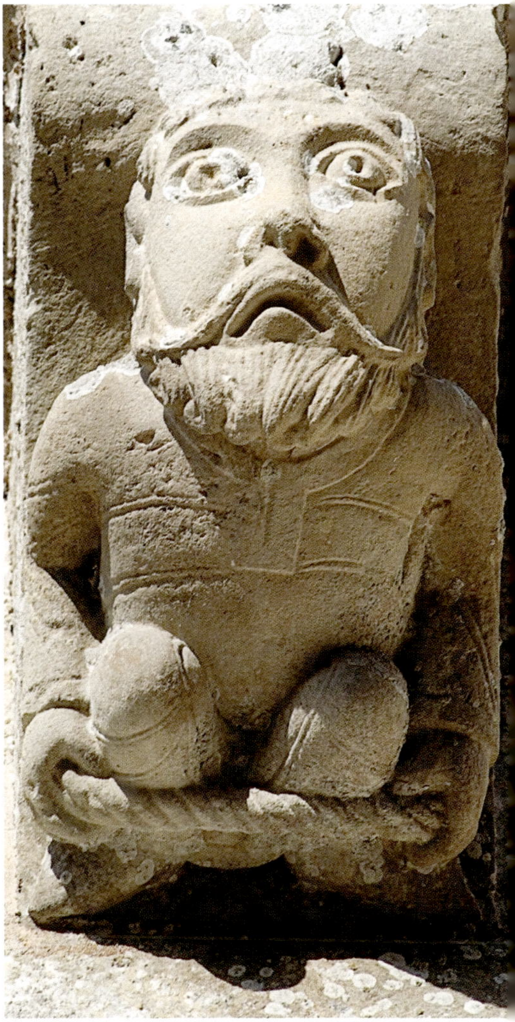

Septième modillon, absidiole nord

Qu'éprouver de la fixité du regard
au bord du geste,
de cette blessure
en vous, de l'existence ?

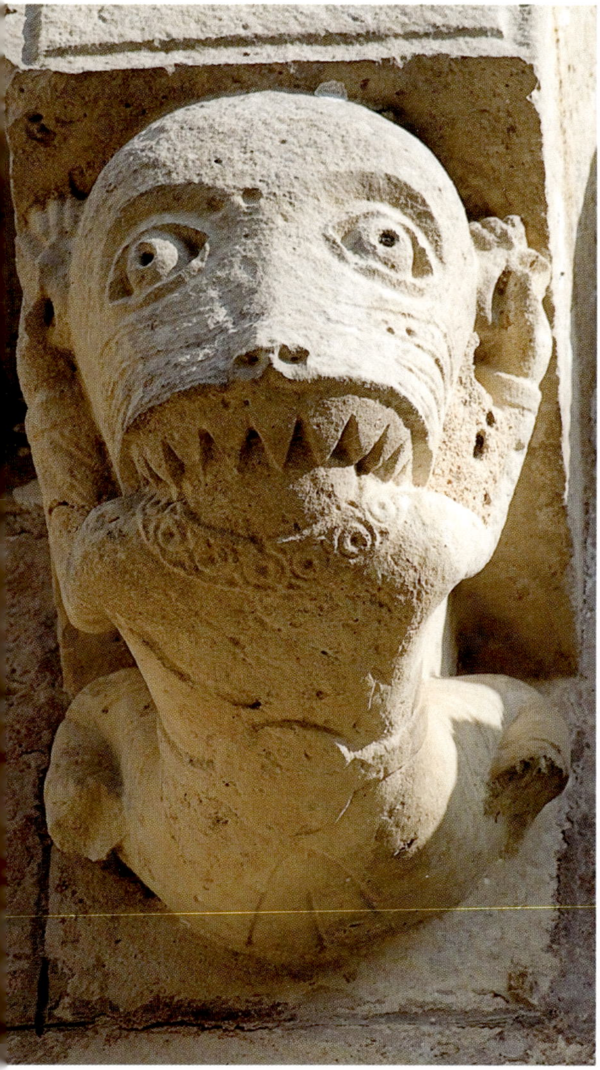

Troisième modillon, absidiole sud

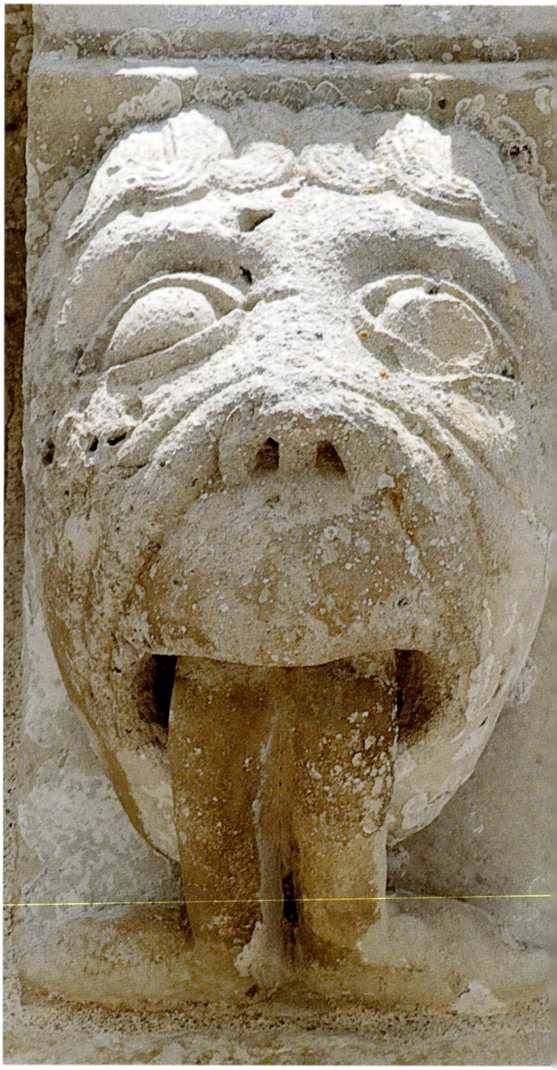

Deuxième modillon, façade du transept sud

Visages qui nous obsèdent
qui nous happent, comme au plus lointain du temps nos terreurs qu'on ne dira jamais

Violence, la peur au ventre

Même dans ce parcours de l'imaginaire médiéval au quotidien pourrait-on dire, loin des enseignements de l'Église, de la réflexion des clercs, on trouve encore la violence, crue, concrète.

Ici, sur ces modillons, pas de message religieux, pas d'allégorie du bestiaire non plus. Pas même de diable. Les monstres qui nous dévorent, nous les humains, ont à peine quelques traits de la bête, à peine quelque expression grotesque, un peu poussée. Si ces monstres ne sont pas des hommes, ils s'en rapprochent.

Deux ymages, mais c'est la même évidence difficile que montre l'ymagier : un être en mange un autre, il l'engloutit d'un appétit vorace ou satisfait.

À l'absidiole sud, les crocs du monstre sont acérés, les yeux luisent de désir, le crâne est chauve, le visage presque lisse – à peine quelques plis de la peau qui marquent l'ouverture géante de la mâchoire. La victime a la tête déjà dans les dents du monstre. On voit le col de son habit, on devine sa ceinture, il est agenouillé...

Voyez comme elle tient, la victime, les oreilles du monstre. Elle s'y agrippe. Se débat-elle ? Cherche-t-elle à le repousser ?... Rien d'une lutte, mais un homme agenouillé qui s'offre à la violence, qui consent au pire, à ne plus être soi. Quelle est cette figure au fond, celle de l'homme qui mue, qui ne fait rien contre l'inéluctable qui le gangrène ?

Le modillon de la façade sud du transept est moins cruel dès l'abord dans l'expression. De l'être dévoré, on ne voit plus que les jambes et les pieds, qui pendent encore de la gueule qui l'engloutit. Gueule ou bouche ? Est-ce un monstre, ce visage calme, serein ? Rien n'est forcé dans le trait, pas d'oreilles saillantes, pas de dents pointues, des yeux à peine exorbités, des cheveux qui ondulent...

La peur au ventre, la peur humaine constitutive, l'autre devant soi. Et dans l'insensible des jours, de désir en pouvoir, ce masque dévoreur qui nous dissout.

Tout autour dans le rythme des pierres,
le rythme des rêves et des angoisses,
l'amour, la cruauté, la guerre...

cela qu'on montre
comme les points d'une broderie du cœur
ce qui tisse les vies
dans la modestie des jours

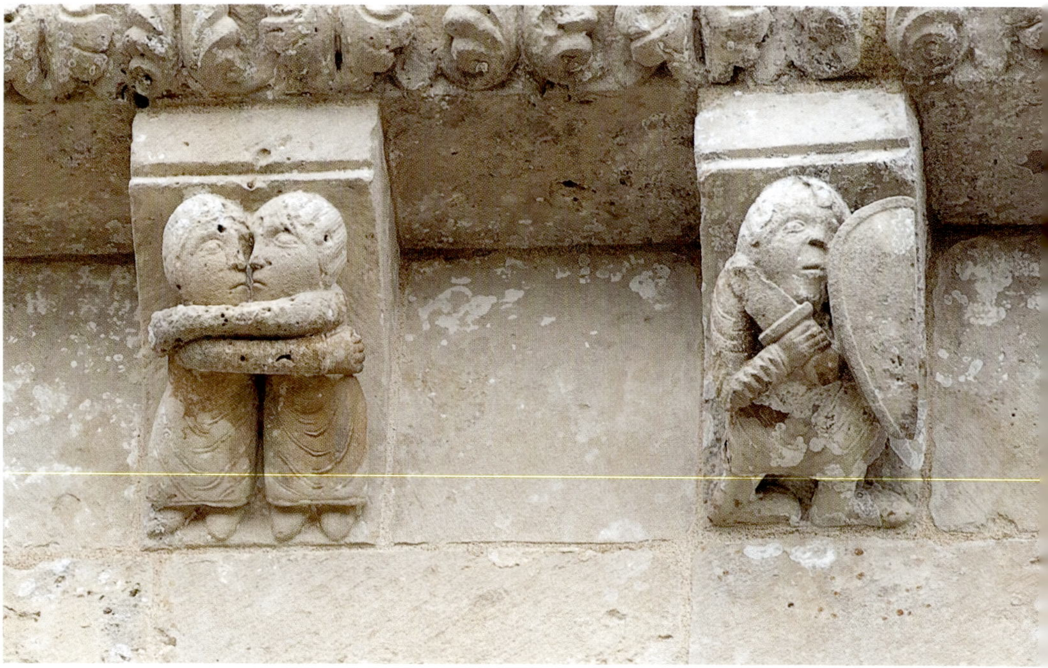

Modillons, façade du transept sud

Les corps enlacés de l'amour
et l'homme avec son bouclier
qui sépare à jamais le monde

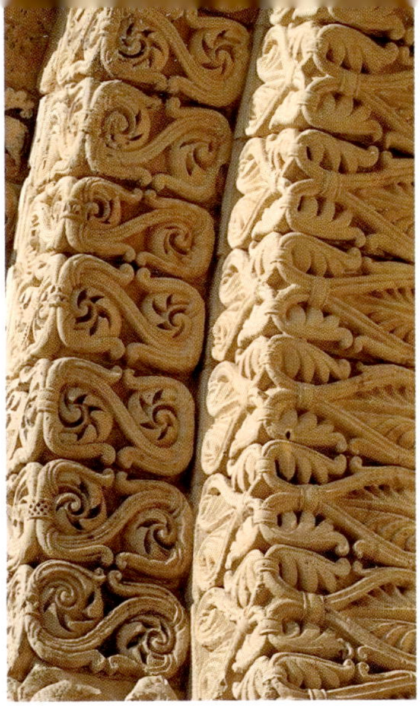

Voussures, fenêtre aveugle nord

Que cherchent l'œil
et l'esprit,
dans les combinaisons, à l'infini, des formes ?

Parcours des motifs

L'église à profusion est donc peuplée d'êtres vivant dans les pierres. Dieu, hommes, bêtes, ils vivent concrètement d'abord par la lumière qui les modèle, qui les fait pour ainsi dire respirer. Ils vivent au XIIe siècle dans le regard qu'on porte sur eux, de l'émotion qui transporte et dont on ne sait pas bien les ressorts, à ce que l'on construit en soi même, qui aide à vivre.

Ils vivent aujourd'hui, pour vous qui venez ici. L'émotion a-t-elle changé de mystère ? S'il n'y avait le relief, l'ymage serait-elle une image ? Nous avons simplement avec nous, dans notre besace de mémoire, toute l'histoire des images, leurs présences et leurs sens accumulés, jusqu'à cette immersion complète en elles, aujourd'hui. Elles sont devenues le réel souvent fallacieux du monde, doubles multipliés sur les écrans du désir, miroirs à l'infini, projetés, télescopés, en boucle.

Des ymages
en réseau ► 58
Les portails comme un système visuel...

En quoi, si l'on veut bien un moment s'extraire du contexte patrimonial et historique, en quoi voir une ymage romane est-elle une expérience si différente ? On a déjà éprouvé l'intime lien à l'architecture (l'ymage qui *fonctionne*), et la complexité des portails, de leur réseau visuel. Il nous reste à explorer son rapport au reste de la sculpture, pour situer mieux toutes les dimensions du regard et de l'imaginaire. Et le reste, c'est le décor. Et donc pourrait-on croire rien d'essentiel, le décor, ce qui tient de l'ornement, de l'agrément, de la parure... presque du superflu.

Le motif et l'ymage

Peut-être est-ce notre univers contemporain, saturé d'images, qui nous fait nous méprendre sur cet art décoratif, naguère qualifié de mineur. Aulnay est un chef-d'œuvre exemplaire de ce moment de l'histoire où se conjuguent, en un équilibre précaire et subtil, deux versants du visuel : l'image, encore en émergence, et ce qu'on peut nommer, en tout anachronisme, une abstraction, ce qui ne représente rien du réel.

comme un voile sur le monde

Celui qui a eu la chance d'admirer, entre l'Andalousie et l'Asie Centrale, les merveilles de l'architecture des mosquées de l'Islam leur trouve, ici, à la vue de certains chapiteaux de la nef ou des voussures des fenêtres aveugles de la façade ouest, une évidente parenté. Non une copie bien sûr, mais comme un héritage, métissé aussi de l'antiquité romaine et des échos de Byzance.

" L'entrelacs géométrique possède toute la caractéristique d'un dispositif fait pour interdire la projection imaginaire par le spectateur de son corps physique sur le plan plastique, ou de toute idée de corps. "

DOMINIQUE CLÉVENOT
Une esthétique du voile, essai sur l'art arabo-islamique
L'Harmattan (1994)

On a déjà mentionné plusieurs fois dans ces pages l'influence de l'Orient sur certaines scènes d'Aulnay, et la présence d'arabesques, d'entrelacs, de motifs ne doit pas étonner : l'art de l'Islam vient comme en ressac s'inscrire aux édifices romans de Saintonge, et sa présence est suffisante pour instaurer un dialogue tout particulier avec les ymages qui montrent le monde.

On sait la prédilection des pays d'Islam pour la *pure forme* ornementale, que les bâtisseurs ont su pousser à un degré de raffinement extrême. De Cordoue à Samarcande, le regard se perd sur les parois des mosquées ou des médersas, dans cette intensité si riche et complexe des motifs, et dans cette dérive aussi du signe multiplié, que rien de connu n'arrête. C'est

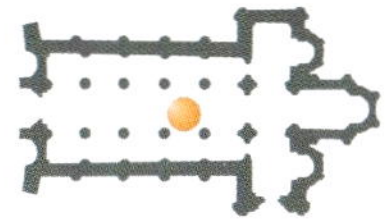

un autre réel que nous-mêmes que convoque cet art de l'ornement, pas de représentation, mais de l'assemblage, du tissage, la mise en évidence de ce qui fait lien, de ce qui se tient et se prolonge. Et l'artisan qui crée ces décors ne se veut pas porteur d'une œuvre à part entière, mais celui seulement qui couvre, qui recouvre le bâtiment. Il met un voile sur le monde et, ce faisant, il crée dans notre regard sur lui, de la distance, il gomme toute présence, toute illusion du vivant. L'art de l'Islam prévient de toute idolâtrie : on n'accède à Dieu qu'à travers un voile.

Mais ce que l'on voit ainsi tissé, entrelacé, ce qui remplit l'espace de traces qui mutuellement se répondent, fait signe pourtant de lui-même. Il montre cela justement, le tissage, l'entrelacs, ce qui s'assemble, ce qui se propage. Il est, strictement, le modèle du réseau, qui de ses connexions couvre le monde.

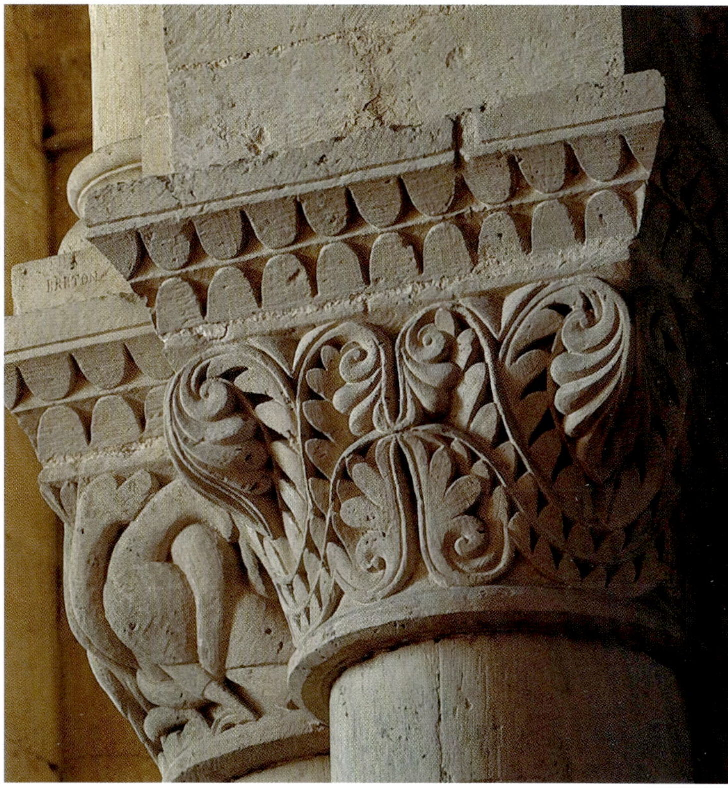

Chapiteau de la nef côté sud, quatrième pilier est

Palmettes,
dans le lit des courbes inversées
la vie gonflée, respirante

architecture, ymage, motif

Comment les bâtisseurs d'Aulnay ont-ils agrégé cet art du motif à leurs préoccupations ? On sait que la période romane est un moment d'ouverture, d'émergence, d'innovation. Ce métissage des influences pour une synthèse qui tend à la perfection en est ici encore l'illustration.

Au commencement est l'espace de l'architecture – c'était le premier parcours de ce livre. C'est l'architecture d'évidence qui fonde l'édifice, qui en fait l'essence. La sculpture, on l'a vu abondamment, ne s'y plaque pas, elle s'inscrit dans le cadre architectural, elle s'y plie. Mais, prenant appui sur les contraintes des formes dans l'espace, l'ymagier invente une nouvelle langue : les figures du divin, du bestiaire, du monde qu'il donne à voir ne se veulent pas des miroirs du réel. Étirées, déformées, soumises à des torsions invraisemblables, elles n'en prennent que plus de poids dans leur expression, qui paraît d'autant plus d'une insolente liberté.

Ainsi, dans ce dialogue intime avec l'architecture, l'ymage romane est d'abord médiation, voie d'accès à l'invisible. En ce sens, elle n'est pas encore une image, au sens où on l'entend aujourd'hui. Elle cherche d'abord à signifier. Mais par bien des aspects, elle s'approche de la représentation, d'où cette puissance étrange des visages de monstres ou d'animaux terriblement humains.

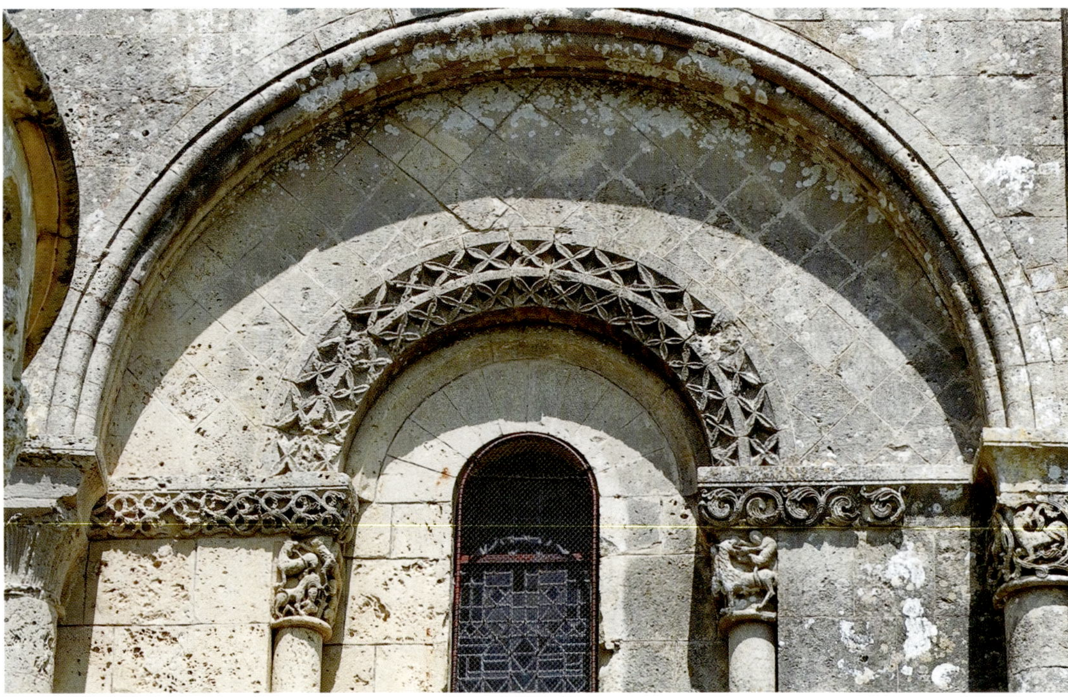

Fenêtre sud de l'abside

Courbes dans l'espace des pierres
qui disent les reliefs et la douceur,
et sur elles ce qui frémit, comme des signes d'écriture

Vient le motif. Dans *motif*, il y a *moteur*, *mobilité*. Le motif est ce qui donne le mouvement. Et visuellement, ce qui crée le mouvement, comme pour le motif musical, c'est la répétition. La répétition et le lien. Comme la mélodie, le motif ornemental se prolonge en son proche voisin, et l'œil suit leurs interactions, il passe de l'un à l'autre, il prend bonheur à ce qui s'assemble, au rythme, avant de chercher enfin, comme dans la phrase, le fin mot de l'histoire. Que le motif passe de la ligne ou de la courbe à la surface et le regard devient nomade, errant, découvreur de richesses visuelles insoupçonnées, mais à la dérive parfois dans ce voile sans fin qu'on vient d'évoquer.

Voyez cette fenêtre de l'abside. À gauche, les rinceaux s'interpénètrent avec densité, jusqu'à l'arc de la fenêtre. À droite, leur motif est plus simple, plus ample. Au-dessus, sur le plein cintre de l'arc, un autre motif encore marque la courbe. Bien plus que les réminiscences végétales de ces motifs, ce qui importe à l'oeil c'est le rythme, les ruptures, la circulation au long de cette ligne de chapiteaux qui est aussi la base des arcs. Comme l'ymage, le motif capte l'œil, mais quand celle-là l'aimante, le rend fixe, celui-ci le fait courir.

Rinceaux

Le terme désigne un motif constitué de tiges végétales qui ondulent, et d'où émergent de petits rameaux.

Que fait le motif ? Il annihile la présence, il donne à voir un autre univers. Non celui du vivant incarné, mais celui du trait, de la géométrie, de l'abstraction. Celui des modèles que la pensée humaine met au monde, plutôt que le théâtre des hommes eux-mêmes. S'il fallait situer d'une synthèse la structure romane, du moins telle qu'elle apparaît à Aulnay, on pourrait évoquer, reliés en un triangle fondateur, l'architecture, l'ymage et le motif. Comme l'ymage, l'ornement roman naît de l'espace architectural et le fait exister mieux, il s'y insère en une interaction profonde. Mais le motif est aussi l'enveloppe et le berceau de l'ymage, et il s'extrait d'elle également.
L'identité romane, si l'on peut dire, réside dans cette cohérence et ce dialogue exceptionnels : ce qui s'échange entre ces trois éléments, continûment, donne au parcours de l'édifice des interactions puissantes, comme des respirations multiples qui touchent entièrement le corps.

" Tout en étant hanté par l'abstraction, le sculpteur roman ne se contente pas, comme le décorateur arabe, de fastidieuses spéculations sur les structures linéaires. Il les applique à la vie, et c'est encore avec la même courbe qu'il en dessine les contours. C'est bien un univers à demi réel, à demi fictif, qui apparaît dans les dédales ornementaux comme une révélation de la nature et comme une vision de l'esprit. "

Jurgis Baltrušaitis
Formations, déformations
Flammarion (1986)

Illustrons cela, à travers la fenêtre aveugle nord de la façade ouest. La forme d'architecture semble ici celle d'un portail – on l'a évoqué – qui invite, à travers ses voussures imbriquées et tout son agencement, à franchir son seuil. Mais il n'y a pas de seuil, c'est une ymage qui nous fait face, si l'on va plus avant.

Quels sont les motifs présents ? On peut les grouper en trois ensembles. D'abord, les deux voussures intérieures, intrados compris, portent sur l'une des tiges végétales en forme de S, sur l'autre des palmettes. On a l'impression d'abord que tous ces motifs se répètent à l'identique, mais on y décèle, en s'approchant, des variations de formes, des symétries, des translations. Le sculpteur a cherché à brouiller le regard, mais à peine. Il

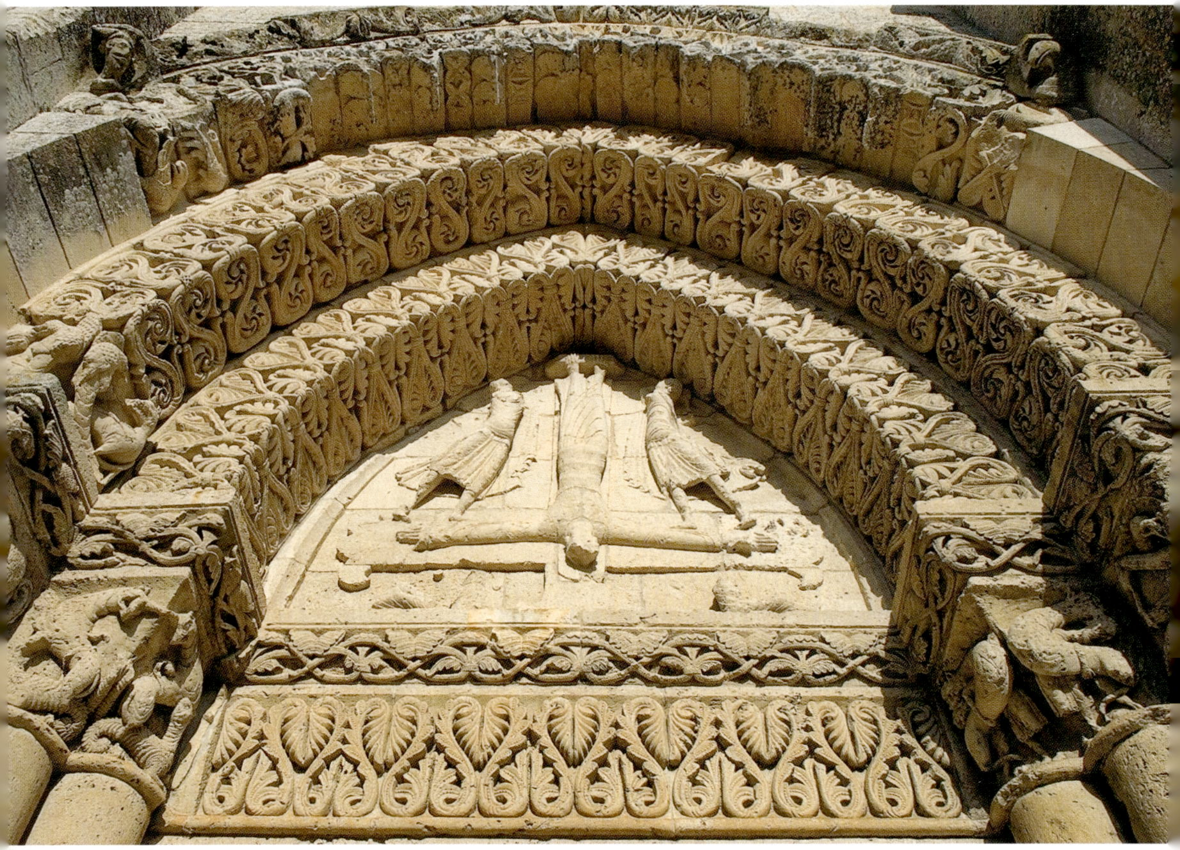

Fenêtre aveugle nord, façade ouest

Cela scintille, cela fait des reflets à l'âme de l'ornement à l'ymage, sait-on comprendre ce que l'on voit ?

a voulu aussi que ces motifs paraissent comme appliqués à la surface des arcs. Chaque motif de l'intrados s'attache à celui du dessus par une petite ligature, tous accentuent les deux faces des arcs, donnant à leur forme brisée une prégnance surprenante.

Ensuite une frise horizontale de rinceaux à l'ondulation ample court d'un côté à l'autre, coiffant les chapiteaux et faisant limite basse à l'ymage. Enfin, en dessous, une large bande, horizontale aussi, accentue cette limite. Elle est constituée de motifs en S, symétriques, et plus resserrés que ceux du dessus. Tous ces entrelacs sont finement ouvragés, ils offrent donc une mine quasi inépuisable au regard qui s'approche et comme un frémissement visuel, quand on les regarde de loin. Pour apprécier pleine-

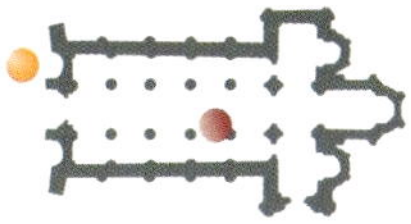

ment ce qui se joue entre les motifs, l'ymage et l'architecture, il faut ainsi changer l'échelle du regard, l'angle de vue.

Les motifs, on l'a dit, rendent les arcs plus présents, plus puissants, mais ils magnifient aussi l'ymage, tissant autour d'elle un superbe écrin. Motifs et forme architecturale conduisent à l'ymage, à cette scène du crucifié à l'envers qui s'impose alors d'autant plus qu'elle est isolée, circonscrite par un univers visuel radicalement différent d'elle. Mais cette différence contribue aussi à un effet inverse : la fascination pour l'ymage n'est pas moins grande, mais on s'en extrait plus aisément, tant les motifs appellent l'oeil à la mobilité.

La musique du sculpteur

Le sculpteur joue des motifs comme le musicien des notes. Il a sa gamme, son alphabet, ce qu'on nomme savamment les éléments de sa grammaire ornementale. Les explorer, c'est en goûter la saveur, la diversité.

d'anciennes plantes bien modifiées

Si l'influence de l'Islam semble bien présente pour la problématique ornementale, l'art roman est allé puiser à bien d'autres sources, et l'héritage antique se distingue aisément dans le décor végétal. À regarder de près nombre de motifs, on perçoit bien, non seulement leur caractère végétal, mais comme une même matrice visuelle que l'ymagier aurait déformée, modifiée, adaptée à ses contraintes. Deux motifs, la palmette et la feuille d'acanthe en sont à l'origine.

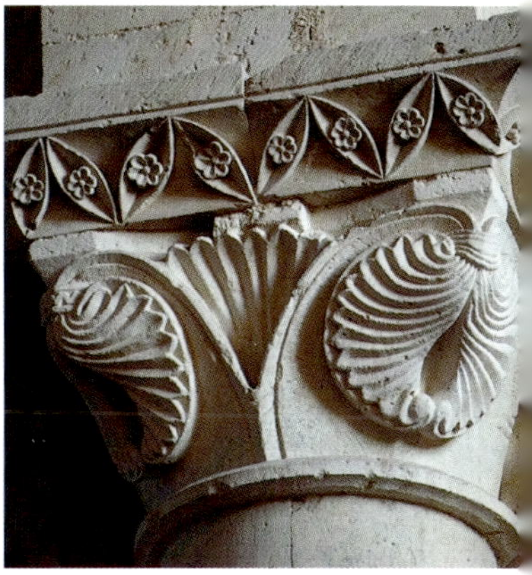

Palmettes, chapiteau de la nef côté sud, quatrième pilier sud

Ce qui monte
de la terre, de la pierre
et s'ouvre comme un corps

La palmette tient son origine des feuilles de palmier, ou des fleurs de lotus disent certains. On a retrouvé des palmettes sur des céramiques émaillées en Perse, datant du VIe siècle avant notre ère. Les Grecs et les Romains en ont fait grand usage, et la palmette s'est répandue jusqu'en Asie Centrale et en Chine. Présente sur les peintures murales, les textiles... elle s'adapte, comme tout signe ornemental, aux cadres qui l'accueillent.
La feuille d'acanthe, qui orne les chapiteaux corinthiens, est également très ancienne et bien connue. Elle aussi a subi des variations au cours des siècles. Et au Moyen Âge, le filtre du temps a tellement joué que les ymagiers romans utilisent ces motifs

comme des formes génériques sur lesquelles, si l'on peut dire, ils brodent à l'envi en fonction des espaces à décorer et des rythmes qu'ils souhaitent voir apparaître. Dès lors, le végétal n'est plus qu'une origine, une trame, sur lequel on construit du réseau visuel.

une géométrie combinée

Les ymagiers puisent aussi dans des motifs plus simples, qu'ils répètent en les juxtaposant le plus souvent, au lieu d'élaborer des interactions complexes comme dans les entrelacs. Chacun d'eux devient comme une sorte de ponctuation dans l'espace qui par sa répétition va créer un autre effet visuel que l'amalgame dense du réseau.

La fenêtre centrale de l'abside, dans sa partie haute, offre une riche combinaison de quatre de ces éléments. Des triangles creusés, pointe alternée, occupent les tailloirs des chapiteaux. Au-dessus, trois motifs marquent l'arc de la fenêtre. De l'intérieur vers l'extérieur, on trouve d'abord de petits disques de pierre, les *besants*, ainsi nommés en écho à une monnaie de Byzance. Puis deux rangées de croix allongées, qu'on peut voir comme des fleurs à quatre pétales. Enfin, des *pointes de diamant*, petites pyramides nervurées.
Ces motifs, qu'on retrouve en de nombreuses églises romanes, sont trop élémentaires pour subir eux-mêmes des transformations. C'est donc par leurs rapports entre eux et à l'espace que l'ymagier s'exprime.

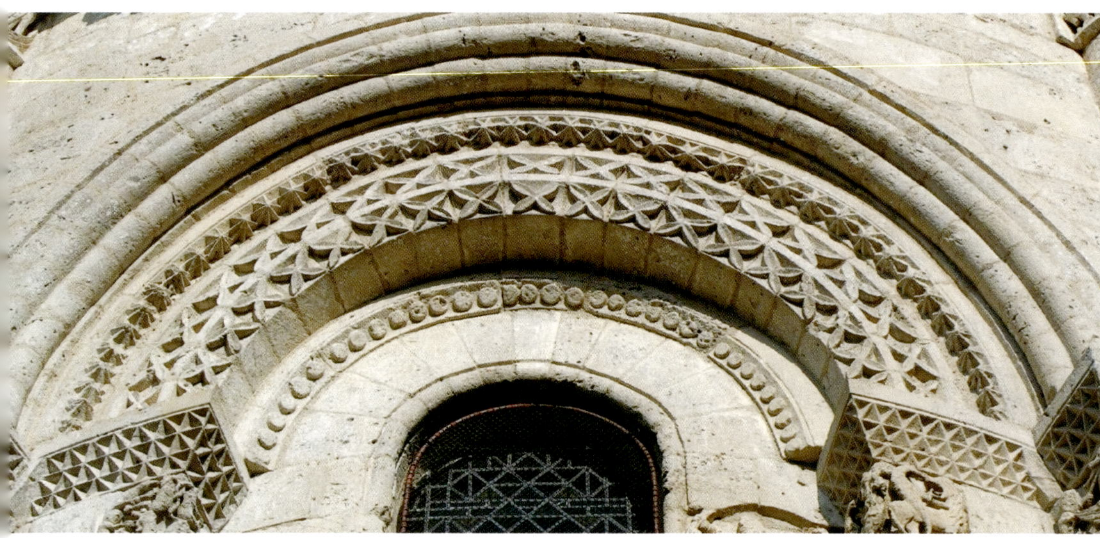

Fenêtre centrale de l'abside, les motifs géométriques
Comme des points de suspension, sur les pierres, pour l'infinitude...

le rythme des frises

Le mot frise désigne une composition qui s'étend beaucoup plus en largeur qu'en hauteur. À Aulnay, les frises sont décoratives. C'est la troisième voie ornementale, qui joue encore autrement avec notre regard. Là où les éléments géométriques qu'on vient d'évoquer soulignent avec clarté la forme architecturale, la détaillent dans leur répétition même, la frise, plus compacte, plus perceptible, requiert l'œil en tant que telle.

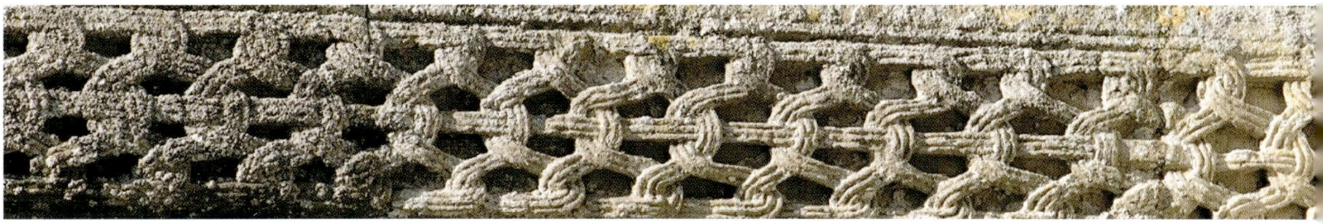

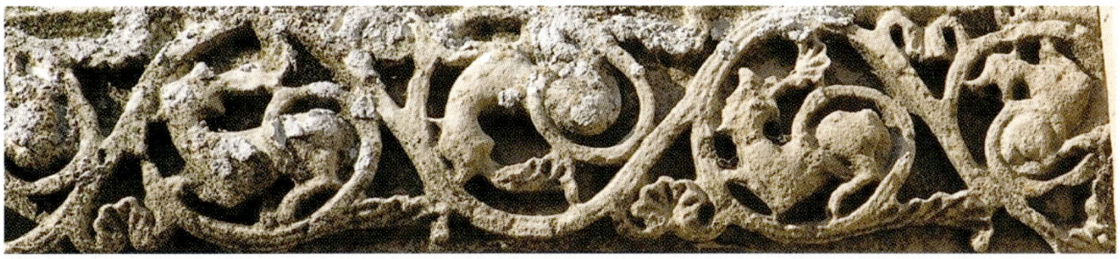

Frises des fenêtres nord et nord-est de l'abside

Pour l'infinitude, écrire comme la marée seule le sait, les vagues...

Et l'œil qui la suit est d'emblée soumis au vertige d'un mouvement incessant. Ici, tout se répète mais tout se tient, le motif s'étend de proche en proche. Entre la ligne et la surface, la frise joue l'ambiguïté : on sent bien qu'elle pourrait recouvrir d'un coup tout l'espace des pierres de son tissage, et tout autant qu'elle est contrainte par l'harmonie, par l'équilibre de l'ensemble.

La frise peut être un tressage pur, comme au bas de la fenêtre nord de l'abside. Mais elle peut aussi mêler l'animal et le végétal, comme celle de la fenêtre nord-est qui, au sein de rinceaux ondulants, nous montre de petits lions sans doute. Une autre ambiguïté s'ajoute alors à la précédente : l'image en quelque sorte s'imbrique dans le motif et, ainsi multipliée, elle s'y dissout, n'étant plus qu'un fragment rythmant l'ensemble. Le regard s'y perd un peu plus, cherchant de près ce qui se représente là, puis s'éloignant, scrutant ce qui n'est plus qu'un entrelacs sans limites. Réalité qu'on croit tenir, et qui s'effrite à quelques mètres, qui s'estompe, couverte peu à peu par le ressac insistant des formes.

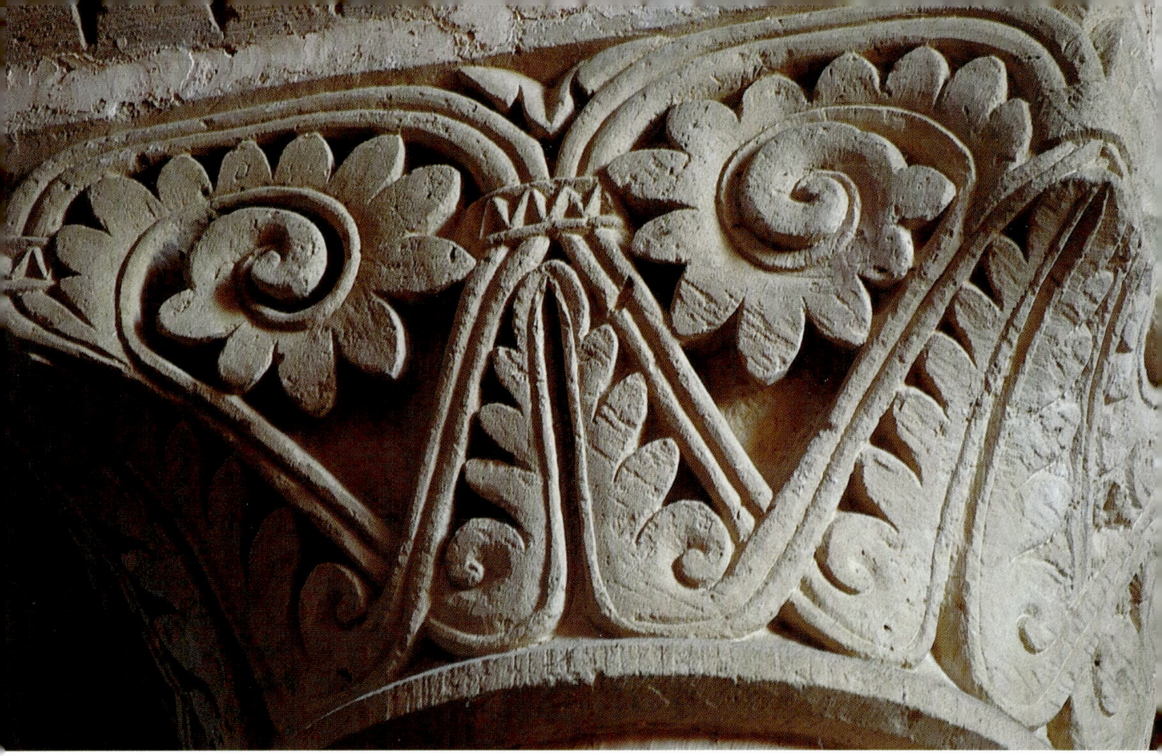

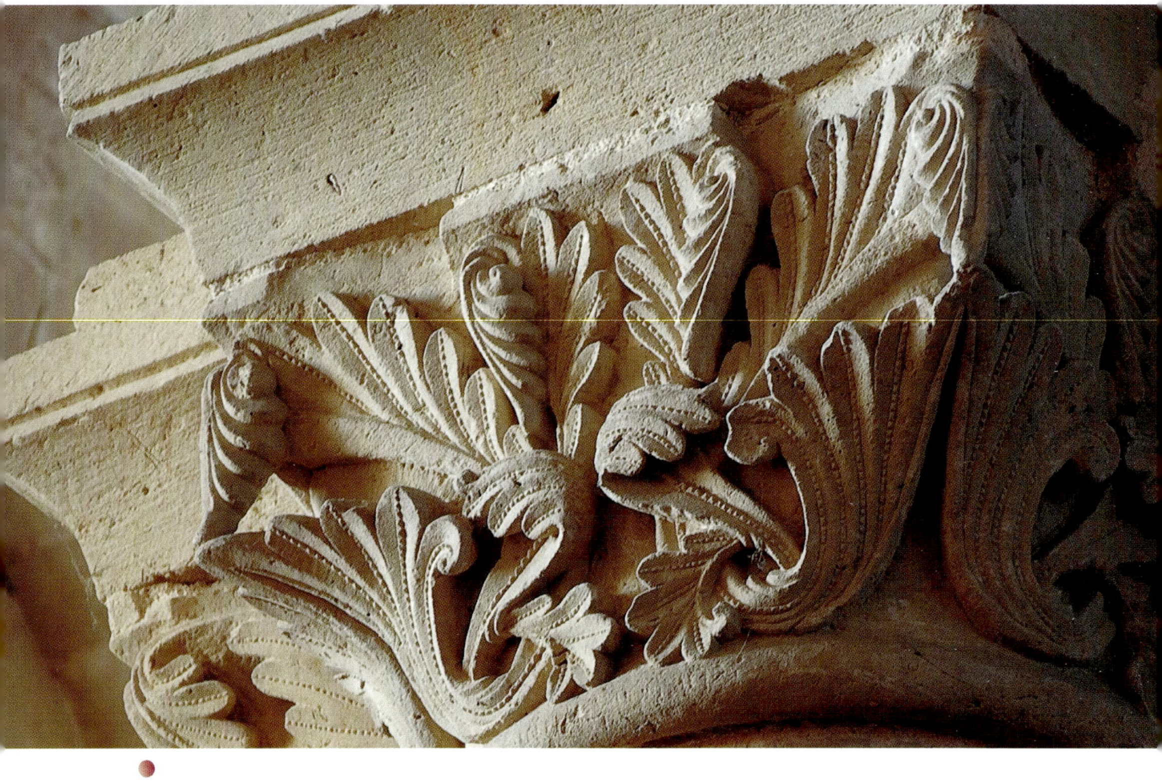

Chapiteaux de la nef côté sud, deuxième pilier ouest et est

L'ordre du monde et le geste de l'âme

L'abstraction du végétal

À l'origine, il y a les plantes, certainement. Ce que des générations d'hommes ont observé, là-bas dans les lointains pays de la Méditerranée, peut-être un buisson aux abords du désert, frappé de lumière par le soleil rasant du matin, peut-être à la frange de quelque oasis le doux balancement dans l'air chaud des feuilles de palmier. À l'origine, il y a ces visions de rêve, immensément multipliées dans les mémoires.

Et puis celui-là, d'Égypte ou de Grèce ou d'Assyrie peut-être, qui le premier fit de ces feuillages dans la lumière une gerbe de pierre pour quelque chapiteau de quelque temple. Combien de tâtonnements, de pierres brisées, avant que les volutes d'acanthe dressent leur élégance au sommet des colonnes ? Le sculpteur voit la plante, il la fragmente déjà, il en répète la courbe gracieuse. Il est copié bientôt, les reliefs dans la pierre attisent les désirs, les volutes vont de la Grèce à Rome, elles changent de pierres, elles se métamorphosent, elles passent d'un siècle à l'autre, de la Méditerranée à l'Aquitaine...

Que sait-il de cette mémoire l'ymagier d'Aulnay ? Il s'est émerveillé peut-être à Saintes, des chapiteaux de la crypte de Saint-Eutrope. Il a parlé avec le maître de l'œuvre, avec ses compagnons. Il est un acteur de la métamorphose, de cette lente avancée du végétal vers l'abstraction. Devant son bloc de pierre, il compose, il agence, il fait mémoire des feuilles encore, mais il souhaite en premier que la lumière renvoie l'ordre du monde.

Et c'est la symétrie parfois, qui vient d'abord au monde. Et la tension des tiges, et l'aplat de ce qu'on devine encore des feuilles. Parfois sous le ciseau, c'est la rigueur de la pensée, le végétal fait des formes plus pures que lui-même. Plus dépouillées, comme si depuis des siècles, asséchées peu à peu les plantes ne montraient plus qu'un filigrane d'elles-mêmes, ce qui reste d'essentiel dans leur dialogue.

Et parfois l'ymagier laisse aller son rêve, il repense peut-être à ces automnes de l'enfance, quand dans la lumière dorée d'octobre les feuilles des arbres tourbillonnaient comme une neige douce. Et c'est son âme alors qui virevolte, qui donne à ce calcaire qu'il creuse un jaillissement si léger, des formes si souples qu'on ne dirait aucune entrave à leur liberté.

La rigueur ou le frémissement, mûri dans la patience de l'ymage, comme une quête ininterrompue d'humanité.

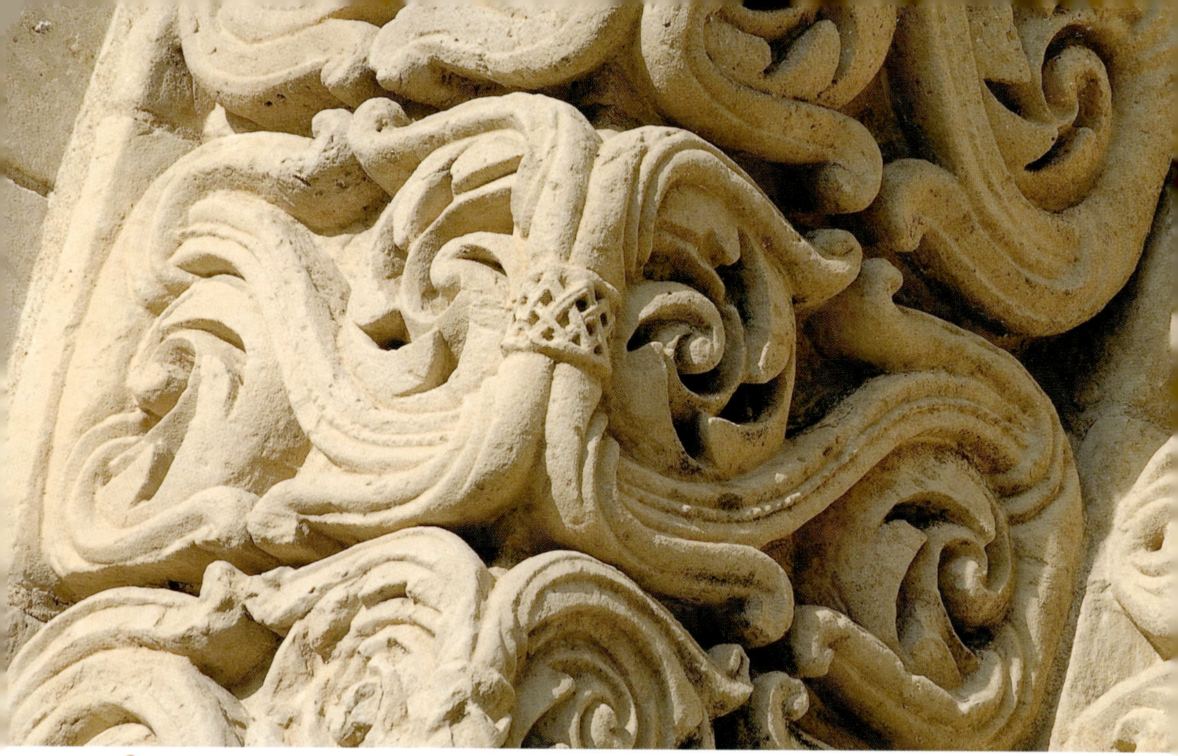

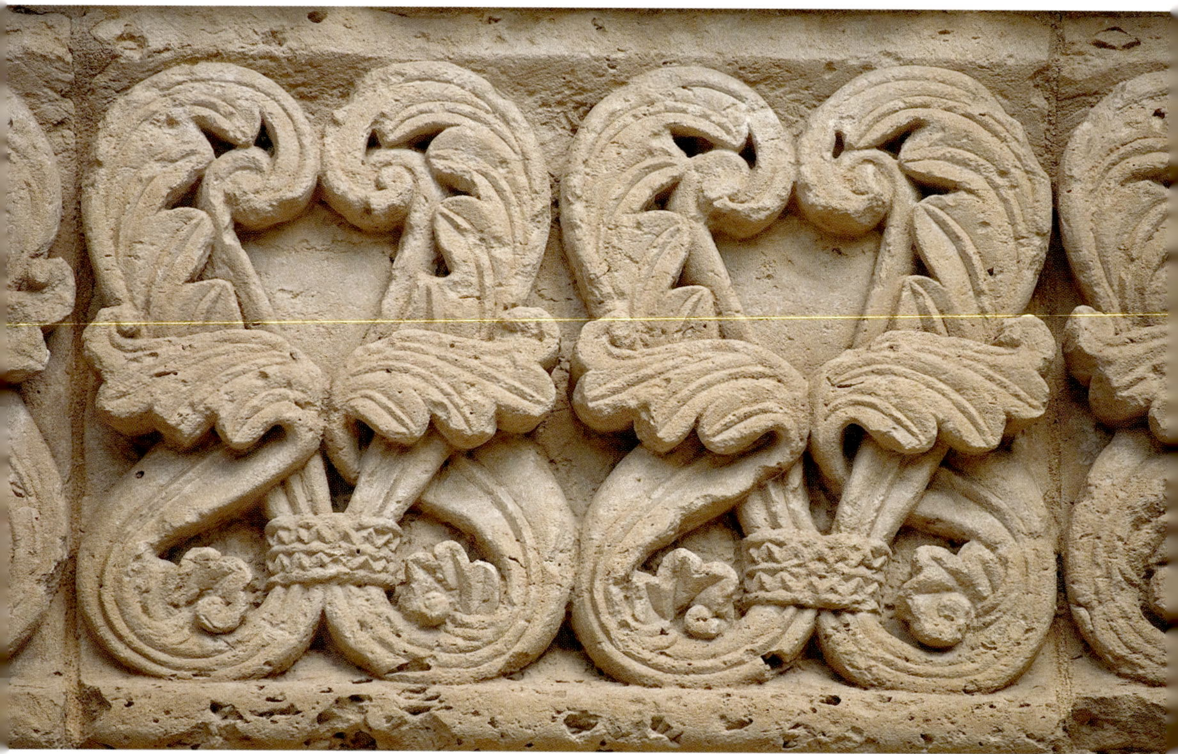

Motifs, fenêtres aveugles nord et sud

La pierre qu'on rend souple,
gracile presque, attentive à sa jeunesse

Le clavier des formes

" Savez-vous combien ce peut être ainsi merveilleux la liberté des formes, d'être affranchi des contraintes du monde que l'on voit ? " L'homme est tout en noir, il marche lentement, s'arrête, comme pour goûter de sa respiration les contours inépuisés des pierres. *" Il n'y a plus que l'empan de la création, pour le sculpteur, et le rapport du lieu à soi-même. C'est comme un bonheur hors du temps. "*

" Pourriez-vous m'expliquer... ", dis-je, un peu confus. Il m'interrompt, et dans un large sourire et doucement :
— " Quelles sont les parts de cette église les plus universelles, dans le temps et l'espace ? Imaginez – et sa voix baisse un peu, se fait plus caressante – imaginez que tous les peuples de la terre soient conviés là, devant cette façade ouest où nous sommes. Qu'est-ce qui pourrait les toucher tous dans l'immédiat, dans l'instant ? Les motifs bien sûr, les motifs c'est la musique du monde, quand toutes les images sont tributaires d'un contexte, d'un moment de l'histoire.
— Mais n'est-ce pas notre regard d'aujourd'hui ? L'ymagier, au XIIe siècle, lui...
— Que croyez-vous donc ? – et son sourire efface encore toute sa véhémence – défions-nous de nos regards, l'ymagier sait parfaitement qu'il puise dans l'Orient lointain. Et dans sa quête de beauté, de nous offrir un monde ordonné, vivable, pétri de son Dieu, il sait aussi que les formes pures qu'il met au monde autrement qu'en Orient chantent néanmoins à l'unisson du monde. "

Il s'approche de la profusion décorée des fenêtres aveugles, il scrute longuement les pierres, il se penche vers elles comme pour les caresser.
— " Regardez de près ces motifs, voyez comme chacun s'isole facilement, et ces ligatures qui les attachent les uns aux autres. Voyez les symétries, et soudain cette rupture, ces différences à peine discernables, comme la respiration toujours pareillement rythmée et que l'émotion amoureuse d'un coup rend plus vive. Ce que l'ymagier révèle, c'est l'inépuisable symphonie des signes humains. Rien que des traces mises en mouvement, mais qui donnent à voir une telle énergie... "

Il sort de sa vision, me regarde. *" Vous comprenez cela certainement, les motifs, c'est une langue universelle, qui nous rapproche, vous et moi. Mais aussi de ceux de l'époque romane, comme des autres peuples. "*

Il s'éloigne, le vent qui s'est levé fragmente ses propos, en fait des bribes, comme une musique aussi. Je reste un moment là, cherchant dans l'intangible des motifs cette évidence que la parole rend si lumineuse et qui se dissout dès le silence.

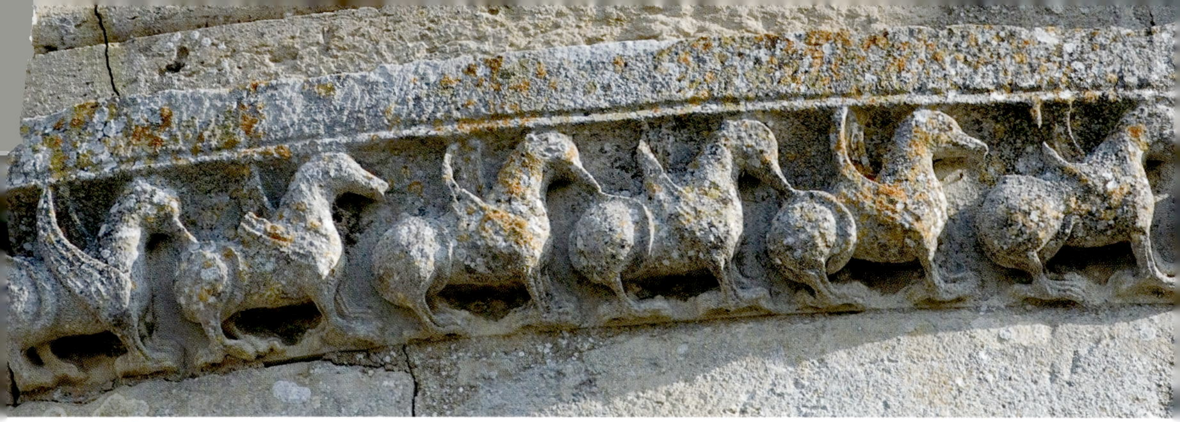

Frise basse de la fenêtre sud-est de l'abside

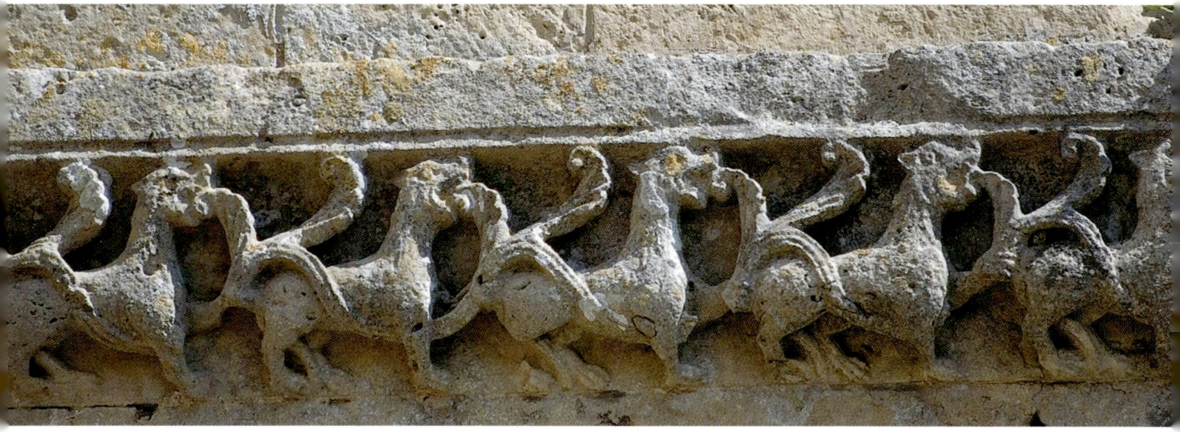

Frise basse de la fenêtre sud de l'abside

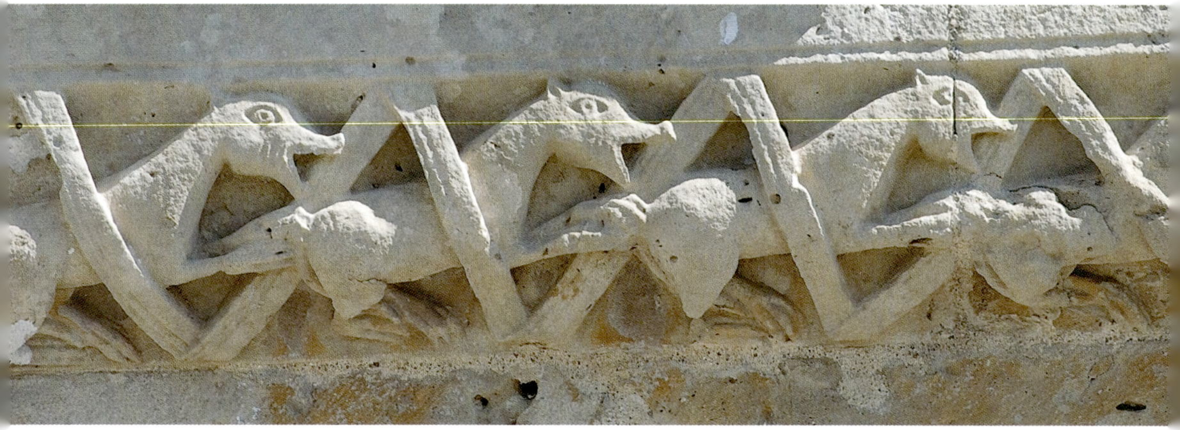

Frise basse du portail sud

Comme les paroles, les signes vont
d'un bout à l'autre du temps
d'un bout à l'autre des espaces
écrire leurs lignes libres

Comme des phrases

Ce sont comme de grandes lignes à hauteur d'homme. Mais suffisamment épaisses, denses, pour qu'à quelques mètres le regard s'y accroche. On va vers elles, pour voir mieux – on devrait toujours aller ainsi, se dit-on, vers l'inconnu, le corps avide.

Auprès pourtant, on ne découvre que de maigres figures. Ici, de petits chevaux ailés, presque des oiseaux dans leur face, dans une queue leu leu sans fin. Là, sous la fenêtre encore, ce sont de petits lions tête haute, côte à côte eux aussi. On songe à ces décors d'autrefois, dans le haut des chambres de l'enfance, quand on cherchait le début ou la fin des scènes qui se répétaient tout autour des murs. Un peu plus loin, d'autres animaux, comme enveloppés dans un ruban plié en zigzag, et qui s'appuient là aussi l'un sur l'autre.

Voilà, sur peu d'espace les lignes pressentent l'infini des paroles, des mots qui s'échappent des bouches ou s'inscrivent sur la page. Mots tellement semblables, quel sens même indécis pourrait naître de ces lignes ? Ce ne sont pas des phrases, une écriture, tout se ressemble.

À force de regard, on ne voit plus les figures elles-mêmes, on ne voit que ce qui les unit, ce fil de pierre jamais rompu que chaque animal sécrète et dévore à la fois. On se dit que c'est là ce qu'a voulu l'ymagier, cette continuité, comme le fil de la lecture ou le fil de l'histoire, ce qui tient, ce qui fait l'avancée. Fil de la mémoire qui enserre le vivant, phrases répétées, mots si semblables desquels pourtant germe le mouvement.

Figures affairées qui courent, emmêlées d'elles-mêmes, mais orientées comme les lignes d'un désir. Auprès de vous, à force de regard, vous devenez nous-mêmes, figures sans cesse remuées de l'humain, revisitées, réapprises. Patrimoine au fond comme l'amour, nourri du seul regard, de la seule invention d'homme.

De la pierre assemblée
on a fait naître des espaces,
des dialogues avec la lumière,
des ymages qui bercent l'humanité

et des motifs qui font la couture de l'ensemble
qu'on voit à peine
comme tout ce qui relie

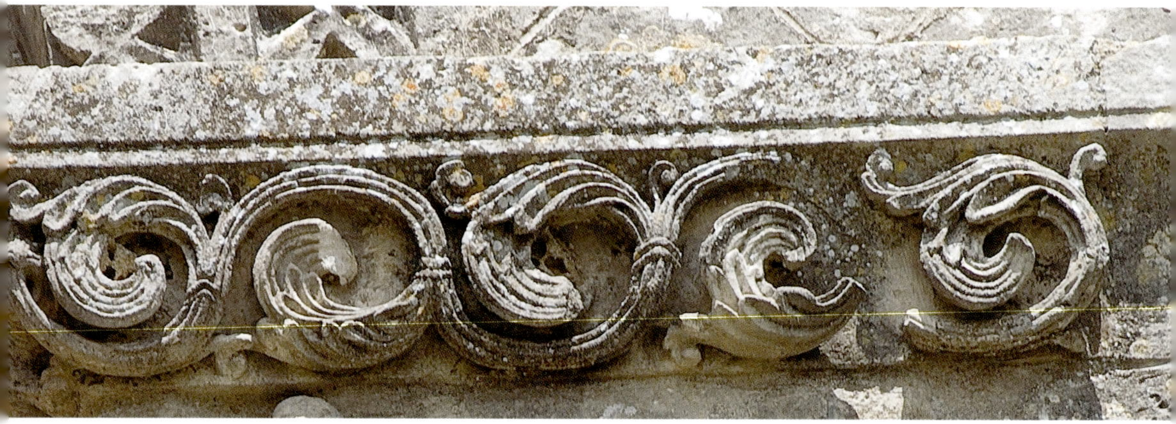

Frise haute, fenêtre sud de l'abside

L'ymagier cherche la trace
qui nous ferait soleil
qui se lovant parfaitement
serait l'écriture en amour

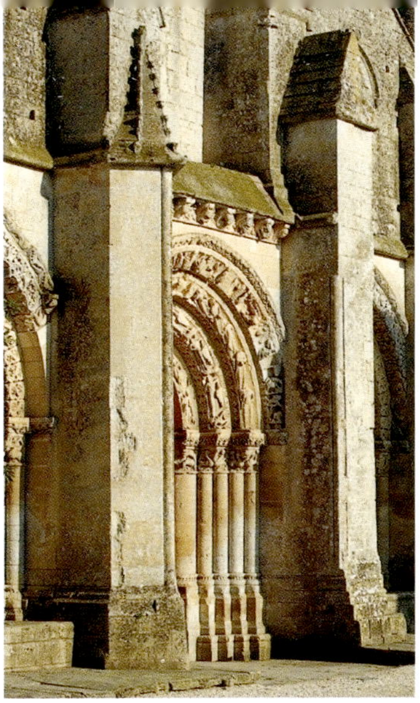

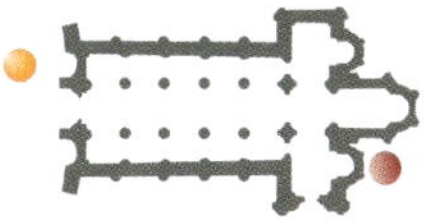

Les contreforts, façade ouest, XVe siècle

Que font les hommes de leur génie laissé là, pierres dures dans le temps de l'histoire ?

Une église en questions

Peut-être faut-il être rassasié d'ymages, les avoir scrutées sous plusieurs lumières, avoir parcouru l'espace, s'être imprégné du lieu... pour enfin se demander le pourquoi et le comment de cet édifice. De tels chefs-d'œuvre ne naissent pas sans de profondes motivations humaines, une densité d'énergie forte et longue, des moyens aussi d'importance. Quand on a vécu des dialogues aussi intenses avec ces pierres romanes, les questions se font plus lancinantes encore.

Et celle-ci d'abord : pourquoi une église d'une telle ampleur ici, en ces confins du Poitou et de la Saintonge ? Certes la floraison romane couvre le territoire d'un réseau dense d'églises. Il n'est que de parcourir la campagne de ces Vals de Saintonge autour d'Aulnay pour comprendre à quel point le fameux " *blanc manteau d'églises*[1] " est un tissu serré : à peine quelques kilomètres, et voici d'autres pierres romanes, comme des joyaux semés au cœur de nulle part.

1 Raoul Glaber *Histoires, III, 4s op. cit.*

Mais ces édifices – si attachants eux aussi – sont à la taille de leurs villages, modestes. Saint-Pierre d'Aulnay est plus vaste et, on l'a vu au long de ce livre, extraordinaire de puissance, de richesse sculpturale, de complexité.

Il existe bien des sites romans d'exception, plus vastes encore et plus isolés. Conques en est l'exemple le plus évident, au cœur des montagnes sauvages du Rouergue. Mais à Conques, il y avait un monastère qui recevait les donations des puissants, et les moines, soucieux de sa pérennité, se mirent très tôt en quête de reliques, allant jusqu'à dérober celles de Sainte-Foy à leurs collègues d'Agen. Ils savaient bien que les reliques déplaçaient les foules.

Pas de trace d'abbaye à Aulnay, pas de moines, ni de culte de reliques. Certains ont voulu expliquer l'importance de l'édifice en tant qu'église de pèlerinage, idéalement située à une journée de marche de Melle d'un côté et de Saint-Jean-d'Angély de l'autre, sur le Grand Chemin venant de Tours. L'idée est séduisante, mais l'église ne contient pas de chapelles rayonnantes autour d'un déambulatoire qui permettaient l'accueil en nombre des pèlerins.

Trop grande et trop sophistiquée pour son village seul, trop modeste pour être considérée comme une étape majeure, l'église d'Aulnay reste sur ce plan une énigme. Et si l'on prend en compte la haute qualité de l'architecture et de la sculpture ici mises en œuvre, l'énigme se fait plus troublante encore.

À cette question sans réponse vont s'en ajouter d'autres, au long de ce chapitre. Aussi, dans ce domaine des tentatives d'explication et des hypothèses convoquera-t-on les experts qui ont cherché depuis longtemps à formuler la réalité de l'histoire et des origines de ce bâtiment. L'exception d'Aulnay tient aussi à ce voile qui enveloppe sa naissance. Chef-d'œuvre de l'art roman sans justificatif en quelque sorte, comme s'il était posé là pour le seul bonheur d'être vu.

Une question de dates

Ce que les sources historiques nous apprennent de cette église est bien mince. Au milieu du XIe siècle, l'édifice appartient à l'abbaye bénédictine Saint-Cyprien de Poitiers. Le cartulaire de l'abbaye[2] contient une charte qui concède des droits de sépulture et des offrandes de cire de l'église Saint-Pierre de la Tour aux bénédictins. La charte, datée d'entre 1031 et 1060, est émise par deux frères de la maison d'Aulnay, Ramnulfe et Maingot, et leur mère Raingarde. L'église elle-même aurait été donnée auparavant, aucun document cependant ne l'atteste. Mais Pierre II, évêque de Poitiers, confirme cette appartenance vers 1100, puis le pape Calixte II en 1119.

2
Cartulaire de l'abbaye Saint-Cyprien de Poitiers, 931-1155
Edition de LOUIS FRANÇOIS XAVIER RÉDET,
Société des archives historiques du Poitou (1874)

Saint-Cyprien est à cette époque une abbaye puissante. Fondée au début du IXe siècle par Pépin Ier roi d'Aquitaine, elle *essaime* ses moines dès le Xe siècle à Jumièges en Normandie et à Saint-Jean d'Angély. Elle est dotée de vastes terres et donc d'églises. Mais celle dont les moines *héritent* à Aulnay au XIe siècle n'est pas celle que l'on voit aujourd'hui.

Au début du XIIe siècle, sous l'impulsion de l'évêque Guillaume Gilbert, la propriété d'Aulnay passe aux chanoines de la cathédrale de Poitiers : *" Une bulle du 5 mai* [1122] *signale l'appartenance de Saint-Pierre d'Aulnay au chapitre de la cathédrale Saint-Pierre de Poitiers[3] "*. Mais la donation effective date sans doute de 1120.

3
YVONNE LABANDE-MAILFERT
Beauté d'Aulnay
Atelier du Cœur-Meurtry (1957)

Il est fort peu probable que les moines se soient défaits d'une église qu'ils auraient juste construite. Ce sont donc les chanoines de Poitiers qui sont à l'origine de l'édifice actuel, et ce, après 1120. Aucun de ces actes de donation et nul autre écrit ne font mention de la construction. Mais tous les experts, au vu de l'édifice lui-même, s'accordent à dire qu'il date du XIIe siècle.

Au-delà, les avis divergent. Il faut dire que les historiens de l'art n'ont comme éléments d'analyse que le style des sculptures, les thèmes traités, tel ou tel détail des vêtements, des motifs... et les recoupements comparés qu'on peut faire d'un lieu à l'autre. Ceci laisse des zones d'ombre, même si, le temps passant, les analyses deviennent de plus en plus globales et fines.

Ainsi, Jean Chagnollleau en 1938 pense qu'Aulnay a été construite entre 1175 et 1195. Ses arguments ? *" Le type de costume de chevalier que l'on voit aux vertus, les longues nattes que porte la figurine représentée sur un modillon de la façade ouest, les fleurs de lis qui décorent la corbeille d'un chapiteau de la nef donnent à penser que ces constructions appartiennent au milieu ou mieux au troisième quart du XIIe siècle[4] ".*

4
JEAN CHAGNOLLEAU
Aulnay de Saintonge
Arthaud (1938)

Mais moins de vingt ans plus tard, Yvonne Labande-Mailfert écrit, en se référant aux propos ci-dessus : " *L'état actuel des études sur le costume ne permet pas de dater de manière stricte un monument, mais seulement à 50 ou 60 ans près[5] ".*

5
YVONNE LABANDE-MAILFERT
Beauté d'Aulnay
op. cit.

Les hypothèses varient aussi quant aux étapes de construction. Une ou plusieurs campagnes ? Une, pense Mme Labande-Mailfert, qui relève l'identité des profils des chapiteaux, l'unité de la décoration, même si elle reconnaît des différences de styles dans la sculpture. Deux, affirme M. Chagnolleau. La première pour l'élévation des nefs et de la façade ouest, la seconde pour le transept et le chevet. Pour Charles Connoué, la construction s'est " *échelonnée sur une période de cinquante à soixante ans[6]* ", à partir de 1140. Quatre phases selon lui : la nef d'abord, puis la façade ouest, puis le chevet et enfin le portail sud. D'autres encore, au début du XXe siècle, ont émis des hypothèses différentes. Faute peut-être de détails, le simple passionné d'art roman a parfois bien du mal à en discerner les pertinences.

6
CHARLES CONNOUÉ
Les Eglises de Saintonge, vol. III
Delavaud (1957)

Une question de styles

Plus récemment, des études fouillées et systématiques ont été entreprises[7], basées sur une analyse en profondeur des styles de sculptures et sur une aire géographique large. Une telle approche présente au moins trois intérêts : par des comparaisons d'un site à l'autre sur un large panel, elle permet d'affiner les hypothèses sur les dates de construction. C'est aussi une exploration complète de l'élaboration d'un édifice quand celui-ci s'offre à une telle lecture, une manière de mieux le révéler. C'est enfin mettre au jour les influences réciproques sur tout un territoire.

7
• FERDINAND WERNER
Aulnay de Saintonge und die romanische Skulptur in Westfrankreich
Worms (1979)

• ANAT TCHERIKOVER
High Romanesque Sculpture in the Duchy of Aquitaine, c. 1090-1140
Oxford University Press (1997)

• JACQUES LACOSTE
Aulnay, in La sculpture romane en Saintonge
Christian Pirot (1998)

Les deux premières références ci-dessus n'ont pas été traduites en français.

Interroger les styles, leurs parentés, reste néanmoins une opération délicate : jusqu'où peut-on faire valoir des influences d'un ymagier à l'autre, d'un lieu à l'autre, dès qu'on s'éloigne des évidences visuelles ? Plus que la vérité sur les dates, c'est le mouvement de l'ymage romane, son évolution, qui est mise en évidence, lui donnant ainsi un éclairage passionnant. Qu'apportent ces études pour Aulnay à celui qui veut simplement comprendre pour apprécier, sans entrer dans les arcanes scientifiques hors du

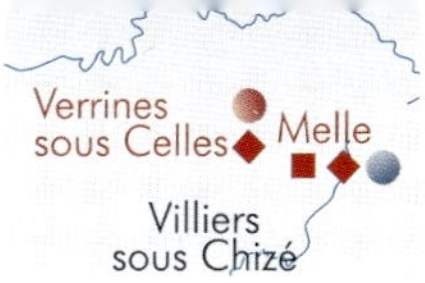

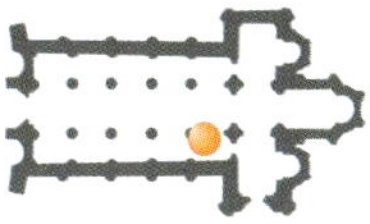

cadre de ce livre ? Essentiellement que trois équipes d'ymagiers se sont succédé sur le chantier, chacune prenant en charge les sculptures d'une partie de l'édifice. Et chacune, à sa manière, a élaboré une production majeure de l'art roman de l'ouest de la France.

le premier atelier

La première équipe aurait élaboré les sculptures du chevet, des absidioles, du portail sud et les chapiteaux de la croisée du transept. La construction de l'église aurait donc commencé par la partie est. Ce qui permet aux historiens d'art d'étayer cette hypothèse est la filiation relevée avec la sculpture romane antérieure à la fois du Poitou (principalement de Saint-Jouin-de-Marnes, Parthenay-le-Vieux et Melle) et de la Saintonge (Saint-Eutrope de Saintes).

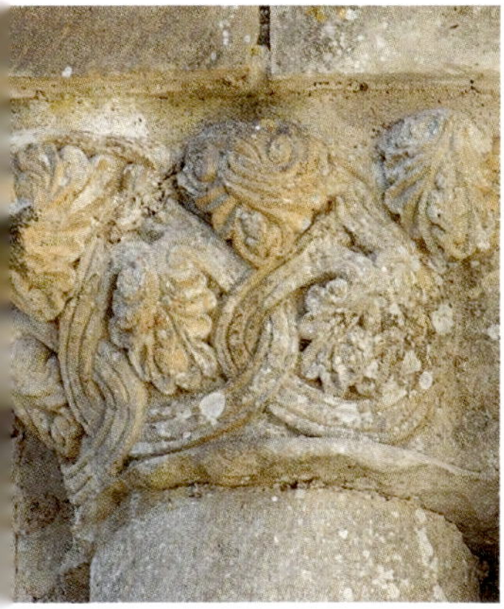

errines-sous-Celles,
bsidiole sud

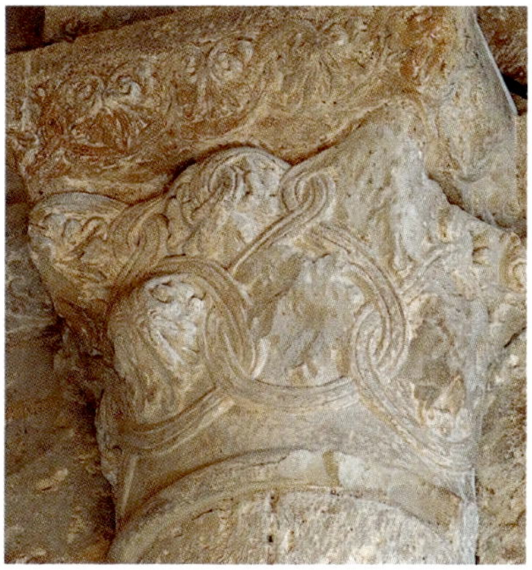

Melle, St-Savinien,
croisée du transept, pilier nord-est

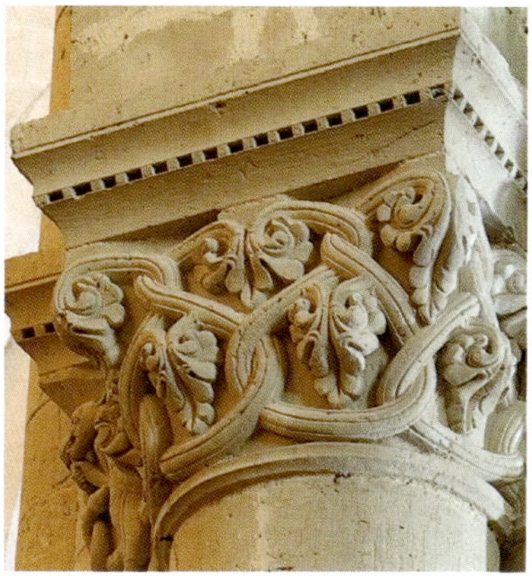

Aulnay, croisée du transept,
pilier sud-ouest

Des sites poitevins construits peu avant (de 1090 à 1120 environ), les ymagiers d'Aulnay empruntent des figures comme le griffon au cou tourné en arrière à Parthenay-le-Vieux, ou des ornements comme ces chapiteaux d'entrelacs de Saint-Savinien à Melle ou de Verrines-sous-Celles tout proche. Mais ce peut être aussi des éléments de structure : le portail sud d'Aulnay, celui de Saint-Hilaire-de-Melle, ceux de Saint-Jouin-de-Marnes et de Parthenay-le-Vieux partagent la même organisation. Notamment, *" tous possèdent des colonnettes à chaque niveau de l'embrasure, sauf la plus intérieure qui reste architecturalement lisse*[8] *"*. A Aulnay comme à Melle, la sculpture du portail est en claveaux rayonnants. Enfin, des

8
" all possess colonnettes in each order of the embrasure except the innermost, which remains architecturally plain "

Anat Tcherikover
op. cit.

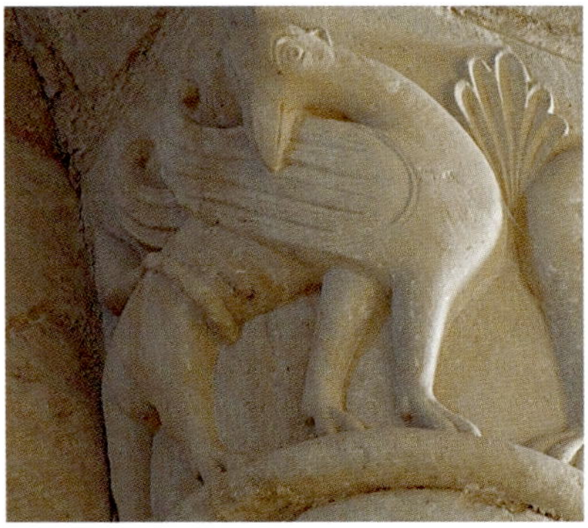

Parthenay-le-Vieux,
croisée du transept, pilier nord-est

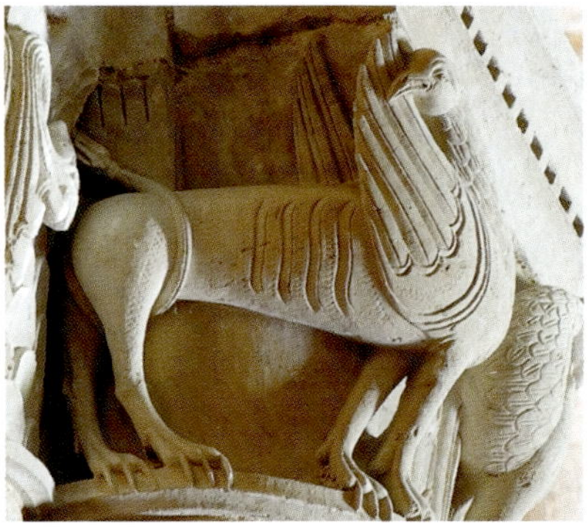

Aulnay,
croisée du transept, pilier sud-ouest

thèmes iconographiques sont communs comme les scènes où Samson apparaît, fréquentes à Aulnay comme dans la région de Melle.

L'influence saintongeaise est aussi manifeste. La Pesée des âmes occupe un grand chapiteau de la croisée nord du transept de Saint-Eutrope, le thème est repris sur un petit chapiteau d'une fenêtre de l'abside. L'oiseau dominant le lion est une figure également reprise, avec la même approche formelle. Et les atlantes agenouillés du portail sud sont inspirés des silhouettes d'un autre chapiteau de Saint-Eutrope. Enfin, les approches des vêtements sont similaires, notamment dans les plis, *" qui s'accrochent séparément à chaque jambe et ressemblent à des pantalons*[9] *"*

9 " clinging separately to each leg and resembling trousers "

ANAT TCHERIKOVER *op. cit.*

Pourtant, cette sculpture est étonnamment cohérente. Si les ymagiers sont différents, on ne peut les cataloguer comme poitevins ou saintongeais.

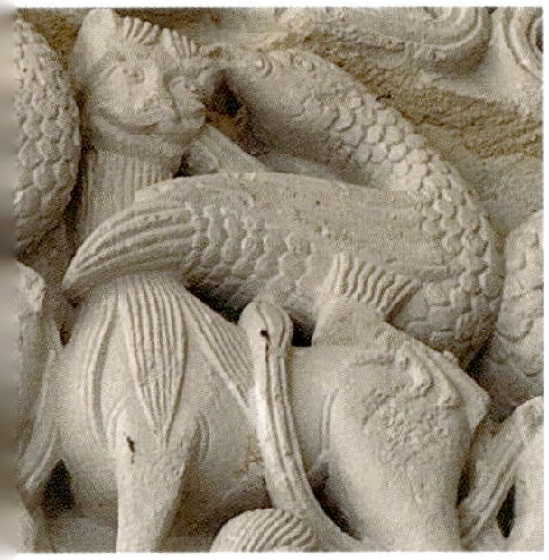

Saintes, Saint-Eutrope,
croisée du transept,
nord-est

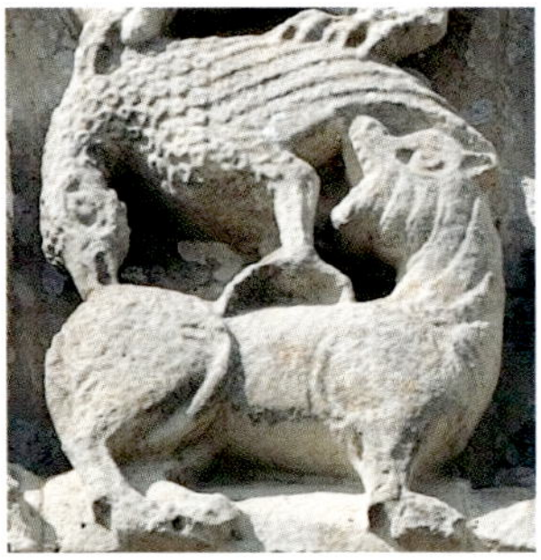

Aulnay,
portail sud,
quatrième voussure

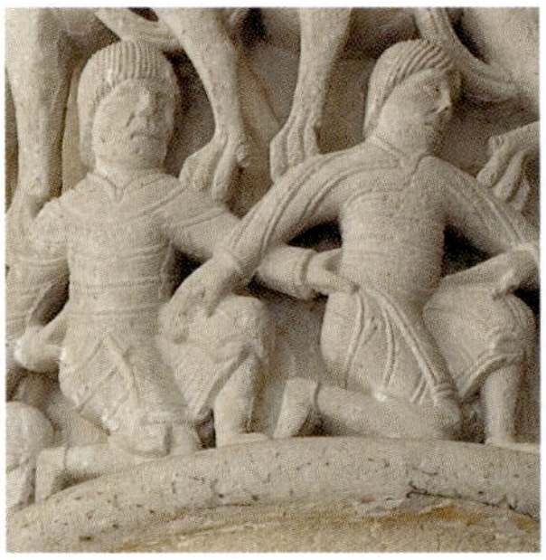

Saintes, Saint-Eutrope,
croisée du transept,
nord-est

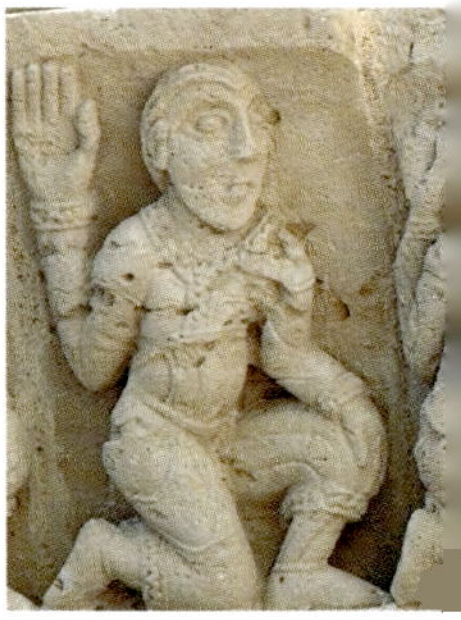

Aulnay,
portail sud,
intrados

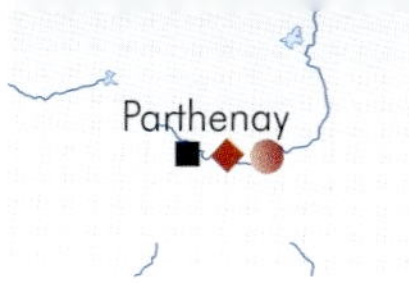

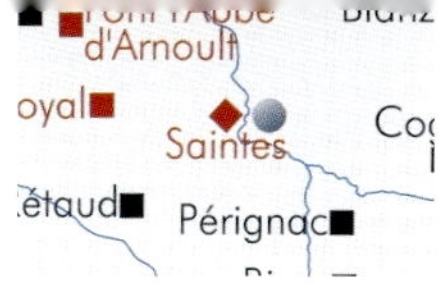

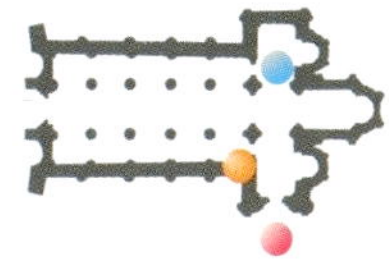

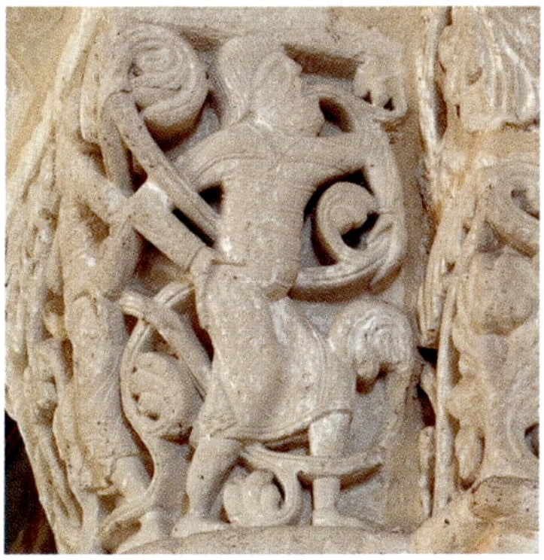
Saintes, Saint-Eutrope,
croisée du transept, sud-ouest

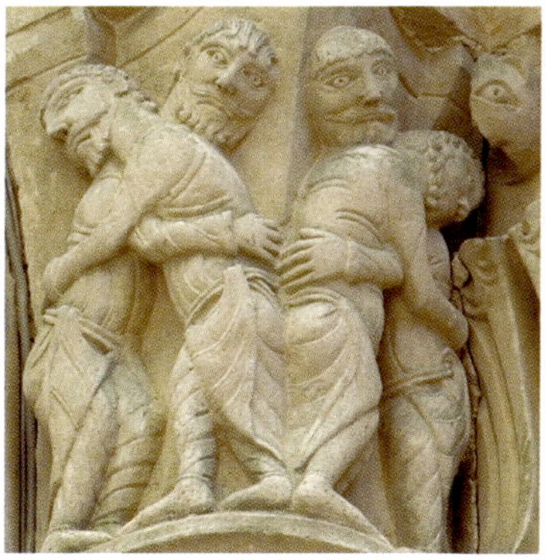
Aulnay,
croisée du transept, nord-ouest

" Tous partagent une qualité globale de précision dans la ligne et le graphisme qui évoque à la fois Saint-Jouin de Marnes et Saint-Eutrope[10] ". Il est peu probable que cette virtuosité soit l'œuvre de débutants, les experts pensent donc que les ymagiers de ce premier atelier avaient déjà travaillé ensemble, et sans doute dans la région de Saint-Jean-d'Angély, peut-être à l'abbaye même dont rien ne reste de la période romane.

Le rayonnement d'Aulnay ▸ 186
Voir l'église de Salles-lès-Aulnay

Et sans doute cette équipe est-elle d'origine locale, les clercs de Poitiers ayant choisi sur place leurs premiers ymagiers. En raison de leur expérience, de leur talent, mais aussi peut-être pour que le chantier démarre rapidement, ce qui accréditerait l'idée d'un début de construction entre 1120 et 1125, dès la nouvelle prise en jouissance du lieu par les chanoines.

Variété extraordinaire des décors, souci des détails, pureté du rendu des figures, le premier style d'Aulnay adhère étroitement à l'architecture. Au portail sud, l'unité de travail reste le claveau, ailleurs les frises et les décors soulignent les formes. L'ymage dialogue avec l'architecture, jamais elle ne s'en affranchit.

10
" All share an overall quality of linearity and graphic precision that evokes both Saint-Jouin-de-Marnes and Saint-Eutrope "

ANAT TCHERIKOVER
op. cit.

le second atelier

Un second atelier d'ymagiers remplace le premier avant que le transept ne soit terminé. Il va prendre en charge l'étage supérieur de la façade du transept, la plupart des chapiteaux intérieurs de la nef, et ceux aussi des fenêtres des façades nord et sud. Peut-être a-t-il également travaillé aux décors de la façade ouest, en lien avec le troisième atelier.

C'est que cette seconde équipe exerce son talent d'abord dans les motifs à base végétale, comme le montre l'impressionnante série des chapiteaux de la nef. La sculpture est ici empreinte de rigueur, presque toujours symétrique. Elle respire l'ordre. " *Toutes ces œuvres sont marquées par une volonté de simplification des compositions et de clarification des schémas, par un désir de rendre leur décor intelligible du premier coup d'oeil*[11] ".

11 Jacques Lacoste *La sculpture romane en Saintonge* op. cit.

Contrairement à la première équipe qui travaillait la finesse des détails d'une manière presque précieuse, la seconde offre une vue globale de ce qu'elle sculpte, où la structure visuelle, parfois sèche, s'impose d'emblée. Ceci est vrai, autant pour les chapiteaux composés de motifs, que pour ceux à figures animales ou humaines. La présence visuelle semble comme liée au volume de pierre mis en œuvre, dans une densité que le regard perçoit immédiatement.

Chapiteaux du second atelier ► 126 146

Voir les figures des dragons et des acrobates

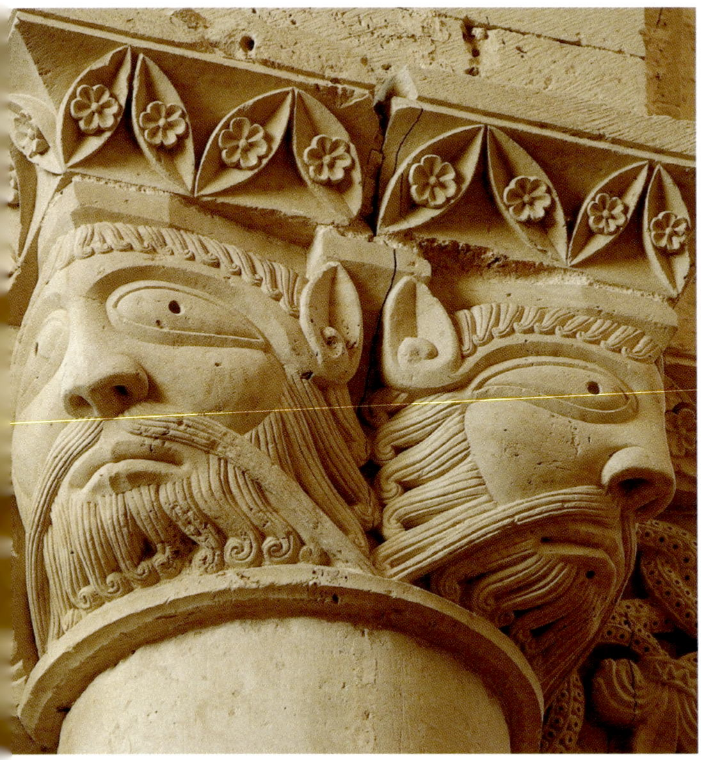

Cinquième pilier de la nef, chapiteau côté ouest

Le second domaine – plus significatif pour l'évolution de la sculpture – où les ymagiers de cet atelier développent une remarquable maîtrise est la présence des figures en trois dimensions.

Ceci est particulièrement sensible sur les chapiteaux montrant des visages, côté sud de la nef. On a mentionné déjà la loi du cadre architectural, qui impose au chapiteau sa forme globale. L'ymagier d'Aulnay la respecte, tout en donnant à sa sculpture une étonnante impression de liberté.

C'est en dupliquant précisément les deux faces du visage, en pleine symétrie, selon l'arête de la corbeille, qu'il obtient cette articulation magnifique du visage dans l'espace. Par rapport au travail du premier atelier dont les figures semblent encore épouser leur support de fond, c'est une évolution marquante.

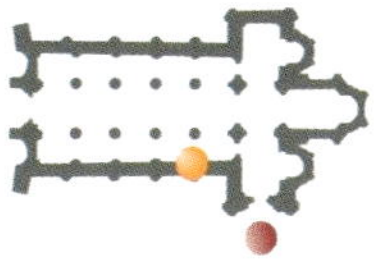

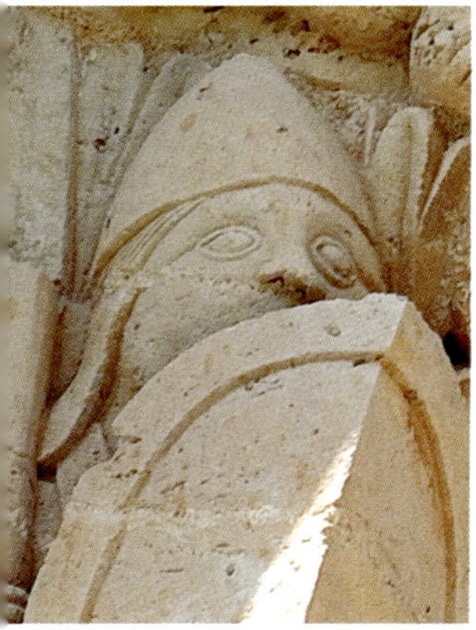

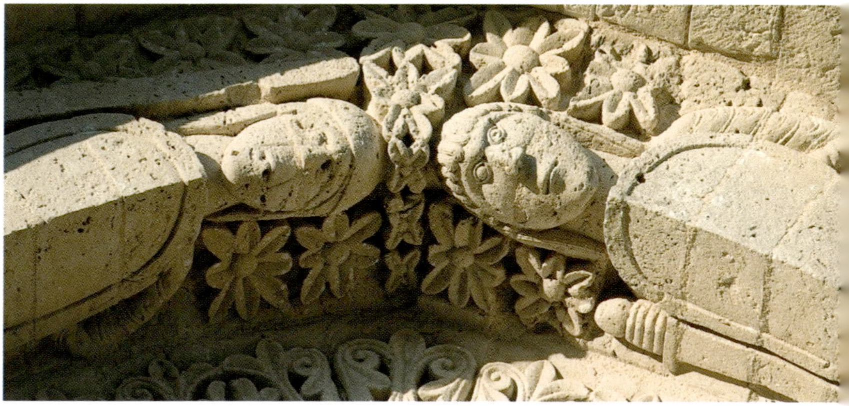

Visages des vertus, étage supérieur de la façade du transept sud, côté ouest à gauche, et au centre à droite

On notera la parenté de facture entre le visage côté ouest et celui de la nef page précédente

Mais pourtant, l'ymagier de cette équipe reste un *sculpteur de l'architecture*. Il va certes chercher à s'aventurer vers des formes nouvelles qui s'affranchissent beaucoup plus du cadre architectural, en élaborant le cycle des vices et des vertus, à l'arc supérieur de la façade sud du transept. On a déjà comparé cette réalisation à celle de la façade ouest.

Selon les recherches récentes[12], c'est la même main qui a sculpté les visages de la nef et ces vertus. On mesure l'écart. C'était comme si l'ymagier, en cherchant à transgresser l'unité architecturale, se trouvait comme totalement désemparé. Il faudra attendre le troisième atelier pour que cette rupture visuelle atteigne sa perfection.

12 Ferdinand Werner op. cit. suivi par Anat Tcherikover op. cit.

Parce qu'on a relevé des similitudes sur les types de motifs végétaux, on peut supposer que les ymagiers de la seconde équipe venaient de Saintes et notamment du chantier quasi contemporain de rénovation de l'Abbaye aux Dames. Et parce que, à peu près en même temps également, ceux qui travaillaient à la façade de la cathédrale d'Angoulême y créaient des figures en trois dimensions, on peut aussi supposer des influences.

En tout cas, la suite allait montrer que la figure monumentale allait s'imposer : au cœur d'une vraie rupture artistique dans la représentation, Aulnay sera une source de rayonnement, pour ces nouvelles ymages qui annoncent déjà l'art gothique.

le troisième atelier

L'émergence des images au sens moderne – des statues *pleines et entières* pour ce qui concerne la sculpture – peut nous sembler rétrospectivement toute logique. Saurions-nous imaginer un monde sans objets et sans outils de représentation du réel ? Mais au tournant des XIe et XIIe siècles, la voie n'est pas tracée. Peut-on discerner ce qui motive cette évolution vers de plus grandes figures, plus proches dans leur rendu d'une présence réelle ?

Jetons un regard vers l'histoire. Depuis le milieu du XIe siècle, sous l'impulsion du futur pape Grégoire VII, l'Église cherche à réformer son clergé, développer l'autorité de la papauté, mieux encadrer les laïcs aussi. Cette *réforme grégorienne* renforce le rôle de l'Église comme institution, mais aussi dans le quotidien de l'église comme bâtiment. Le portail, on l'a vu dans le parcours du religieux, devient très concrètement la voie du salut. Le message aux fidèles se doit de gagner en persuasion, en limpidité.

Le portail ouest ▸ 70
L'interprétation du portail dans le parcours du religieux

Il n'est sans doute pas innocent que les figures se développent à la cathédrale d'Angoulême, sous l'impulsion du légat du pape, l'évêque Gérard II. Mais alors qu'à Angoulême on figure de bas en haut la montée de l'église terrestre vers le Dieu révélé, à Aulnay le nouveau type de portail va se lire de haut en bas, de la terre au divin, puisque le passage de la porte symbolise l'entrée vers le Ciel.

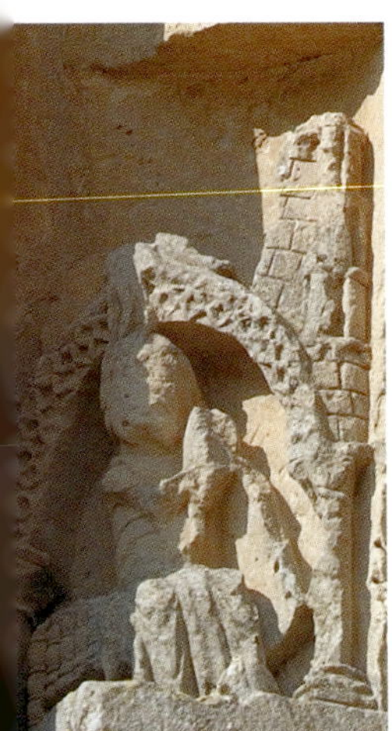

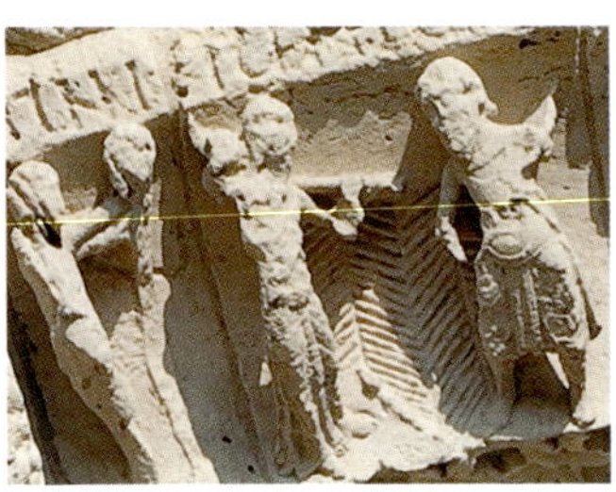

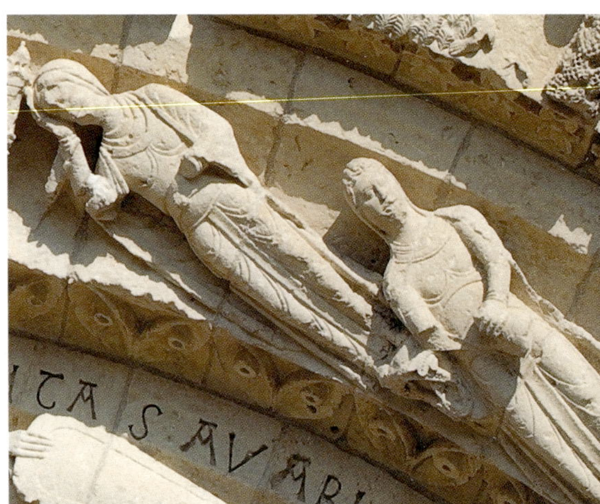

Portail ouest, quatrième voussure, à gauche la scène de janvier au bas de l'arc, à droite la scène de juin à son sommet

Portail ouest, troisième voussure, l'axe des corps et celui de l'arc

Le changement est radical. On cherche à ce que le fidèle entre dans l'église, on s'adresse donc à lui plus directement. Le programme iconographique lui-même devient plus cohérent, moralisateur. Les figures doivent aussi mieux interpeller celui qui passe. On cherche donc à les positionner comme lui, verticalement, on cherche à les détacher du support de l'arc, à les affranchir de l'architecture. Elles s'étalent maintenant sur plusieurs claveaux.

Si la courbe de l'arc continue de servir de guide, les silhouettes n'en sont pas prisonnières, comme par exemple ces vierges folles dont l'axe des corps est déporté de celui de l'arc. Et quand on traite de petites figures comme les travaux des mois à la quatrième voussure, les silhouettes de chaque côté sont verticales et sculptées sur plusieurs claveaux, alors qu'au sommet de l'arc, elles restent verticales mais sur un claveau, retrouvant ainsi l'ancien système rayonnant : l'architecture ne dicte plus sa règle.

Pour mener tout cela à bien, il fallait de nouveaux talents, spécialisés dans la statuaire en quelque sorte, capables de donner plus de présence corporelle aux corps qu'ils représentent. " *Les façades ouest de Saint-Gilles à Argenton-Château* [commune devenue récemment Argenton les Vallées] *et Saint-Pierre à Aulnay furent décorées par un tel atelier de spécialistes*[13] ". La parenté entre les deux portails est effectivement saisissante. Même s'il reste des désaccords à ce sujet entre historiens d'art, il est cohérent que pour la mise en oeuvre du cœur du message religieux, dans ce nouveau contexte plus moralisateur, les clercs de Poitiers aient choisi une équipe de leur cru, pour les deux chantiers : c'est à Aulnay et Argenton les Vallées que ce nouveau style apparaît.

Le résultat, on l'a vu dans un chapitre précédent, est éblouissant, dans le rendu des volumes, la fluidité des silhouettes, et cette sorte de mobilité fragile que les plis nombreux, aériens, savamment distribués, donnent au voile de pierre qui recouvre les corps.

13
" The western façades of Saint-Gilles at Argenton-Château and Saint-Pierre at Aulnay were decorated by such a specialist workshop "

ANAT TCHERIKOVER
op. cit.

Le rayonnement d'Aulnay ► 204

Voir la façade d'Argenton les Vallées

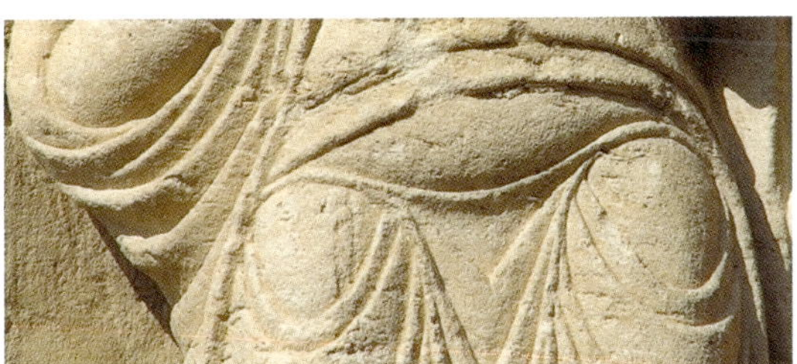

Portail ouest, troisième voussure, détail d'une vierge sage

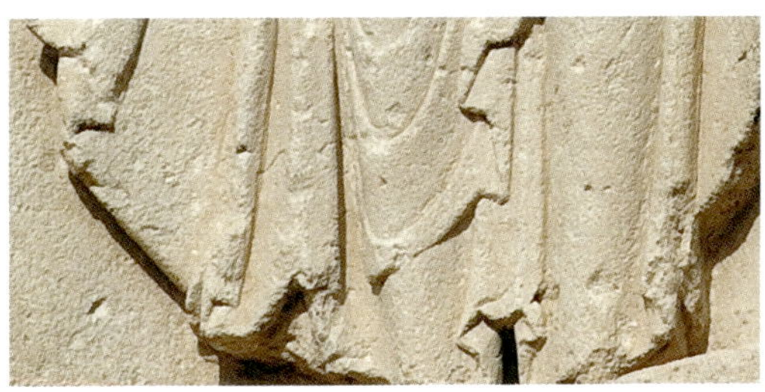

Portail ouest, première voussure, détail d'un ange

le temps de l'innovation

Il semble bien que les trois ateliers ont travaillé simultanément à la construction, ou en tout cas dans la foulée l'un de l'autre. Est-ce que la seconde équipe a réalisé le décor de la façade ouest, en coopérant avec la troisième ? Certains le pensent, mais la mise en œuvre des motifs y semble moins sèche qu'aux chapiteaux de la nef, et sans doute le troisième atelier disposait de spécialistes de l'ornement. En tout cas, il y a eu des échanges, à Aulnay, et certainement sur les chantiers avoisinants.

Mais ce qui est tout à fait remarquable, c'est que cette évolution radicale des ymages s'est produite sur une durée très courte. Anat Tcherikover pense que, vu la cohérence architecturale, le nombre d'ateliers employés et aussi l'ampleur relative du bâtiment, Aulnay s'est construite en une quinzaine d'années seulement, soit de 1120 ou peu après à 1140 environ.

Un tel foisonnement d'innovations en si peu de temps fascine. Il suggère un bouillonnement intellectuel hors du commun, une sorte de génie de la création, un cadre ouvert aussi, où les talents individuels pouvaient s'exprimer pleinement tout en se nourrissant à des échanges féconds.

Des siècles en question

Tous ceux qui viennent à Aulnay sont frappés par l'état de conservation, remarquable, de l'édifice. La cohérence qui s'en dégage, dans le parcours tant extérieur qu'intérieur, tient évidemment à cette sorte de *vérité* romane tant dans les volumes de l'architecture que dans les sculptures.
Pourtant, ce qu'on voit n'est pas tout à fait le bâtiment d'origine, les siècles – et souvent les hommes de ces siècles – l'ont quelque peu transformé, et parfois, bien qu'à la marge, dégradé.

la qualité des pierres

Cette qualité est celle du matériau et de sa mise en œuvre. " *Aulnay avait l'avantage de posséder sur place des matériaux excellents, une pierre argileuse gris-bleu et un calcaire aux tons chauds, au grain serré et fin*[14] ". On ne sait pas avec certitude d'où venaient ces pierres, peut-être de Saint-Georges de Longuepierre, le village bien nommé, à quelques kilomètres,

14 Yvonne Labande-Mailfert op. cit.

où de grands bancs de pierre calcaire affleurent et strient encore le sol. La pierre a tenu le temps, merveilleusement. Et mis à part la patine des lichens, et cet aspect buriné de trop partager l'air, la peau des pierres a préservé tous ces corps, tous ces visages, toutes ces courbes et ces lignes. Du gris à l'ocre, et dans ces infinis éclairages des heures du jour, Aulnay, on l'a dit maintes fois dans ces pages, décline sa présence en de subtiles nuances qui ne s'épuisent pas. La pierre, ici, est une expérience du corps.

Qualité de l'œuvre ensuite, des pierres assemblées. L'architecture respire cette solidité évidente quand on la parcourt. A-t-on besoin de savoir que les murs extérieurs ont quasi deux mètres d'épaisseur ? Que la longueur du transept est précisément la moitié de celle de toute l'église ? Et celle des nefs deux fois strictement leur largeur ? L'harmonie est part intégrante de ce lieu entièrement, et l'on sent bien qu'on pourrait ainsi jouer sans fin des proportions. De la cohérence à la précarité, pourtant, c'est un proche voisinage.

une histoire de clocher

Toucher à l'équilibre de l'architecture, même à peine, et tout s'effondre, de cette grandeur exacte. À force d'innovations, de tâtonnements aussi – on sait que certaines voûtes en pierre se sont effondrées – les bâtisseurs romans avaient réalisé des prouesses d'équilibre. Équilibre visuel, mais aussi maîtrise des forces qui s'opposent, des poussées des ensembles, tout ce qui fait la solidité d'un bâtiment.

Ainsi à Aulnay, la voûte en pierre de la nef centrale est contrebutée par celles, plus basses, des deux bas-côtés. Le poids de cette énorme masse de pierre se trouve ainsi réparti entre les murs gouttereaux des façades nord et sud et les puissants piliers qui séparent les travées de la nef. De même, la croisée du transept, à travers ses fortes colonnes, supporte de manière équilibrée grâce aux pendentifs, l'ensemble du poids de la coupole et du clocher au-dessus.

Gouttereau

Un mur gouttereau est un mur qui porte une gouttière pour collecter les eaux de pluie.

À l'origine, le clocher, carré, comporte à l'extérieur deux étages. Le premier s'emboîte dans la coupole, il est donc fermé : trois arcs aveugles décorent chaque face. Au-dessus, c'est l'emplacement des cloches. Six baies étroites de chaque côté, ajourées, se terminent par de petits arcs en plein cintre. Colonnes et colonnettes, aux angles et sur chaque face, achèvent l'élégance, la solidité et l'aspect fonctionnel du clocher. Une corniche à modillons couronne le tout.

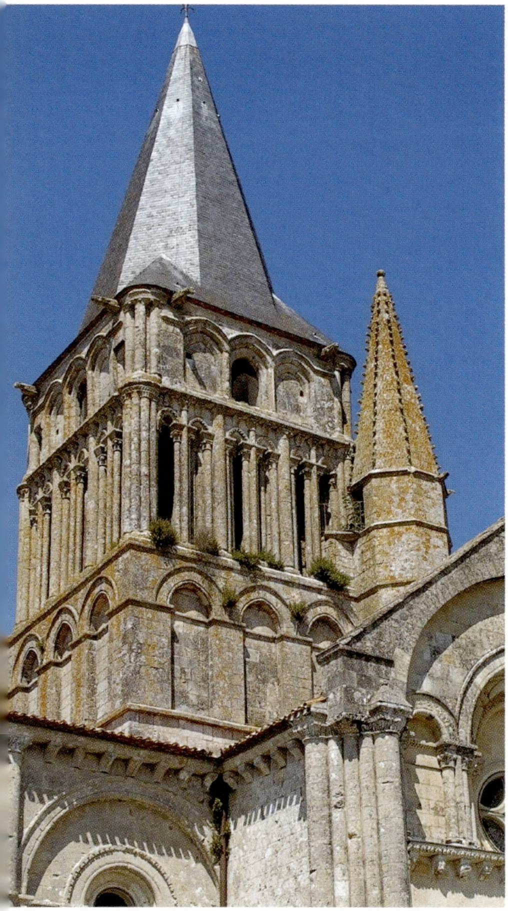

Le clocher, vu du sud-ouest

Au XIIe siècle, sur cette corniche, un toit à quatre pans, de faible pente, peu élevé, termine le clocher, donnant à l'église cette silhouette de mesure, de modestie presque qu'on a déjà relevée dans le parcours de l'espace, et qu'on trouve en bien d'autres églises de Saintonge.

Ceux de la fin du Moyen Âge (au XIVe siècle ?) avaient-ils oublié la précarité de la prouesse architecturale ? Ils ont cédé au désir du temps, qui voulait l'érection de clochers plus hauts, symboles un peu vains de la puissance humaine dans la maison de Dieu. On ajoute alors un troisième niveau de construction, flanqué de gargouilles bien gothiques, et au-dessus, une flèche en pierre à huit pans.

Du temps passe, mais la surcharge est là, qui pousse excessivement sur les voûtes, puis sur la façade, et va provoquer d'importants dégâts au XVe siècle. La flèche de pierre elle-même menacera ruine au XVIIIe siècle et sera démontée en 1756. On la remplace alors par une structure plus légère, en bois recouverte d'ardoises. C'est cette flèche que nous voyons aujourd'hui, qui fait brisure dans l'harmonie d'Aulnay. Le bouquet de cette histoire de clocher, si l'on peut dire, prend place récemment, en 1968 : la flèche est à nouveau en mauvais état, mais on la restaure telle quelle, au lieu de corriger l'erreur.

contreforts contre le désastre

Des dégâts importants ? On n'en connaît pas précisément l'étendue ni quand ils se sont produits. Vraisemblablement l'étage supérieur de la façade ouest fut largement affecté et reconstruit, peut-être en plusieurs temps. Et pour juguler cette poussée du clocher, pour éviter le pire, on appliqua une thérapie de choc, en construisant quatre contreforts massifs qui ont donné définitivement un air bâtard à cette façade auparavant d'une suprême élégance.

Les deux contreforts aux angles nord et sud ont noyé les faisceaux de colonnes qui sans doute, à l'instar de Notre-Dame la Grande à Poitiers, formaient la base des lanternons. Deux autres contreforts encadrent le portail central. Tous quatre enserrent et réduisent le décor sculpté de l'étage inférieur.

Pas de symétrie, pas de prise en compte de l'architecture, on a paré au plus pressé, sans respect de la mémoire, du sens de l'édifice. Mais au XVe siècle, ce que nous nommons aujourd'hui patrimoine culturel n'existe pas encore.

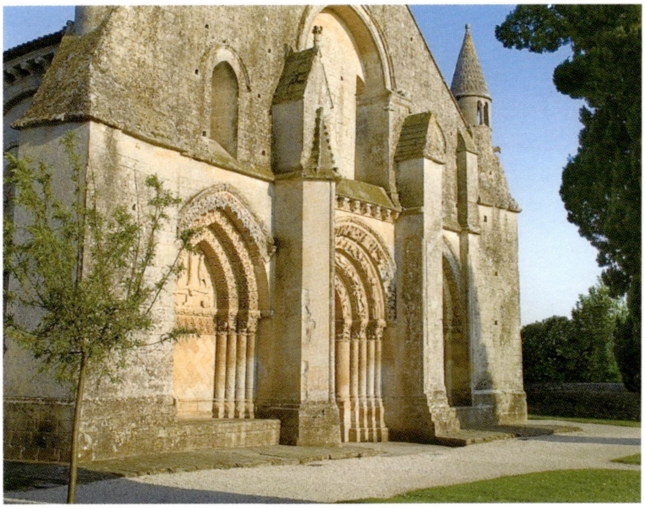

Les contreforts de la façade ouest

un cavalier perdu

On ne sait pas comment se présentait au XIIe siècle la partie haute de la façade. On la voit aujourd'hui trop austère, rigide, elle donne une impression de désert, où les sables du temps auraient englouti des merveilles à jamais. On sent bien l'incohérence des fenêtres latérales, trop étroites, et qui semblent déportées. Mais rien ne nous guide vers une reconstitution plausible.

On sait seulement que, jusqu'en 1793, la grande niche centrale abritait la statue monumentale d'un cavalier, juché droit sur son cheval : un dessin de 1788 en est conservé à la médiathèque de Poitiers. Très proche apparemment de celui qu'on voit encore au portail nord de Saint-Hilaire de Melle, il figurait Constantin, l'empereur de Rome, libérateur de l'Église. Rien ne reste de ce cavalier, hormis un morceau de l'encolure du cheval, à même le sol, à l'entrée du bas-côté nord.

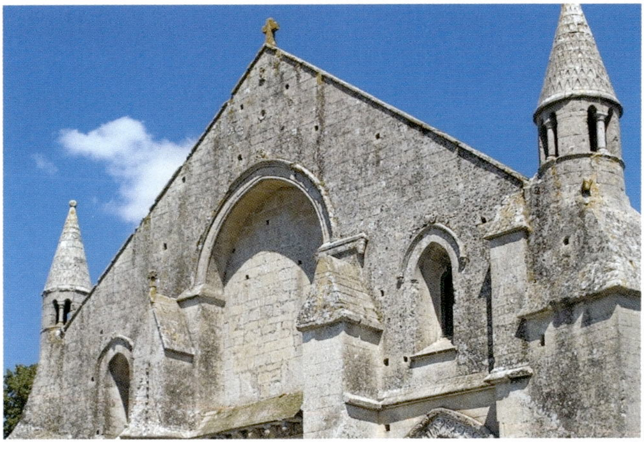

Partie haute de la façade ouest

des visages et des marches

Deux exemples encore, d'interventions bien différentes dans leur esprit, mais qui illustrent chacune un des multiples regards que l'humanité, au cours du temps, a entretenus avec sa mémoire.

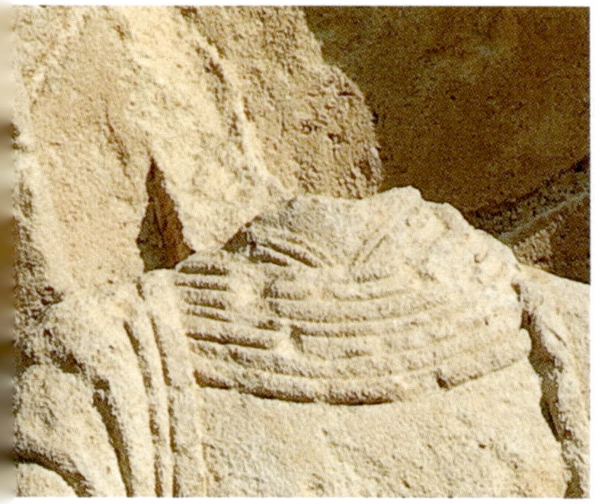

L'absence du visage, vierge folle, Portail ouest, troisième voussure

Nous sommes en 1568. La Saintonge, le Poitou sont des terres d'élection des nouvelles idées religieuses. Depuis six ans déjà sur le territoire, c'est la guerre des religions. À Saint-Jean d'Angély, la grande abbatiale est détruite par les Huguenots, d'autres édifices de la région sont aussi saccagés. À Aulnay, les réformés brûlent le couvent des Carmes à quelques centaines de mètres de l'église, massacrent les religieux. Calvin, en lecteur strict de la Bible, encourage la destruction des images. Les sculptures romanes sont une cible toute désignée. Pourtant, ils épargnent l'église ou presque : pas d'incendie, pas de destruction, seules quelques cordes sont passées autour du cou des vierges, des anges, des vertus du portail ouest. On tire d'un coup sec, et le visage tombe à terre...

Nous sommes au milieu du XIXe siècle, les guerres religieuses sont oubliées. Voilà bientôt vingt ans qu'on a créé les Monuments Historiques. Dès 1840, l'église d'Aulnay est classée sur la première liste. On protège maintenant cet art qu'on a qualifié de " roman " au début du siècle. On le restaure, on envoie sur place des architectes parisiens. Paul Abadie est un de ceux-là, réputé déjà, qui construira plus tard le Sacré-Cœur à Montmartre. Ici, en 1855, il consolide la nef et fait, faute de moyens, de menus arrangements, comme celui-ci : " *J'ai supprimé, écrit-il dans une*

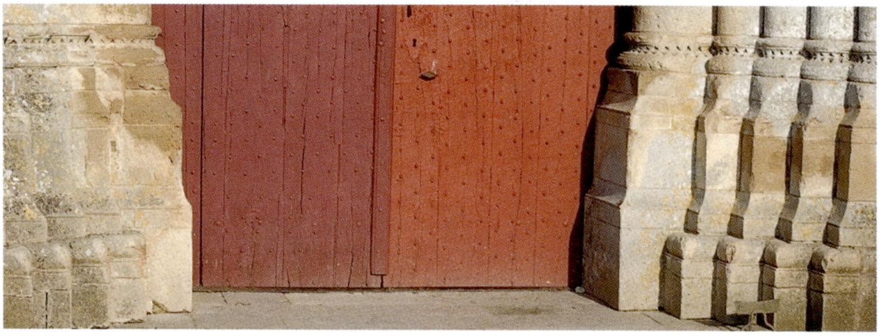

L'entrée de la porte ouest, sans les marches...

lettre, un perron qui faisait monter cinq marches à l'extérieur pour en faire descendre six à l'intérieur, ce qui est ridicule et incommode[15] ". Outre que le piédestal des colonnes, au bas du portail, s'est démesurément allongé, toute la symbolique romane du passage de la porte s'est dissoute...

15
YVONNE LABANDE-MAILFERT
Archives des Monuments Historiques cité dans Beauté d'Aulnay, op. cit.

Question pour aujourd'hui

On pourrait croire qu'aujourd'hui toutes les fées du patrimoine se penchent sur l'avenir des sites comme celui d'Aulnay, que l'on sait désormais préserver, restaurer avec discernement... Il y a ce grand engouement pour le patrimoine, des journées pour le fêter aux listes que l'humanité dresse des sites phares, de ces lieux de l'excellence de la mémoire et des civilisations des hommes.

Dans ce vaste mouvement de globalisation qui nous emporte tous, et même si l'on marque ainsi des réserves de mémoire comme naguère celles des Indiens pour les parquer, quoi faire d'autre peut-on se demander, pour éviter la table rase définitive, celle après quoi tous les immeubles, toutes les routes, tous les écrans, toutes les images du monde seront de semblables produits pour de semblables gens.

" *Les cultures du monde émigrent, à ce qu'il semble, dans les livres et les musées, où elles sont archivées, mais sans qu'aucun souffle de vie ne les anime plus*[16]. " Aulnay reste une église, encore vivante des rassemblements de chrétiens qui, là comme ailleurs, se font de moins en moins nombreux. Mais l'on sent bien que l'enjeu est plus vaste, que des œuvres comme celle-ci, emblèmes du génie humain, s'adressent à tous. Quoi faire, pour éviter la culture peau de chagrin qu'une infime élite bientôt saura seule partager ?

16
HANS BELTING
Pour une anthropologie des images
Gallimard (2004)

Le patrimoine roman a ceci de particulier qu'il est ancré dans un territoire, qu'on ne peut donc le déporter facilement dans un musée. C'est à la fois un risque et une chance. Le risque c'est que, laissé à lui-même, et malgré tous les efforts de protection qu'on voudra bien lui consentir, il ne devienne un objet étrange, étranger, incompréhensible à ceux qui viendront encore rapidement y jeter quelque regard. La chance, c'est qu'au cœur de la terre et des activités humaines, on le prenne comme source, de réflexion pour aujourd'hui, d'image, d'élément de développement même, d'un ici ouvert à l'ailleurs, croisant dans des échanges les identités relatives d'un monde à venir.

Quand on s'éloigne
on sait bien que plus tard, dans la mémoire,
de ces instants lumineux resteront des bribes seulement
comme l'insaisissable toucher mobile d'un visage,
l'amour en plénitude
l'essentiel effleuré que la vie désagrège

Qu'était-ce, à midi,
cela qui striait de sa fulgurance l'espace
qui subjuguait comme une image,
cela qui vibrait
comme un chant qu'on ne pouvait résoudre ?

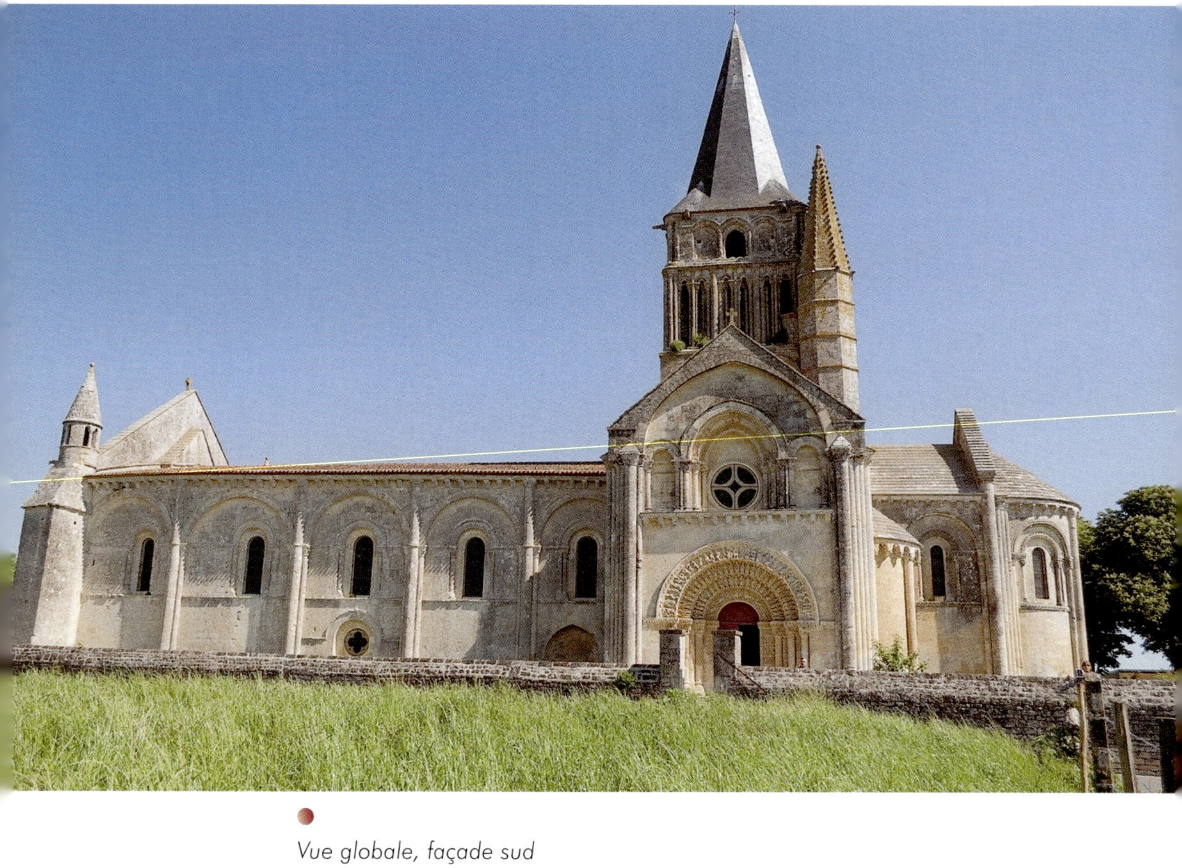

Vue globale, façade sud
L'ensemble des rythmes d'hommes,
là, sur la terre vivante

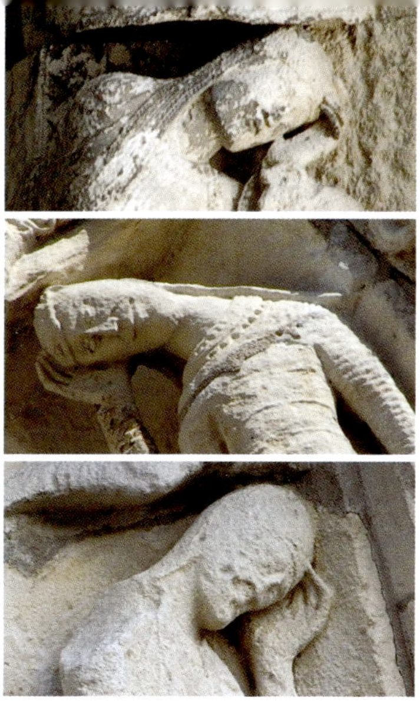

Vierge folle, détail :
- *Pont-l'Abbé-d'Arnoult,*
- *Corme-Royal,*
- *Chadenac*

La main qui porte le désespoir du visage
le même geste semé, repris, essaimé...

Rayonnement d'Aulnay

Apogée du second art roman de l'ouest de la France, Aulnay a bénéficié, on vient de le voir, de sa position charnière : en Poitou, mais de Saintonge. Lieu d'échanges, de confrontation des ymagiers, de collaboration peut-être, l'église s'est enrichie de plusieurs styles sans perdre de sa cohérence.

Creuset d'un accomplissement sculptural hors du commun, Aulnay, logiquement, a essaimé sur une aire géographique très large. On retrouve des parentés directes du style d'Aulnay, du nord des Deux-Sèvres au sud de la Gironde. Est-ce qu'Aulnay en est l'unique modèle ? Bien difficile de l'affirmer, tant les documents sont rares et les datations précaires. Vu la plénitude et la quasi-perfection qui émanent de ses ymages, on a tendance – trop peut-être – à la considérer comme source unique. En tout cas, Aulnay est ce qui nous reste de plus probant de ce style, et ce lieu fut, incontestablement, un grand pôle d'inspiration.

Les pages qui viennent vous convient, de village en village, à prolonger le voyage, à tisser ensemble d'autres pierres romanes, parentes, mais singulières. Il n'est pas question ici d'exhaustivité – il y faudrait un autre ouvrage – et l'approche plus ou moins concentrique autour d'Aulnay n'a d'autre cohérence que celle, pragmatique, de l'itinéraire. C'est un appel au parcours de ces terres parfois désertes aujourd'hui, mais qui ont foisonné au XIIe siècle d'un esprit fertile d'innovation. Les échos de ces pierres renvoient, dans ce dialogue du sensible et de l'intelligible qu'on a voulu dans ce livre, à des fêtes du regard encore, aux retrouvailles du temps et des territoires, qu'on pourra prendre comme des instantanés vécus çà et là, manière de lueurs bienfaisantes.

Le proche voisinage

Salles lès Aulnay

Des blés aux peupliers, descendre vers Salles,
vers les roses trémières, les maisons de calcaire dans le détour du cœur
les petites fenêtres et ces visages parfois, derrière les rideaux.

C'est à deux pas, un village si proche qu'il a fusionné avec Aulnay. Les pèlerins qui empruntent l'officiel – le balisé – chemin de Saint-Jacques, y descendent en traversant au printemps les champs de blé. L'église y est serrée dans les maisons, tellement que pour admirer les modillons du chevet, il faut patience et jumelles, arpenter les ruelles, chercher la vue...

Mais côté ouest, on entre dans une petite cour d'herbe, devant une façade simple, avec en son centre un portail qu'on croit de loin seulement orné de motifs géométriques. On s'approche. À l'entrée de la porte à gauche, à hauteur de regard, voici une frise de petits personnages, qui se font face deux à deux, abrités sous des arcades et tenant chacun d'une main un chapiteau. C'est la réplique de celle au bas de la fenêtre centrale de l'abside d'Aulnay. La pierre est ici plus érodée, la séquence est plus courte,

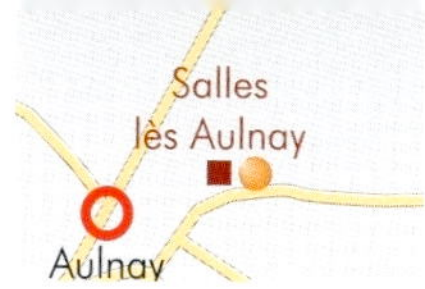

comme un écho modeste mais qui frappe par sa similitude.

Juste à gauche de la frise, un chapiteau coiffe la colonne au nord du portail. Quatre dragons se font face deux à deux, ils crachent le feu semble-t-il, et ce feu qui sort de la gueule de l'un s'emmêle à celui de l'autre, devient entrelacs, les fait se tenir ensemble. Le sujet n'est pas ici copié directement d'Aulnay, mais la parenté du style impressionne. Cet aspect fouillé de la sculpture, les petites figures et ces entrelacs proches des manuscrits rappellent les chapiteaux du chevet.

Aux dires des chercheurs, ce sont les ymagiers du premier atelier qui ont œuvré là, sur ce portail, tout comme ils l'ont fait à l'abside, de l'autre côté de l'église, dont les trois fenêtres ont la même vivacité qu'à Aulnay. Découvrir ainsi, une première fois au détour d'un regard, qu'indubitablement ce qu'on voit est de la même main qu'ailleurs, est un moment rare. Comme si soudain une présence émergeait, cachée encore, mais qui allait bientôt abolir l'anonyme. Comme si dans notre cheminement, réel d'un village à l'autre, et mental pour aller vers lui, le reconnaître, l'ymagier prenait chair, venait sur le chemin près de nous...

Il faut entrer dans cette église de Salles, pour le charme et le frais de sa nef étroite, pour les vieilles plaques tombales sur lesquelles on marche et pour les chapiteaux à l'entrée du chœur. Observez bien ces monstres dévorants, ces sirènes oiseaux barbues et bouche ouverte, ou bien encore ces griffons affrontés, aux ailes menues, aux serres imposantes. Voyez les traits un peu secs, la maigreur presque de leurs membres, le frêle des silhouettes. Ces ymages sont puissantes aussi, mais d'un autre talent. Et dire cette filiation serait vraiment une autre histoire...

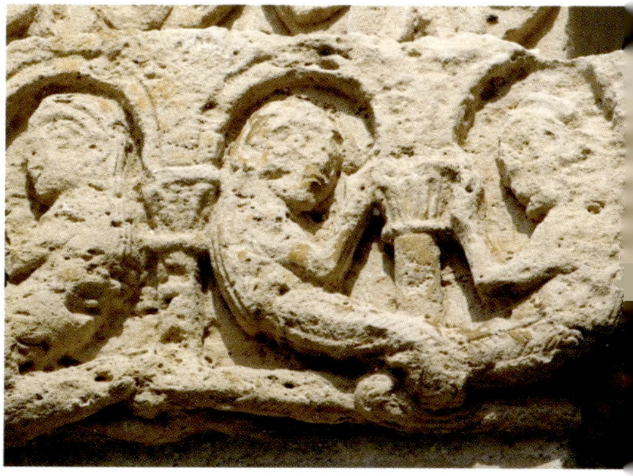

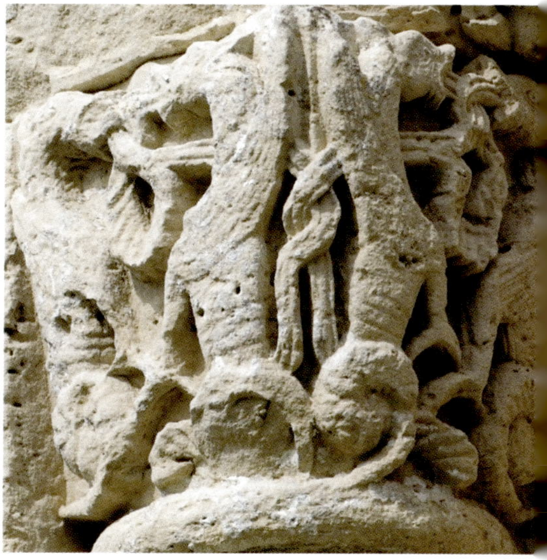

- *Frise, nord du portail*
- *Chapiteau nord du portail, dragons et entrelacs*

Aulnay,
La fenêtre centrale
de l'abside ► 55

Saint-Mandé sur Brédoire

De l'église on fait le tour pour comprendre les pierres
et ce sont celles des maisons qui nous arrêtent
dans les cours enchevêtrées, les pans de murs, milliers de pierres modestes
dans l'ocre du soleil, bien à l'abri de leurs séculaires voisines.

Cul-de-four

Par analogie peut-être au four à pain, se dit d'une abside dont la voûte est formée d'un quart de sphère.

Poursuivons notre route, celle qui mène, en ces lisières du Poitou, à la forêt d'Aulnay. Juste trois kilomètres, dans le plat de cette vallée de la Brédoire qu'on voit à peine, voici le village. Au carrefour on s'arrête. Sur un petit tertre à gauche, on découvre d'un regard la façade sud de l'église. Si vous disposez d'un peu de temps avant sa visite, marchez deux cents mètres environ sur la route qui va vers Contré, à droite s'ouvre un chemin de terre. Prenez-le, retournez-vous, regardez le village qui vous apparaît étrangement comme étagé, les toits de tuiles laissant à la silhouette romane sa place au centre, nimbée de lumière.

Aulnay,
Les dragons ► 126

L'église est modeste, une nef unique, pas de transept, une abside élégante voûtée en cul-de-four. La seule entrée est au portail sud. Avec une série de modillons à l'étage supérieur, c'est ce portail à trois voussures qui est peuplé d'ymages. Son organisation est très proche du portail sud d'Aulnay : claveaux rayonnants, colonnes des chapiteaux décorées de nervures. Les sujets traités sont aussi inspirés d'Aulnay : sur les deux voussures extérieures, des monstres dévorants, des dragons, serpents, une sirène poisson...

Au premier abord, on lit cette sculpture comme un peu naïve, fraîche, sorte d'art brut avant la lettre. Certains y ont vu de la gaucherie, une co-

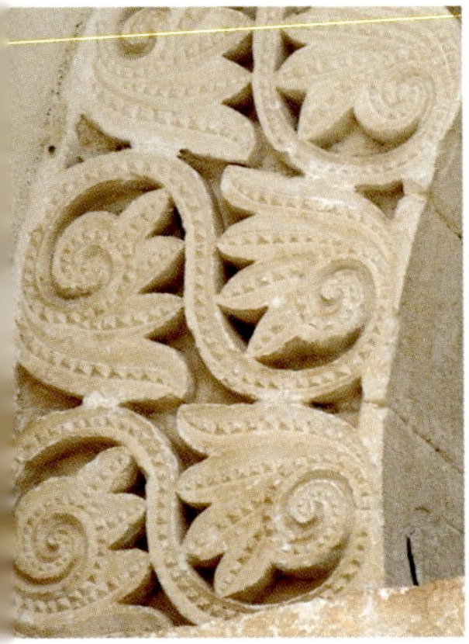

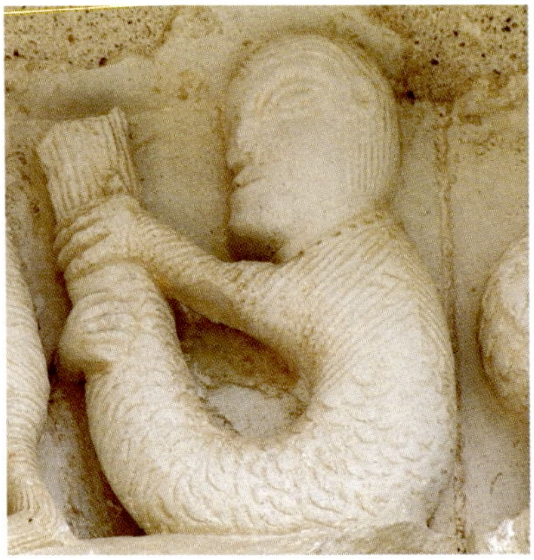

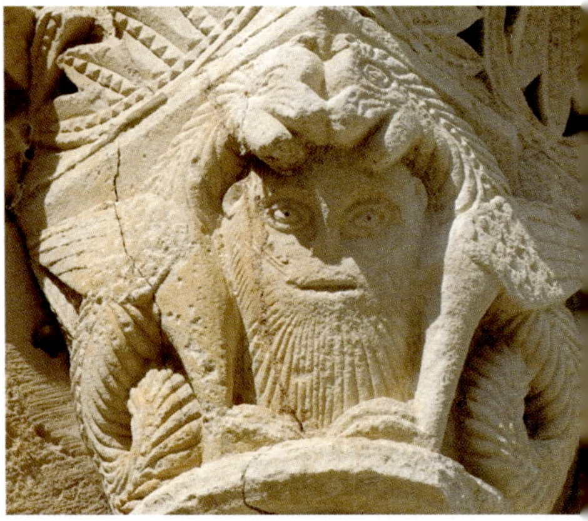

- *Motif, première voussure*
- *Sirène, seconde voussure*
- *Visage et dragons, chapiteau est*

pie servile mais dégradée de l'illustre voisine. Pourtant, les plus récentes recherches affirment que ce sont les ymagiers du second atelier qui ont élaboré ce portail. Aiguisons un peu notre regard. La première voussure est ornée d'un décor végétal, de motifs en S perlés. La facture se rapproche bien de la rigueur un peu sèche des chapiteaux de la nef d'Aulnay. Les éléments du bestiaire figurés ici, par exemple les dragons qui enserrent le visage d'un homme au chapiteau côté est, ont cette plénitude lourde des volumes qu'on trouve aussi à cette même nef.

Rappelons-nous, ce second atelier, empreint d'influence antique pour le décor végétal, maîtrise admirablement les chapiteaux, il s'essaie à la figure, mais l'image le déroute. Peut-être ces ymagiers ont-ils été fascinés par ce portail sud d'Aulnay que leurs prédécesseurs sur le chantier avaient créé. Ils empruntent ici la même voie, sans atteindre leur modèle, en transposant tant bien que mal leur maîtrise des volumes sur le plat des claveaux.

Maîtrise des chapiteaux ? Entrez à l'intérieur et voyez au sommet d'un pilier côté nord ces oiseaux sur leur nacelle de feuillage. C'est bien la même main qu'à Aulnay, sur un volume plus restreint... Bonheur de ces pierres romanes, qui nous révèlent les périples d'antan des bâtisseurs.

Contré

Dans le voyage on se demande à l'un ou l'autre moment le pourquoi de la quête
ce qui fait le bonheur entre la lumière et l'ombre
entre l'évidence d'un corps abreuvé et ce qu'on ignorera
comme le silence scellé sur la mémoire.

Vers Contré donc, deux kilomètres peut-être, et c'est un autre lieu roman, le chemin vous offre à foison des écrins de solitude. Venir ici pour le patrimoine, c'est aussi découvrir ces quelques rues en courbe, ancrées dans le paysage, dans les âmes de ces gens peu nombreux qui vous saluent.

On a fortifié l'église Saint-Bernard d'ici, à la fin du Moyen Âge. Imagine-t-on la densité vivante d'une communauté que l'église protège des malheurs de la guerre ? Où vont ces territoires, maintenant que leurs habitants s'amenuisent ?

Vous découvrez l'aspect massif du bâtiment par le nord, vous le contournez, vous montez une sente de terre, le soleil blanchit presque la façade sud, vous allez vers le portail, les ymages sont là-bas. Mais un visage à

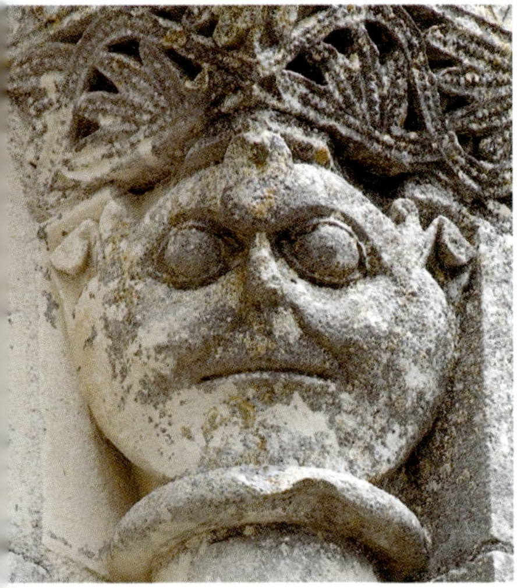

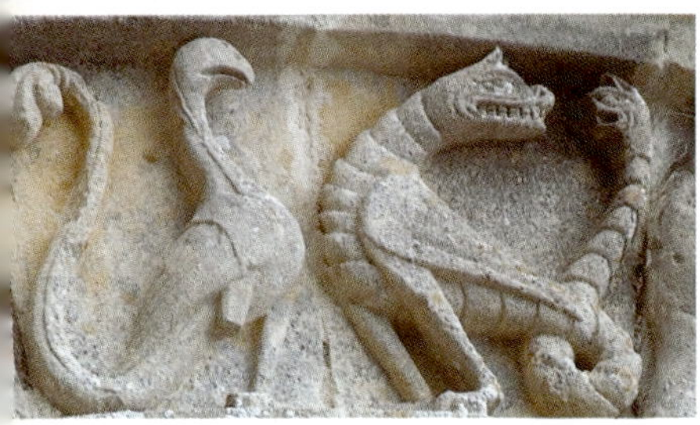

• *Goule, chapiteau est, fenêtre sud de l'abside*
• *Oiseau et dragons stylisés, troisième voussure du portail*

droite vous arrête, juché sur sa colonne à la fenêtre, couronné d'une frise végétale. Est-ce le diable, cette *goule* aux joues pleines, sereine, narquoise presque ? Ce sont les mêmes ymagiers qu'à Saint-Mandé croit-on, ceux du second atelier d'Aulnay, qui ont œuvré ici. Ce chapiteau est une forme accomplie de leur style, symétrie parfaite, présence en profondeur dans le peu d'espace disponible.

Allons vers le portail maintenant. Comme à Saint-Mandé, trois voussures et la même structure rayonnante. Le modèle, visiblement, est aussi le portail sud d'Aulnay, et comme à Saint-Mandé on y trouve côte à côte des motifs végétaux bien maîtrisés et des figures du bestiaire. Celles-ci sont traitées différemment, avec plus de précision, des attitudes parfois maniérées. Mais il y a encore ici quelque rudesse, quelque incertitude, qui se mêlent à l'envolée des formes. Comme si la courbe était juste, et parfois l'expression même, mais qu'une part manquait pour atteindre au sublime.

Poignante transparence de l'œuvre d'art, à peine discernable parfois, qui fait d'une ymage un absolu. On sent qu'ici l'ymagier l'a cherchée longtemps, qu'il s'en approche, la côtoie par instants et tout autant qu'elle lui échappe. Heureux temps où dans chaque architecture d'un voisinage à l'autre, on tentait d'atteindre ainsi le chant le plus fertile d'humanité.

Vinax

Vinax, l'improbable,
l'exigu chant des pierres grises, leur mémoire
qui vient comme un ressac entêtant se perdre à l'orée des arbres
Et nous ici dans l'impuissance du monde à venir,
du temps passé.

Plus loin encore, et juste avant qu'on ne s'enfonce dans la vaste forêt qui fait encore frontière dans le cœur, l'église de Vinax est posée là, à même les blés, tel un signe humain dérisoire dans une immensité de nature. Il ne faut pas venir ici pour le spectaculaire de l'édifice – il est si modeste, ou des ymages – si peu nombreuses. Ni même pour décrypter avec précision

Les amoureux ► 140

les influences d'Aulnay. Elles sont évidentes, mais restent imprécises. Il faut venir pour ce que donne à rêver ce lieu, ce chant de la précarité humaine qu'il met à vif par son dénuement même.

Vinax est à peine un village, quelques maisons en grappe. Ce que l'on voit, qui barre le regard, c'est la lisière dense des arbres et comme au milieu de rien cette bâtisse simple dont il ne reste de roman que le chevet. On marche autour le cœur serré, on songe à ces pèlerins d'autrefois qui sortaient là de l'épreuve angoissante de la forêt, courant peut-être en riant vers cet abri de prière.

Alors même qu'on est au cœur d'une campagne paisible, on se sent ici radicalement ailleurs, de plain-pied avec la solitude, avec les violences qui ont presque détruit ce lieu, avec la ténacité de survivre aussi. On marche autour, voici la corniche de l'abside, son unique fenêtre à la simple courbe de pointes de diamant. On marche, et dans la lumière les grandes goules encore, aux yeux proéminents, aux seuls traits premiers sur le visage qui en font comme des masques de quelque peuple lointain. Ailleurs radicalement, à quelque extrémité dans le ténu du monde, les pierres obstinément disent ce qui nous ressemble.

Viennent les amoureux, au modillon comme à Aulnay, et leur embrassade fougueuse. Si jumeaux l'un de l'autre, comme au-delà du sexe, comme un signe d'énergie pure dans cet univers qu'on pressent dévasté, en sursis, dans cette compagnie millénaire des arbres et des pierres.

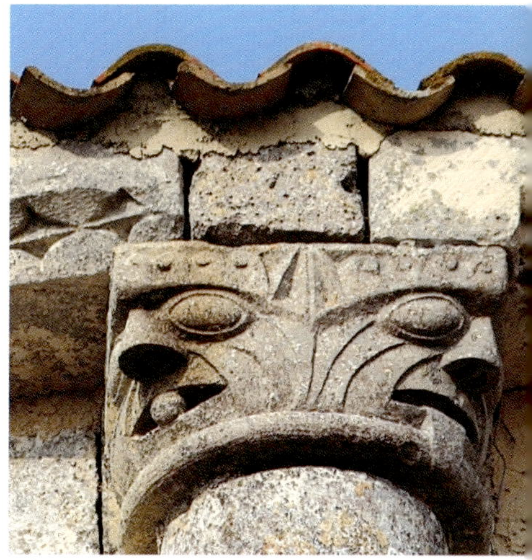

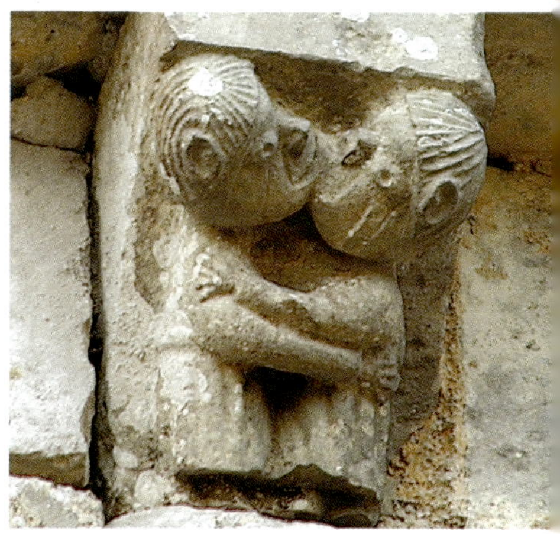

- *Goules, pilier nord de l'abside*
- *Amoureux, modillon de l'abside*

Nuaillé sur Boutonne

Vous cherchez dans le dédale des figures la cohérence de l'histoire,
au dehors, la rumeur du village et la rumeur de l'eau,
à vos yeux, les pierres qui frissonnent sous la poussée d'un impossible souffle.

Nous voici à six kilomètres d'Aulnay, mais à l'opposé de Vinax, vers l'ouest, tout au bord de la Boutonne, cette rivière insaisissable et qui s'émiette en de multiples bras invisibles. Quelques maisons groupées, pour certaines d'anciens moulins que l'eau traverse. L'église est à peine plus grande

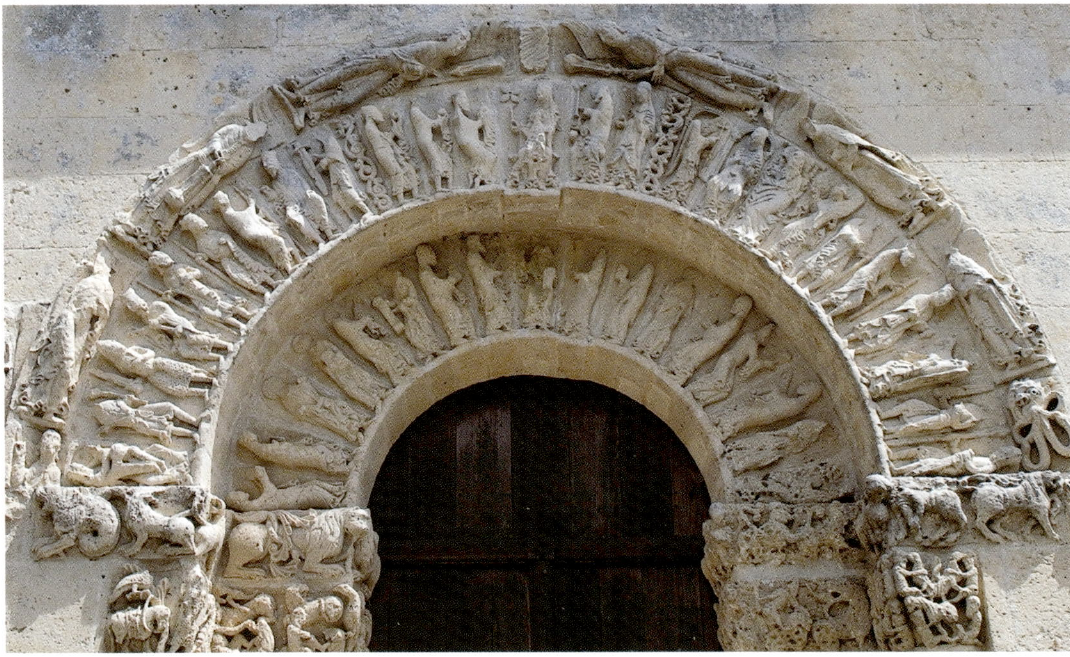

• *Le portail ouest*

qu'une maison, tout au bord de la route. Une seule nef peu large, prolongée par le chœur en hémicycle. Plus de voûte en pierre, plus de clocher. Et l'édifice est comme engoncé dans les maisons voisines.
Pourquoi venir alors ? C'est qu'il y a ici un trésor de fraîcheur, de vivacité : le portail ouest. Pas très grand ce portail, trois voussures seulement, quelques chapiteaux, mais qui pourtant nous plongent au cœur de l'évolution des ymages romanes. Nuaillé prolonge en quelque sorte l'aventure d'Aulnay.

Approchez-vous de ce portail, montez les quelques marches. Vous voici tout près des chapiteaux. Voyez à droite, malgré l'érosion de la pierre, ces petits personnages dévorés par des lions, ou bien à gauche, ce chevalier en cotte de mailles qui lutte contre le dragon. Ce saint Georges est bien proche de celui d'Aulnay, et surtout c'est ici la manière des ymagiers du premier atelier, cette virtuosité dans la miniature, dans la parure fouillée de la forme architecturale.

Certains chercheurs pensent qu'ils ont fait là un effort d'innovation pour tenter de suivre ces nouvelles ymages qui voyaient le jour à Aulnay sous l'impulsion du troisième atelier. Tentons de suivre cette piste. Le portail d'abord, à grands traits. Les deux voussures intérieures sont à claveaux rayonnants. En bas, le Christ est au centre, avec à sa droite saint Pierre qui porte les clés. Tout autour, des apôtres dont certains échangent entre eux. Les silhouettes sont fluides, les drapés et les plis très travaillés, et les postures variées dans le cadre étroit des claveaux.

La seconde voussure au-dessus comprend vingt-sept claveaux. Si la sculpture s'inscrit toujours dans le cadre architectural (une figure par claveau), l'ymagier raconte ici une histoire, celle de l'enfance du Christ, à travers une suite de scènes dont la disposition a longtemps semblé embrouillée. Dans la partie haute de l'arc, deux claveaux à droite et à gauche sont décorés d'entrelacs : ils séparent la voussure en trois parties. Au centre, la vierge et l'enfant, près d'elle l'étoile qui a guidé les trois mages qu'on voit apporter leurs présents. Le reste se lit, dans la chronologie évangélique, en alternant les deux parties basses : à droite, près des entrelacs, l'Annonciation, puis à gauche, les mages qui viennent demander au roi Hérode où est l'enfant. À droite, un ange avertit Joseph en songe de fuir en Égypte, et un autre prévient les mages de retourner chez eux directement sans revenir voir Hérode. Enfin celui-ci, en bas de la voussure, à gauche et à droite, ordonne à ses soldats le massacre des enfants innocents.

Organisation compliquée donc, mais qui est une tentative de sortir du carcan des claveaux pour dérouler une histoire. Ici, les expressions des ymages ont cette puissance de celles du portail sud d'Aulnay, notamment dans les visages, et cette capacité de mettre en scène le mouvement. Autre parenté, les plis *en queue d'aronde* des vêtements, si semblables par exemple à ceux de la princesse que sauve saint Georges à l'absidiole nord d'Aulnay.

Ces ymagiers de la première équipe, peut-être influencés par les *grandes figures* que d'autres à la façade ouest mettaient en œuvre, ont élaboré ici une troisième voussure étroite qui couronne le tout. On y voit six anges portant l'encens, sculptés cette fois le long de l'arc, et qui semblent donc en rupture visuelle avec les voussures précédentes. La sculpture rayonnante, ici à son apogée de précision, cherche à représenter autrement, dire une histoire, et bascule vers un autre univers visuel.

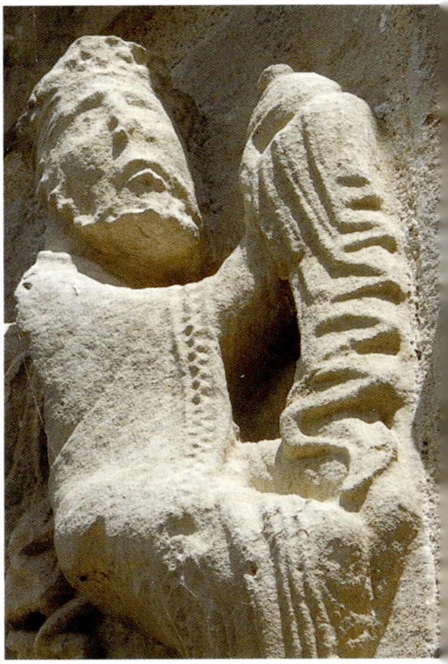

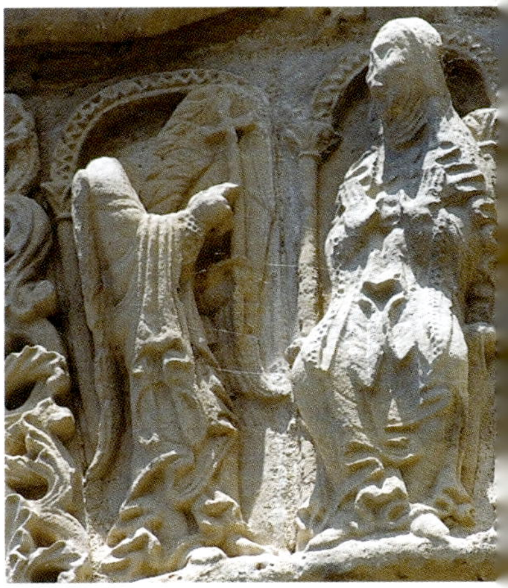

- *Mage offrant son présent, seconde voussure*
- *L'Annonciation, seconde voussure*

Aulnay,
Les plis de
la princesse ► 141

La Vierge et l'ange, comme la plupart des personnages, ont des vêtements plissés comme ceux de la princesse qu'on voit à Aulnay

Saint-Pierre de l'Isle

Il semble n'y avoir ici que ces pierres et l'eau
et c'est comme un dialogue intime qui vous traverse, que vous n'arrêtez pas
Il y a le temps de l'eau qui passe et selon les saisons respire,
celui des ymages, le presque immuable des siècles
et votre corps et sa peur de déranger cet ordre de l'espace.

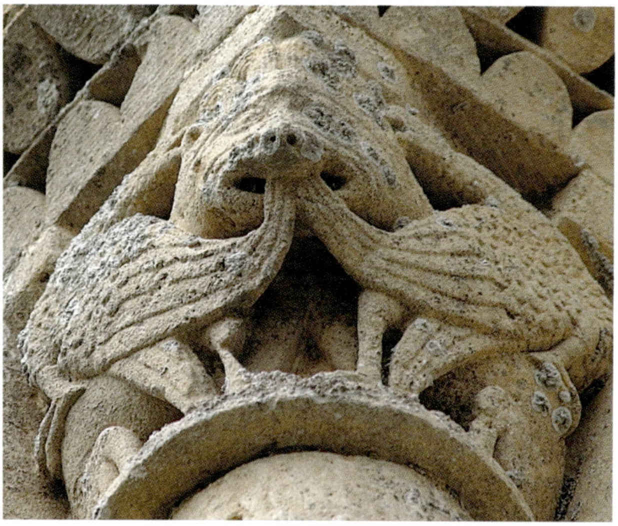

• *Oiseaux et monstres mêlés, fenêtre de l'abside*

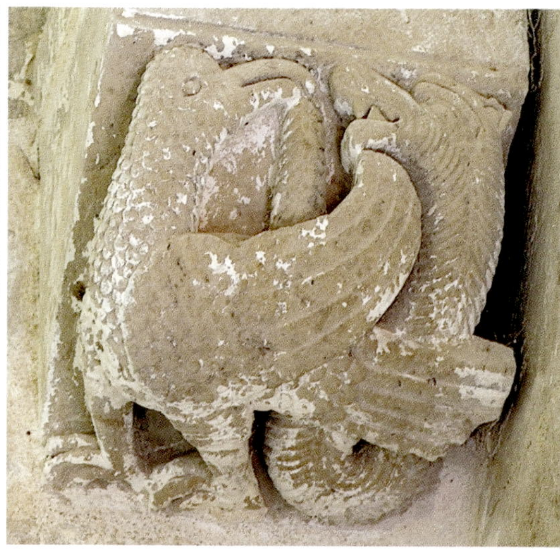

• *Oiseau et dragon, console du mur sud*

Passez les bras de la Boutonne, puis remontez sa rive droite. Moins de trois kilomètres, et après quelques maisons saintongeaises, voici l'église de Saint-Pierre de l'Isle. Petite allée d'arbres, vaste place enherbée et près du chevet un bief de la Boutonne qui sort d'un ancien moulin tout proche : le calme de la vie rurale semble ici suspendu, hors du temps.

Mais l'agrément du paysage n'est pas le seul attrait du site. Si elle reste à l'échelle de son village, l'église est attachante. Donnée au tout début du XIIe siècle à l'abbaye de Saint-Jean d'Angély, elle fut ensuite reconstruite, puis rehaussée et remaniée au cours du temps. Deux voussures seulement ornent le portail ouest de motifs géométriques. La précision du trait est manifeste, et sur la voussure inférieure, les pétales du motif floral ne tiennent aux claveaux que par leur extrémité. Exploit technique de l'ymagier, pour une légèreté remarquable du rendu.
Les chapiteaux du portail montrent au nord un démon mordu par deux basilics et au sud le Christ entouré des saints Pierre et Paul. On perçoit dans

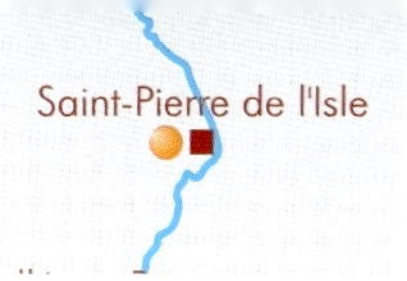

toute la sculpture un aspect très élaboré, fini : l'ymagier maîtrise sa technique. C'est encore plus vrai à l'intérieur, où les consoles qui soutiennent de chaque côté de la nef des colonnes jumelées sont sculptées parfois de grandes scènes, comme le combat entre deux hommes armés de fléaux et de petits boucliers, ou celui d'un chevalier contre un dragon. Cet art semble déjà classique, et les historiens de l'art le datent de la seconde moitié du XIIe siècle.

La filiation avec Aulnay n'est donc pas directe. Mais les influences sont repérables. Par exemple dans cette console du mur sud, où l'oiseau et le dragon qui se font face rappellent dans leur densité les animaux des chapiteaux de la nef d'Aulnay. Au chevet d'autre part, les trois fenêtres de l'abside possèdent des chapiteaux de même facture.

Quelques décennies après qu'à Aulnay on eut créé avec génie un art nouveau, les ymages romanes ici sont déjà d'une beauté traditionnelle. Comme si l'esprit des hommes s'était un peu lassé, comme s'ils avaient dilué leurs forces à trop explorer ce modèle autrefois fascinant.

Plus loin...

Varaize

De loin posée dans le village comme au plat de la main
l'église fait cette ombre qu'à l'avancée des pas on dévoile comme un corps
le regard détaille alors les affres du temps, les merveilles demeurées là, les blessures
et l'on se prend de compassion presque, dans la tendresse du soleil,
pour ceux qui ont créé ce lieu, qu'on a défiguré, qui malgré tout survit.

À huit kilomètres à l'est de Saint-Jean d'Angély, au bord de l'antique voie romaine de Saintes à Poitiers, Varaize apparaît aujourd'hui comme un bourg tranquille. Donnée à la fin du XIe siècle par un seigneur du lieu à la grande abbaye voisine, l'église fut reconstruite au XIIe par les bénédictins, sans qu'on ait d'indications précises.

Elle est assez vaste, c'est un des rares édifices romans de Saintonge à posséder deux bas-côtés en plus de la nef principale, et sa silhouette impressionne quand on la découvre du nord, au bout d'une vaste esplanade d'herbe. En s'approchant, on distingue çà et là des reprises dans l'appareil : le bâtiment a beaucoup été remanié au cours du temps, on a

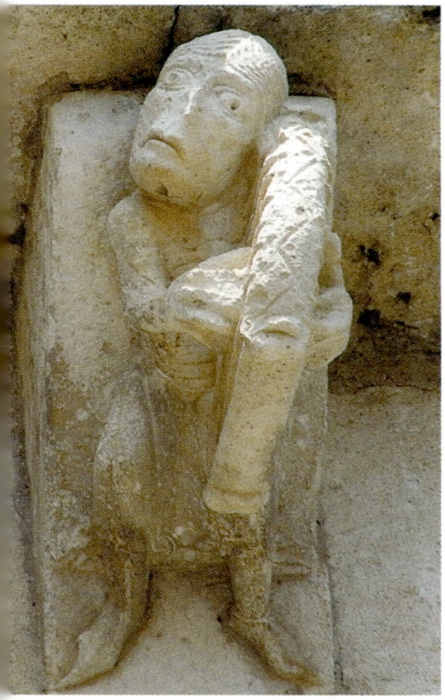

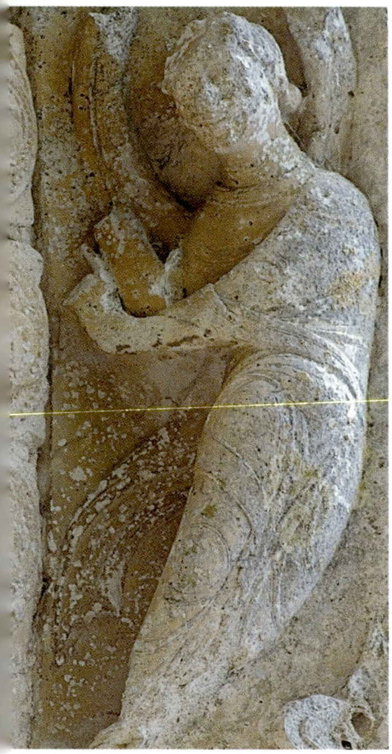

• *Musicien, modillon de l'abside*
• *Ange,*
cinquième voussure du portail

par exemple rehaussé le transept et l'abside pour y construire des chambres fortifiées. D'autre part, des restaurations dont certaines très malvenues entachent l'appréciation sereine des sculptures. Pourtant, il émane de Varaize un charme puissant, qui tient à l'intégration de l'église au village et à la force des ymages romanes qui nous restent.

Nous avons traversé la place et voici le chevet. Regardez les modillons à la corniche de l'abside. Au nord-est d'abord, trois sont remarquables : à gauche près d'un pilier, un dragon dressé, menaçant, devant lui sur un autre modillon, saint Georges, son épée et son bouclier, puis en arrière la princesse. Voyez les plis au bas de son vêtement, le style est le même exactement qu'à Nuaillé et Aulnay.
Ce sont les ymagiers de la première équipe d'Aulnay qui sont venus ici. Côté sud, les modillons alternent différents sujets dont des monstres dévorants. Sur un musicien qui joue de la *rote*, cette sorte de harpe médiévale, on retrouve cette expression poignante du visage et ce souci des détails (cheveux, attaches des cordes) qui sont l'empreinte de cette équipe.

Avançons vers la façade sud, là où les ymages s'épanchent à la lumière. Le portail, richement décoré, présente cinq voussures. Il est surmonté d'une corniche qui rappelle l'Abbaye aux Dames de Saintes, où des animaux et de petits personnages sont tenus ensemble par des entrelacs. Le portail combine, un peu comme à Nuaillé, deux influences d'Aulnay. La troisième voussure est un système à claveaux rayonnants avec des motifs en S très proches de la façade ouest. Sur la quatrième voussure, l'organisation est la même : de chaque côté de l'arc, ce sont les vieillards de l'Apocalypse qui sont figurés et au sommet le Christ et des saints. Virtuosité des drapés, les mêmes qu'à Nuaillé : l'ymagier, âgé déjà peut-être, qui avait œuvré à Aulnay et Nuaillé est ici au faîte de son talent.

Sur les trois autres voussures, c'est le portail ouest d'Aulnay qui sert de modèle. En bas, des anges adorateurs entourent l'agneau pascal. Au-dessus, on retrouve le combat de quatre vertus contre les vices. C'est là que les restaurations (du tout début du XXe siècle) sont le plus exaspérantes. Elles donnent cependant à voir l'écart immense entre ce que cherche à signifier la fluidité mince des vertus romanes et le rendu quasi photographique de celles restaurées.

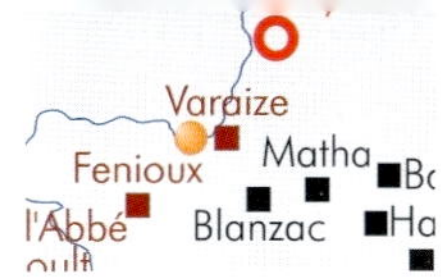

C'est peut-être à la voussure extérieure, plus étroite, qu'on peut admirer le mieux, dans les figures des anges porteurs d'encens, ces *nouvelles ymages* que le portail ouest d'Aulnay a mises au goût du jour quelques années plus tôt. Élégance des gestes, allongement des corps, légèreté presque aérienne de la pierre, comme si l'ymage était proche de la musique intérieure de l'âme... On ne saura jamais si c'est un " vieil ymagier " de la première équipe d'Aulnay qui a su enfin créer ces ymages sublimes, ou si les plus jeunes sont venus épauler les anciens pour cette œuvre aux résonances multiples.

Entrez enfin prendre l'ombre et le frais. L'ampleur des arcades impressionne. Observez les chapiteaux de la nef, ces motifs végétaux bien affirmés, peuplant les volumes dans leurs symétries : peut-être finalement les trois ateliers d'Aulnay sont-ils venus ici...

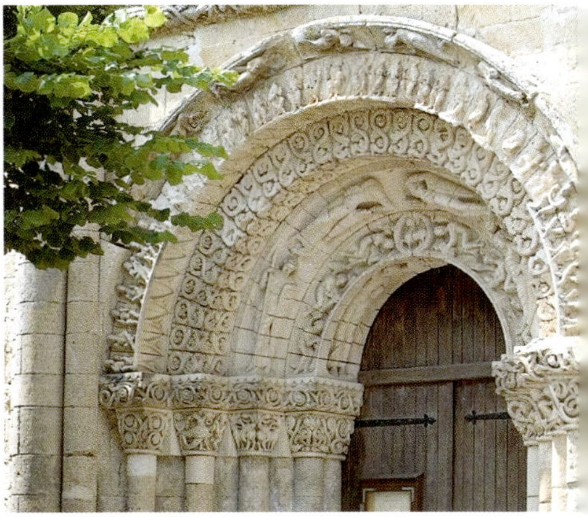

Le portail sud

Fenioux

Fenioux, des ymages du portail à la lanterne, le sentier passe quelques maisons
on va de l'imaginaire à la mort parmi les fleurs et ce bonheur du val
Lanterne pour les morts, a-t-on besoin pour l'éternité de lumière,
pour rêver ces histoires qu'on a gravées là, que le temps lentement désagrège ?

Le mieux pour aborder Fenioux est d'arriver par le haut du versant, par le chemin des pèlerins, quand au sortir des bois, l'étendue des vignes dévale en courbe douce vers le clocher et les quelques toits de tuiles qu'on devine. Le site est à flanc d'un étroit vallon, marqué d'un côté par l'élégante lanterne des morts du XIIe siècle, et de l'autre par cette église qui au fur et à mesure qu'on l'approche se fait plus imposante.
Échancrure encore aujourd'hui dans les bois, ce lieu retiré semble propice à la prière. L'édifice actuel a gardé une partie de sa nef d'origine qui date de la fin du Xe ou du début du XIe siècle. Au XIIe, on décide de le prolonger vers l'ouest, par des murs plus épais et en créant une façade dans l'esprit du temps. D'autres travaux datent de la même époque : voûte en pierre de la nef (effondrée au XIXe siècle), chevet (refait à la fin du gothique), clocher (restauré maladroitement au XIXe siècle).

En arrivant, arrêtons-nous devant ce portail au bord de la façade nord, qui permettait autrefois d'accéder à une vaste tribune. Trois voussures le

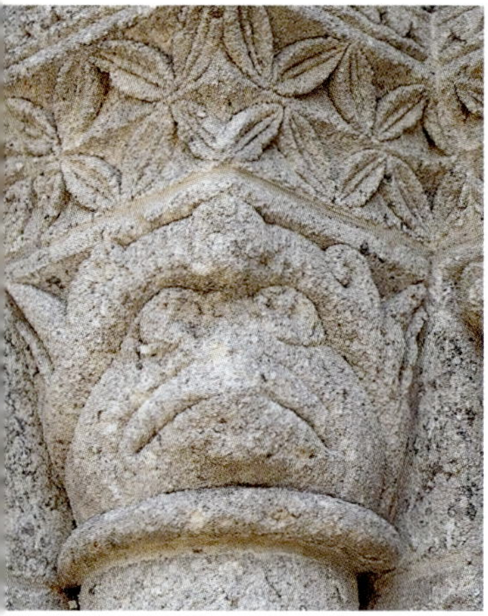

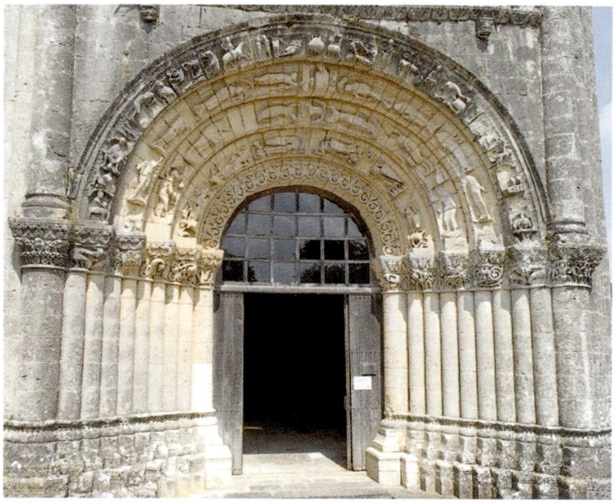

• *Le portail ouest*

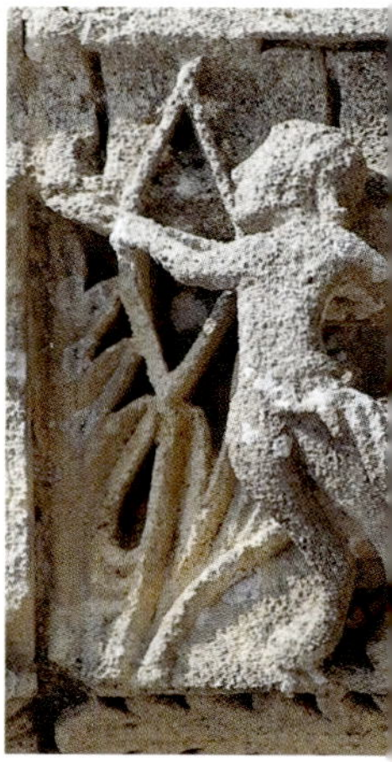

• *Le Sagittaire, cinquième voussure*

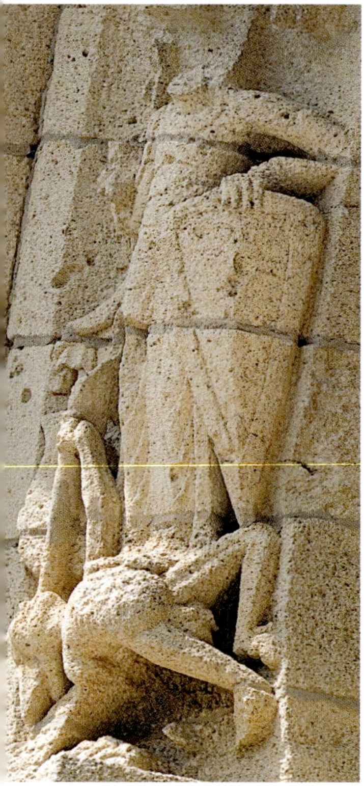

• *Goule, chapiteau du portail nord*
• *Vertu et vice, seconde voussure*

décorent, uniquement de motifs végétaux bien dans la ligne du second atelier d'Aulnay. De chaque côté, les chapiteaux révèlent encore mieux cette parenté, à la fois dans la rigueur des motifs et le style de la goule.

Mais c'est la façade ouest qui est le fleuron de Fenioux. Pour assurer la solidité de cet ensemble à flanc de vallon, on a mis en place de chaque côté un faisceau de sept colonnes puissantes qui s'avancent vers l'ouest et accentuent l'aspect monumental. Cet avancement donne au portail une grande profondeur, et pas moins de neuf colonnes de chaque côté soutiennent les cinq voussures.

On retrouve sur la première ces motifs de *végétal abstrait* du portail nord, sans doute de la main de ceux du second atelier. À la base des voussures, les chapiteaux sont de la même facture.

Les quatre autres voussures reprennent les thèmes du portail ouest d'Aulnay, avec la même intention moralisatrice. À l'extérieur, le zodiaque et les travaux des mois : les ymages, plus complètes qu'à Aulnay, reprennent la même disposition sur les claveaux. Même si le grain de la pierre est moins dense qu'à l'origine, on voit bien que cette sculpture est nourrie de détails, comme sur cet exemple du Sagittaire. Plus fignolée, mais peut-être moins inspirée qu'à Aulnay. Au-dessous, c'est l'histoire des vierges sages et folles, puis les anges adorateurs de l'agneau, au centre. Enfin, à la seconde voussure, six vertus guerrières terrassent à leurs pieds

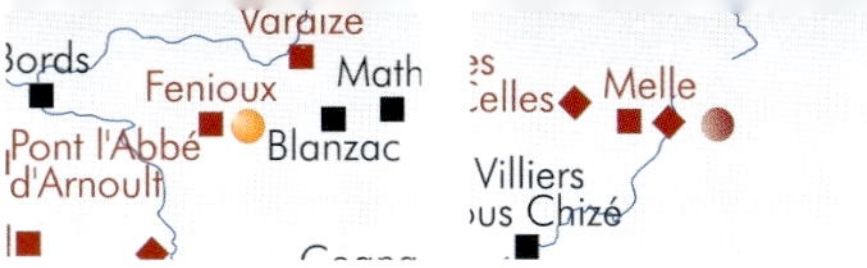

les monstres hideux des vices. L'ordre des voussures n'est pas le même qu'à Aulnay, mais tous les thèmes sont présents.

Aulnay, La vertu et le vice ▸ 86

Malgré l'érosion de la pierre, certains visages manquants, ces ymages apparaissent de la même lignée, mais peut-être pas de la main des ymagiers du troisième atelier. Observez le détail des silhouettes, vous y trouverez une plus grande liberté de postures qu'à Aulnay, des formes plus élaborées, mais l'expression semble ici moins puissante. Dans sa globalité pourtant, Fenioux reste un des exemples le plus probant de la diffusion des nouvelles ymages vers la moitié du XIIe siècle, le plus conforme à son modèle aussi.

Melle

Melle, un itinéraire des pierres du cœur de ville en ses bordures
les pas vont et viennent, on cherche les airs de cousinage, les rythmes de l'espace
le corps s'accorde aux pierres, à chaque lieu, devient à son insu pèlerin de lui-même.

Située comme Aulnay sur le grand chemin de Compostelle, Melle est une cité romane par excellence, puisque trois églises, toutes dignes d'intérêt, peuvent y être visitées. Un ouvrage entier n'épuiserait pas le lieu : certains historiens de l'art ont parlé d'une *école de Melle*, dont les ymagiers auraient travaillé non seulement sur place et aux alentours, mais jusqu'à Surgères en Aunis et Foussais en Vendée.

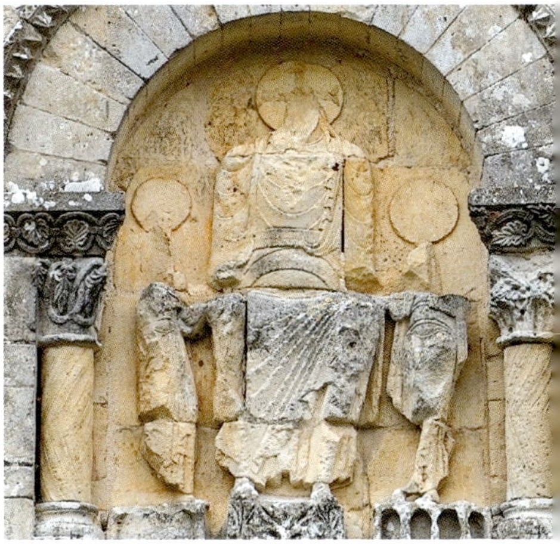

• *Le Christ et deux personnages, Saint-Pierre, niche au-dessus du portail*

Au chapitre précédent, on a noté que certains aspects des églises Saint-Savinien et Saint-Hilaire avaient été sources d'inspiration pour le premier atelier d'Aulnay, au début du chantier. Le courant d'échanges s'est sans doute inversé un peu plus tard. Peut-être au portail nord de Saint-Hilaire qui met en œuvre lui aussi des figures s'étalant sur plusieurs claveaux. La parenté de style y est toutefois bien difficile à établir, tant la pierre est dégradée.

À Saint-Pierre, sur les hauteurs nord de la ville, l'influence est plus manifeste. Dans un serpentin de ruelles, vous montez sur une terrasse ombragée qui domine la rivière Béronne. L'église est, au bout d'une vaste esplanade, un peu moins grande que celle d'Aulnay, mais de même architecture poitevine : plan en forme de croix latine, deux absidioles au chevet et l'abside en hémicycle. Au Xe siècle, c'est un simple oratoire, on édifie

Aulnay, Le Christ, Pierre et Paul ▸ 71

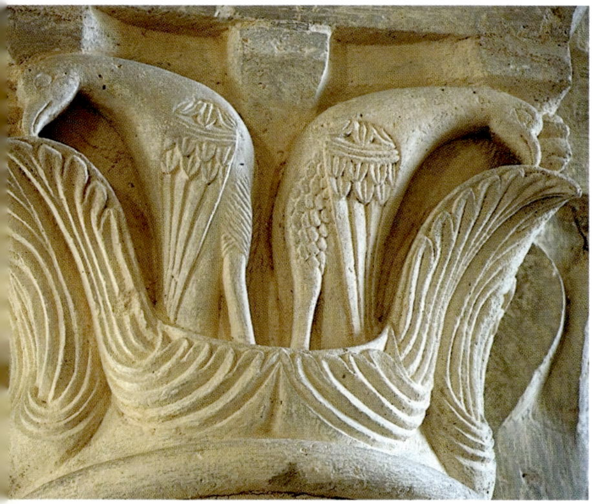

• *Oiseaux sur la barque, Saint-Pierre, chapiteau nord de la nef*

l'actuel bâtiment au XIIe siècle, sous l'égide de l'abbaye de Saint-Maixent qui avait reçu la jouissance du lieu.

Avançons vers le portail sud. Lui-même montre seulement des motifs végétaux sur trois voussures en arc brisé, toutes restaurées sèchement au XIXe siècle. Mais au-dessus, une niche abrite une représentation du Christ assis, les pieds reposant sur un *scabellum*, entouré de deux personnages. La parenté avec la fenêtre aveugle sud de la façade d'Aulnay est évidente. De ces trois personnages, il ne reste ici que des fragments, suffisants toutefois pour établir une filiation, mais pas une identité : l'ymagier de Melle emprunte un modèle, mais conçoit un ensemble plus officiel, plus guindé.

Les oiseaux sur la barque ▸ 122

Entrons dans la nef, dont de nombreux chapiteaux sont intéressants et témoignent pour certains d'un art roman tardif, comme la Mise au tombeau dont les visages annoncent par leur réalisme l'art gothique. Au sommet d'un pilier nord, non loin du transept, voici les oiseaux dans leur barque de feuillage. Quiconque a vu le chapiteau d'Aulnay et se retrouve là est saisi à la fois par les similitudes et par les différences. La structure est strictement la même : pattes et ailes des oiseaux, courbes des cous, becs affleurant le haut de la nacelle. Pourtant, c'est un autre créateur qui s'exprime et l'ymage *dit* largement autre chose. À Aulnay, une extrême rigueur et la plénitude des formes atteignent à une précarité poignante de trop d'absolu. Ici, la souplesse, une indécision presque dans les traits, plus proche de la faiblesse du vivant, nous enveloppent comme une part féminine de nous-mêmes.

Corme-Royal

On regarde, on est séduit par les décors au soleil
ce qui ondule, ce qui fait chatoiement, qui frémit de l'intense à venir
Et puis dans le détail des pierres on voit le simulacre du message
et tout se retourne comme un piège dans la nuit du désir.

Aulnay, La vierge folle ▸ 84

Suivant les lieux, ce geste de la main tenant le visage ployé est figuré main droite ou main gauche

À l'ouest de Saintes, juste à l'écart de la route vers la mer, Corme-Royal respire la tranquillité de cette Saintonge offerte au soleil. Vous cherchez l'église, un peu à l'écart de la place, l'étrange clocher qu'on a tenté de

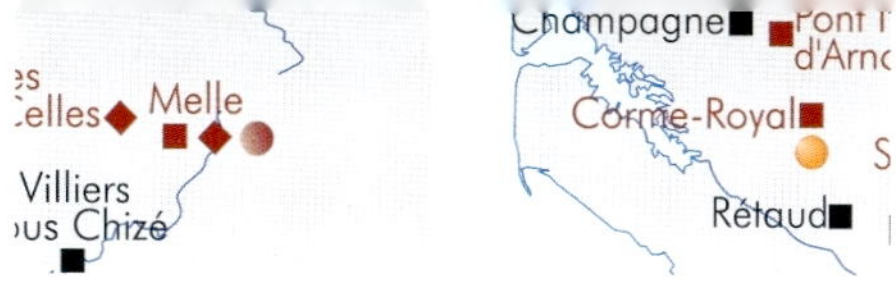

terminer au XVIIe siècle finit par vous guider. Vous y voilà, dans un enclos serré de maisons, mais le maigre recul s'oublie quand on découvre la façade de cette église Saint-Nazaire, qui fut prieuré de l'Abbaye-aux-Dames.

Les deux étages romans ont été conservés, et l'ensemble pourtant monumental apparaît d'abord comme léger, d'une fine élégance. On devine bien ici l'influence de l'arc de triomphe romain dans la disposition générale. En bas, deux fenêtres aveugles aux arcs brisés entourent le portail central. Au-dessus, deux niches latérales aux arcs en plein cintre, et un grand arc central coiffant une fenêtre. L'ensemble est ordonné et des faisceaux de colonnes et colonnettes – certaines très décorées, donnent une grâce élancée à toute cette façade bien exubérante.
Les sculptures du portail, dégradées ou restaurées, évoquent la mission terrestre de l'Église, notamment la proclamation de l'évangile. La fenêtre aveugle nord montre la scène de la Visitation, tandis qu'au sud on peut imaginer la Présentation de Jésus au temple.

L'étage supérieur développe un programme plus moralisateur et c'est là qu'on trouve les influences d'Aulnay. Le grand arc central figure l'histoire de l'époux qu'on voit au centre et des vierges, quatre de chaque côté. On y décèle des postures d'Aulnay, mais la " décontraction " des vierges folles et l'aspect quasi rustique des vêtements pourraient faire croire à une représentation théâtrale de l'histoire, plus qu'à une référence à la scène évangélique elle-même. Et cette sensation de distance est renforcée par la luxuriance des motifs tout autour de la scène : entrelacs, rinceaux, pointes de diamant. Cet art roman, magnifiquement exécuté, glisse peu à peu vers un déclin baroque, il jette mille feux qui impressionnent, qui font spectacle.

L'arc latéral sud montre le combat de quatre vertus contre les vices. Tout y est : le bouclier de la vertu, sa lance, son visage casqué et le vice à ses pieds. Mais quelques décennies après le jaillissement génial du modèle, c'est ici une recette qu'on applique, proche de l'insouciance, comme en témoigne le sourire du gentil monstre aux pieds de la vertu.

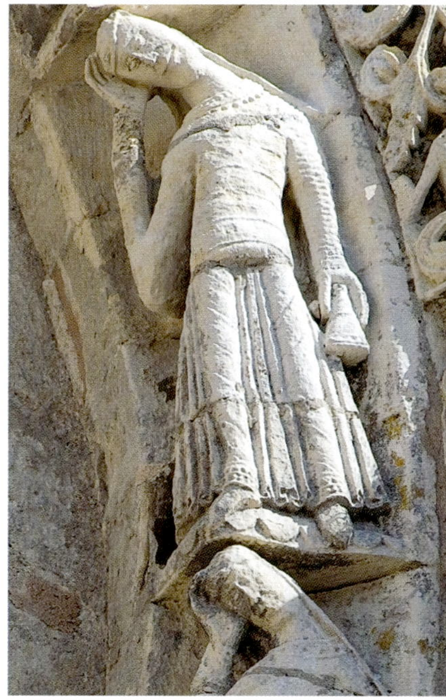

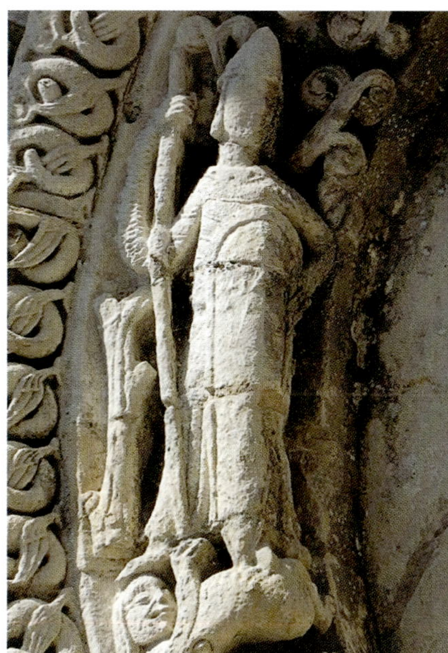

- *Vierges folles, arc central, étage supérieur*
- *Vertu et vice, arc latéral sud, étage supérieur*

Chadenac

Au-devant, le gravier de la cour et l'aplat de l'herbe, juste pour l'espace du regard, pour aller de cette surface qu'on croit de loin écrite, à ces figures comme innombrables, plus amples que vous-même ou qui parfois tiendraient dans le creux de la main. Chadenac, si proche dans l'énigme des niveaux multipliés, qui brouille le dialogue.

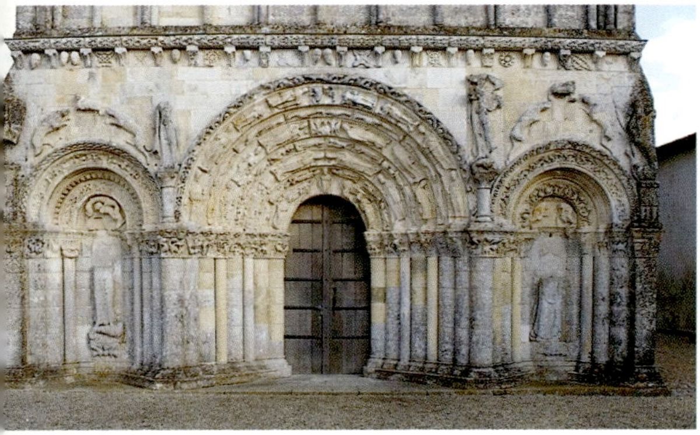

• *La façade ouest*

On a peine à croire, en arrivant dans ce petit village de quelques centaines d'habitants, que l'église du lieu dépendait de la puissante abbaye bénédictine de Charroux, dans la Vienne. Et plus encore qu'ici s'est épanouie une des dernières fleurs raffinées de cet esprit d'Aulnay qui a tant essaimé. Nous en sommes déjà ici, au sud de la Saintonge, à environ quatre-vingts kilomètres de distance.

Limitons-nous à l'étage inférieur de la façade ouest, dont la profusion de sculptures est telle qu'on ne pourra ici qu'en cerner des fragments. Ce niveau est tripartite. Le portail, au centre, avec ses huit voussures, en occupe une grande part. De chaque côté, deux arcades aveugles en plein cintre abritaient deux hauts personnages dont on n'admire plus que la finesse des drapés, leurs bustes ayant été enlevés au milieu du XIXe siècle pour y placer une boîte aux lettres et un panneau d'informations ! D'autres grands reliefs sont encore présents, bien que mutilés, au-dessus des arcades.

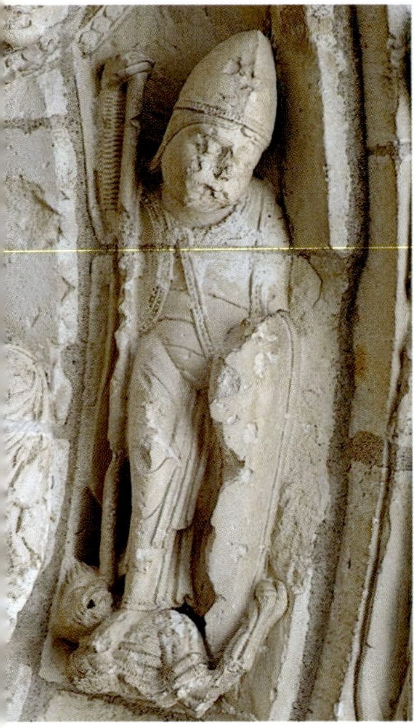

• *Vertu et vice, seconde voussure*

Dans cet espace foisonnant d'ymages, aussi bien ces grandes sculptures que par exemple la finesse des visages qu'on voit à la corniche entre les modillons, indiquent une création romane tardive, peut-être vers la moitié du XIIe siècle, mais aussi une remarquable maîtrise de l'ymagier. À la différence de Corme-Royal, baigné d'insouciance légère, il passe dans ces pierres un extraordinaire souffle.

Pour l'apprécier, il faut se défaire de la densité des ymages, laisser aller le regard au fil des voussures, s'attarder sur les parties intactes, rêver sur celles usées par le temps. Parcourons les voussures du portail, en partant du bas. Quatre anges portent la vierge couronnée, au centre, dans une scène d'Assomption. Au-dessus, sur une voussure plus étroite, le combat des vertus contre les vices

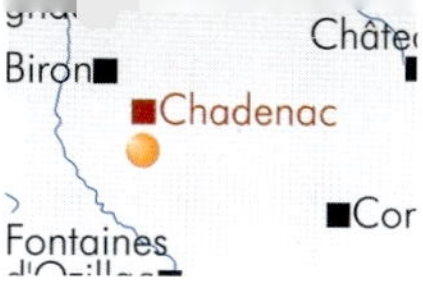

n'est pas partout visible avec clarté. Mais un regard sur une figure préservée en révèle tout l'intérêt : dans un petit volume, l'ymagier donne aux modelés du corps une densité prégnante. Le visage, très présent, tout en rondeur, offre une sérénité douce, les plis du vêtement sont précis, épurés, mais gardent leur grâce.

La troisième voussure montre de grands personnages, chacun sur quatre claveaux, qui ont le nimbe des saints. Puis c'est l'histoire des vierges : le Christ époux est au centre, bénissant les sages à sa droite. Là où la pierre est peu dégradée, l'ymage apparaît à la fois dépouillée, d'une grande précision et d'une fluidité légère. La maîtrise technique, incontestable, s'efface devant ce qui touche comme une musique en plénitude.

Puis à nouveau un arc étroit qui porte un bestiaire aux formes très allongées, aux expressions puissantes mais presque réalistes. Enfin, huit silhouettes féminines – des saintes sans doute, certaines sont nimbées – occupent la dernière voussure : là aussi, la plastique des corps, la rigueur légère des vêtements sont exceptionnelles. Au total, le message religieux est plus brouillé qu'à Aulnay, mais dans la densité des ymages on découvre ici de véritables joyaux.

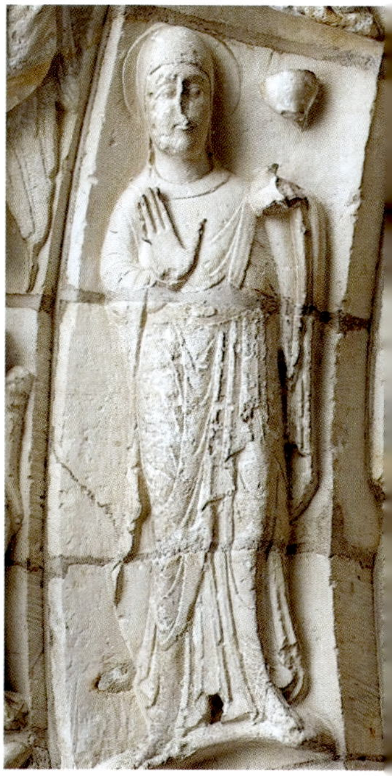

• *Vierge sage, cinquième voussure*

Pont l'Abbé d'Arnoult

La façade fait ce grand écran vers le ciel que vous voyez à peine,
les pierres romanes sont à même la rue passante
c'est ainsi depuis l'étroitesse des rues médiévales,
ces ymages faites pour le soleil qui sont tenues dans l'ombre.

Au milieu du XIe siècle, les terres de Pont-l'Abbé sont données à l'Abbaye aux Dames, et les abbesses de Saintes joueront ici un rôle important, s'opposant aux occupants anglais durant la guerre de Cent Ans. Très tôt, la ville est fortifiée, la porte d'entrée est encore debout aujourd'hui, qui jouxte l'église du XIIe siècle. La rue centrale de cette petite cité animée passe sous cette porte et tout devant l'église, ce qui ne facilite ni l'observation, ni la conservation de la pierre. Mais la sculpture, même difficile à voir, témoigne d'une évidente mémoire d'Aulnay, qui se trouve inscrite sur l'étage inférieur de la façade.

Ce niveau reprend l'organisation fréquente en trois arcs avec au centre le portail et deux fenêtres aveugles de chaque côté. Tout l'ensemble fourmille de sculptures : décors verticaux entre les colonnes, frises et chapiteaux

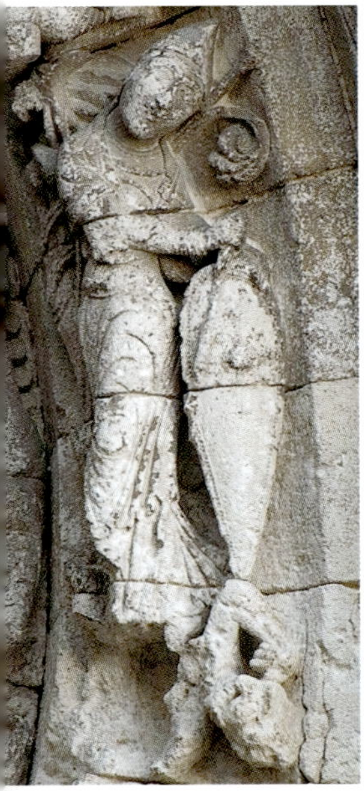

• *Vertu et vice, seconde voussure*

au bas des arcs, motifs géométriques et d'inspiration végétale, dont certains rappellent la façade ouest d'Aulnay. Le foisonnement, l'aspect très fouillé des entrelacs et la finition technique font penser à une œuvre bien postérieure à Aulnay, vers le milieu du XIIe siècle ou plus tard.

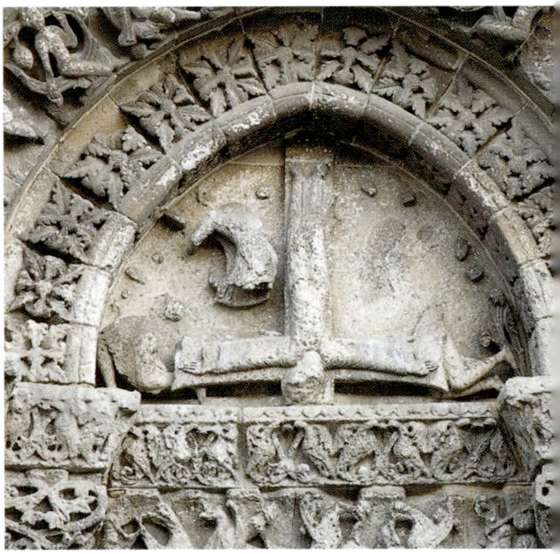

• *La crucifixion de Pierre, arcade latérale sud*

Le portail central comprend cinq voussures. Tout un pan de la pierre est rongé, par les vents marins peut-être, mais le côté sud est bien lisible. En bas comme à Aulnay, l'agneau pascal est au centre et les anges en font l'adoration. À la seconde voussure, le combat des vices et des vertus : en s'approchant, on admire malgré la pierre sombre, la fluidité de la silhouette, la sérénité du visage penché, le doux balancement du corps. La finesse de l'ymage est remarquable. Au-dessus, huit figures de saints occupent l'arc, et tout en haut, les vierges sages et folles redisent leur histoire aux côtés de l'époux. Là encore, malgré la dégradation, on devine la maîtrise dans les postures et la torsion des corps.

Aulnay, Saint Pierre crucifié ► 72

L'église est dédiée à saint Pierre, et comme à Aulnay, mais au sud cette fois, la crucifixion de l'apôtre orne le faux tympan. Les figures des bourreaux ont presque disparu et la scène est ici plus enserrée de motifs, elle respire moins. Thèmes et style, les ymagiers ont repris, plus d'une génération plus tard, ce qui faisait encore pour eux sans doute référence.

Argenton les Vallées

Vous approchez de ces pierres si claires, votre regard s'arrête disons sur un ange,
sur les nuages, et les ailes et les habits qui font au corps cet accueil sublime
et c'est la même émotion qui vous prend, vous sépare du monde
plus puissante encore dans son double, ravivée par son écho proche.

Pas loin de cent cinquante kilomètres séparent Aulnay d'Argenton les Vallées, ce village du nord Deux-Sèvres qui se nommait il y a peu encore Argenton-Château. C'est ici un monde autre que les confins du Poitou et de la Saintonge, se dit-on, en marchant dans les rues étroites vers l'église

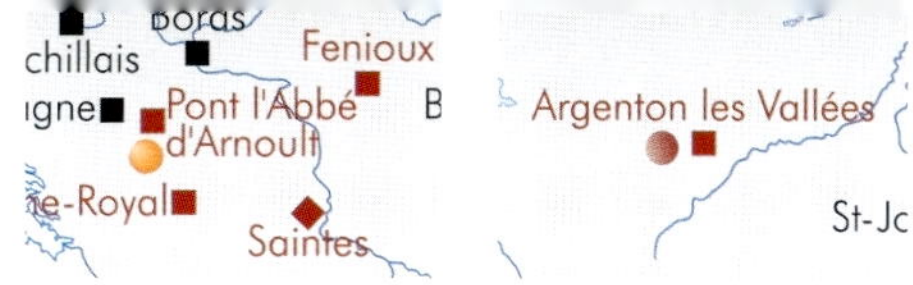

Saint-Gilles. Nous sommes sur des terres voisines du Val de Loire, et l'impression se confirme en découvrant le magnifique portail ouest, que la blancheur intense du tuffeau rend si présent sous la lumière.

Aulnay,
Un ange ▸ 80

La vision, d'abord, est étrange : toutes les colonnes basses du portail sont en blocs de granit. Au-dessus, en rupture franche, les chapiteaux, les voussures, les modillons sont faits de ce calcaire tendre de l'Anjou. Et le contraste est accentué par la restauration récente, terminée en 2003, qui a bénéficié des toutes nouvelles technologies de biominéralisation pour rendre à cette pierre fragile une calcination proche de son origine.

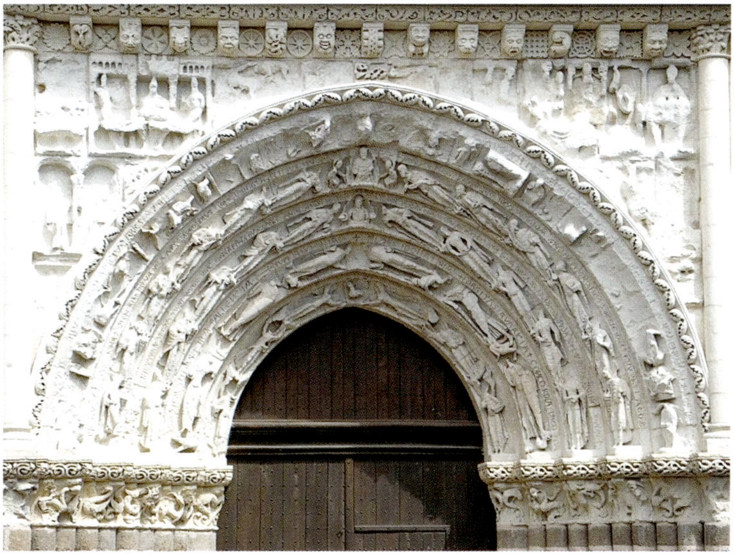

• *Le portail ouest*

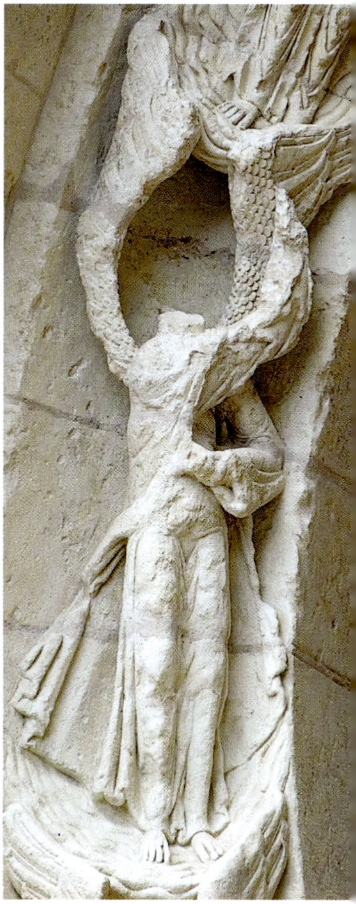

• *Ange, première voussure*

Cette église, au tout début du XIIe siècle, fut transmise à l'abbaye de Saint-Jouin-de-Marnes. Elle a subi beaucoup de ravages et de remaniements, et de la période romane il ne reste que le portail et son environnement. Les ymages y sont, sinon intactes, du moins largement préservées, et leur parcours, après cette restauration exemplaire, est un enchantement.

Passons le petit parvis, approchons-nous. L'œil se pose, ici et là, l'œil tient de l'abeille et du papillon, il voit les modillons aux masques grotesques là-haut, l'homme aux prises avec les bêtes sur les chapiteaux, les anges, les vertus... Ce qu'il voit fait vertige, tant les

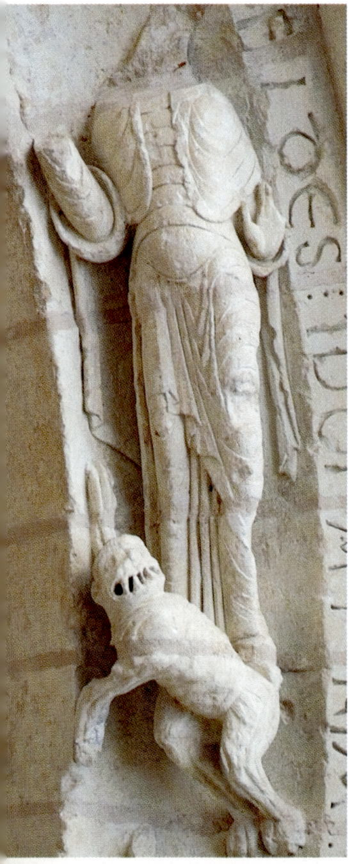

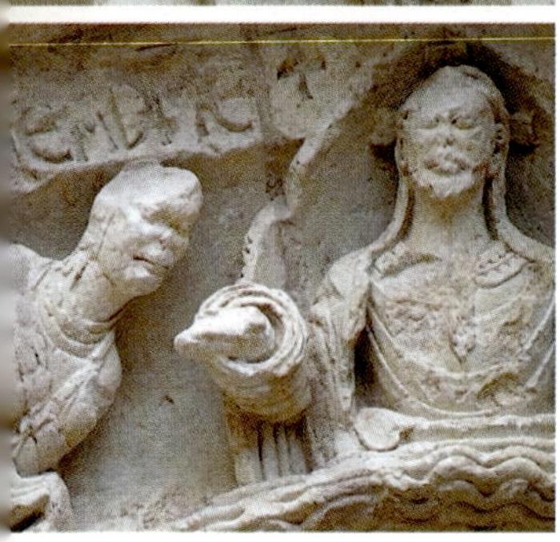

- *Vertu et vice, seconde voussure*
- *Le Christ et une vierge sage, troisième voussure*

ymages sont proches de celles d'Aulnay, non pas des copies, mais une même création, comme dans l'insondable profondeur des mots le chant porté d'un poème à l'autre, qui creuserait l'inépuisable.

Ce sont les mêmes ymagiers sans doute, on l'a évoqué précédemment, qui ont réussi ces deux chefs-d'œuvre. Les ymages, on s'en rend compte en déclinant ce portail, en sont la meilleure illustration. Il y a ici cinq voussures, une de plus qu'à Aulnay. Notons aussi une autre différence architecturale : l'arc est légèrement brisé, ce qui donne d'emblée une présence plus effective à la clé de voûte qui marque, comme à Aulnay, l'axe du divin.

La première voussure, en bas, est comme à Aulnay consacrée à l'agneau pascal et ses six anges adorateurs. Comme à Aulnay, leurs ailes se déploient au-dessus d'eux, leurs pieds reposent sur une corolle de nuages et leurs vêtements semblent gonfler du même vent. Le corps est ici plus allongé, plus frêle, et les jambes toujours côte à côte alors qu'à Aulnay parfois elles se croisent ou se plient. Au-dessus, six vertus combattent les vices, leurs noms sont aussi gravés dans la pierre. Certaines ont perdu leurs attributs de guerrière, épée ou bouclier, et surtout les postures sont plus variées, certains vices plus étranges. Mais le modelé des corps, plus allongés là aussi, reste le même qu'à Aulnay.
À la troisième voussure, le Christ époux sépare les vierges sages et les vierges folles. Il bénit les premières, du même geste qu'à Aulnay. Ici, cependant la porte fermée du Royaume n'est pas figurée. Mais l'axe des corps est aussi décalé de la courbe de l'arc, et la même attention est portée aux drapés des vêtements.
La quatrième voussure n'a pas son équivalent à Aulnay : on y voit le Christ de l'Ascension, porté par deux anges, au-dessus d'une courbe de nuages, et les douze apôtres à ses côtés. C'est l'Église qui proclame l'évangile et aide ainsi au salut de l'homme. Le portail d'Argenton dispense donc exactement le même message qu'à Aulnay, mais en plus complet. La voussure extérieure montre aussi un zodiaque, trop dégradé pour que les comparaisons soient pertinentes.

De ces deux portails qu'au-delà des styles et des thèmes semblables un même souffle anime, lequel fut le premier réalisé ? Le saura-t-on jamais ? Parce que son programme est plus complet, parce que ses figures sont plus grandes et leurs attitudes plus variées, on peut supposer que celui d'Argenton est postérieur et qu'Aulnay en fut donc en partie la source. Mais ces indices restent minces...

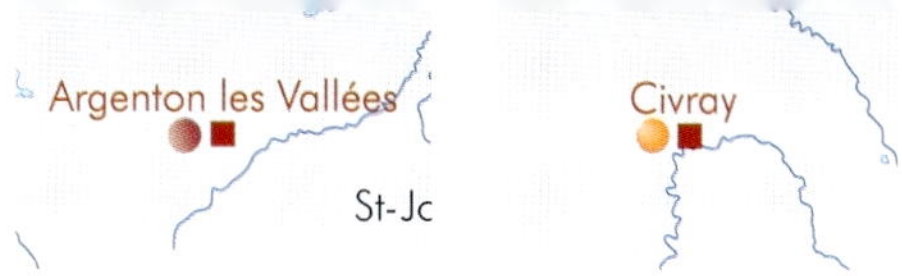

Civray

A la terrasse du café, des voix font le bruit de la ville, des gens passent,
savent-ils cette mémoire que vous venez chercher
comme une eau qui ruisselle et qui nourrit les jours,
les pierres c'est pour le partage entre soi du monde qui va
le terreau des ymages, pour le regard peut-être, désembué.

Quand on arrive sur la place du cœur de ville de Civray, c'est l'aspect monumental de cette église Saint-Nicolas qui prend le regard. Près de vingt mètres de large, quinze de haut, le tout peuplé de motifs et d'ymages. On est ici aux confins de l'Angoumois, et la Charente coule à quelques centaines de mètres. C'est d'ailleurs l'une de ses crues qui vers1840 fissura la façade et fut à l'origine d'une dépose pierre à pierre, puis de sa reconstitution.
L'église date sans doute de la seconde moitié du XIIe siècle et la façade probablement de la fin de cette période. Bien que romanes, ses ymages témoignent de la transition vers le gothique. Chacun des deux niveaux est tripartite.

Au niveau supérieur, trois grandes arcades en plein cintre, aux voussures et aux chapiteaux sculptés, abritent aussi des hauts-reliefs. Parmi ce foisonnement, notons le combat des vices et des vertus à l'arcade centrale, et douze vieillards de l'Apocalypse à celle de droite, qui entourent les quatre évangélistes. Les vertus ont la même sérénité qu'à Aulnay face aux vices, et leur attitude est comparable. Mais les volumes sont plus amples, les vêtements plus dépouillés et les formes révèlent un souci de réalisme naissant.

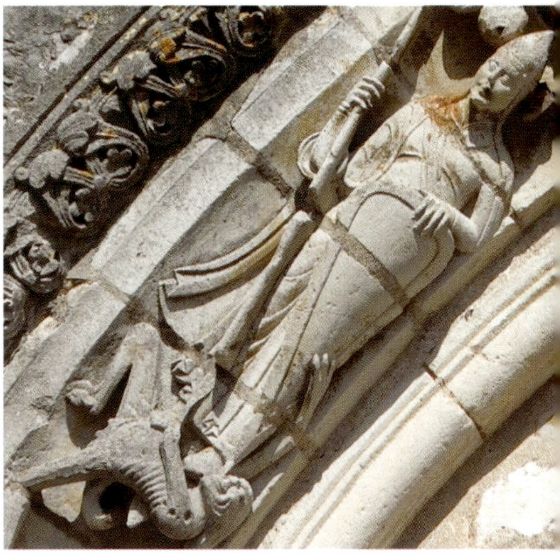

• *Vertu et vice,*
arc latéral sud, étage supérieur

En bas, de chaque côté, deux arcs doublés sont coiffés par une arcade plus grande où chapiteaux (lions, sirènes oiseaux, dragons...) et motifs en frise (palmettes, rinceaux...) se succèdent. L'ensemble, complété par de nombreux modillons, est très riche.

C'est au portail qu'on retrouve d'autres thèmes d'Aulnay. Oublions le tympan, ajouté sur la demande du curé en 1860, sans l'avis des Beaux-Arts... Sur les voussures, quatre thèmes : en bas, le Christ au centre présente le Livre, quatre anges

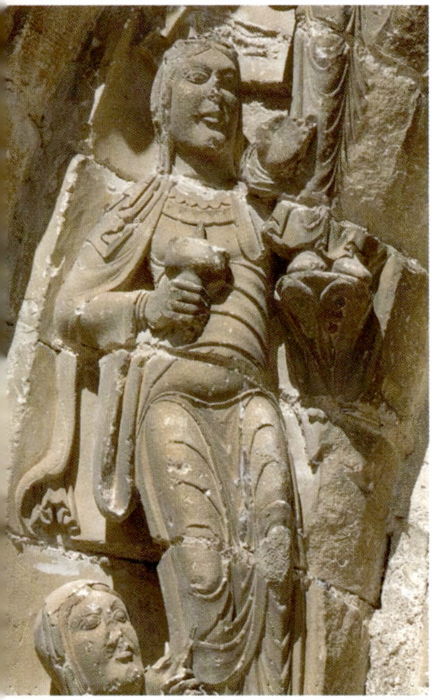

• *Vierge sage, seconde voussure du portail*

l'entourent, et les quatre symboles des évangélistes. L'histoire des vierges est inscrite à la seconde voussure. La disposition est habituelle, mais à regarder le détail d'une vierge, on voit combien la plastique du corps, la liberté des gestes et surtout peut-être le modelé du visage, s'ils font encore écho aux ymages d'Aulnay dans les plis des vêtements notamment, s'en éloignent aussi radicalement : on est en quête désormais, d'une autre représentation.

On pourrait faire la même remarque pour les anges de la troisième voussure, qui portent au ciel une Vierge de l'Assomption. Mêmes attributs qu'à Aulnay ou Argenton les Vallées (courbes des nuages et des ailes déployées), mêmes attitudes, mais ces silhouettes et ces visages sont proprement humains. La dernière voussure décline un zodiaque bien conservé, avec la même disposition des claveaux qu'à Aulnay, où perce là aussi le détail plus réaliste des scènes.

Si vous venez ici après avoir parcouru Aulnay, devant cette façade qu'on peut longtemps parcourir, sans doute la perception concrète du temps des hommes viendra en vous comme la nostalgie. Ici, les ymages deviennent des images, elles disent adieu à l'ancien monde...

Blasimon

Dans la chaleur l'odeur des résineux le chant plus entêtant des insectes,
et ces écarts plus violents qu'ailleurs de la lumière à l'ombre
ici les ruines disent le si fragile des pierres, et des paroles sur elles
comme un souffle à peine dans l'éblouissement dans l'incertitude de nos héritages.

C'est ici l'Entre-deux-Mers, entre Dordogne et Garonne, et vous avez passé des étendues de vignes avant de découvrir, dans une cuvette boisée, cette église à l'orée du village, flanquée des ruines d'une abbaye très ancienne. C'est au début du VIIIe siècle qu'elle fut créée par des bénédictins venus, dit-on, de Saintonge. Après sa destruction par les Normands, le duc d'Aquitaine Guillaume Sanche et l'abbé de Saint-Jean d'Angély entreprirent sa restauration à la fin du Xe siècle. Des liens existaient donc avec l'aire d'Aulnay.

Vous avancez sous l'ombre des grands arbres, au bout de l'allée il y a cette façade assez resserrée qui date de la seconde moitié du XIIe siècle. L'arc du portail central est assez nettement brisé, comme ceux des deux ni-

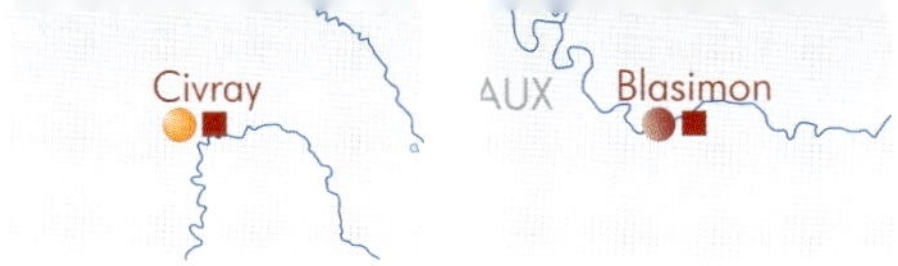

ches latérales. Au-dessus, une rangée d'intéressants modillons (notamment des visages remarquables) soutiennent un entablement orné d'une frise en rinceaux. Plus haut, le second niveau comprend une double-fenêtre surmontée d'un grand arc.

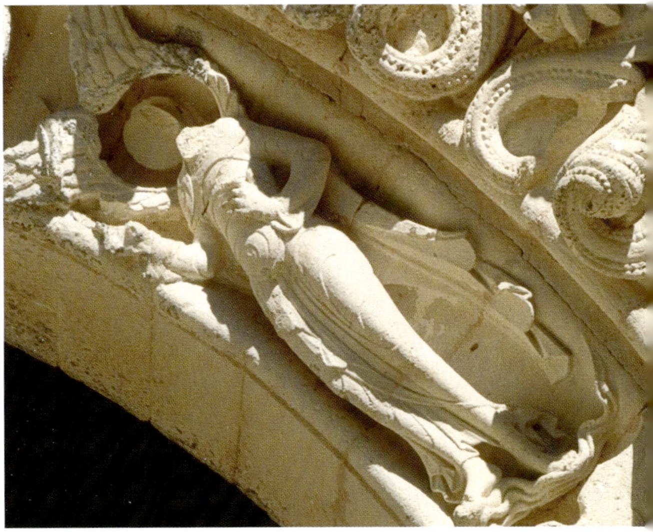

• *Ange, première voussure*

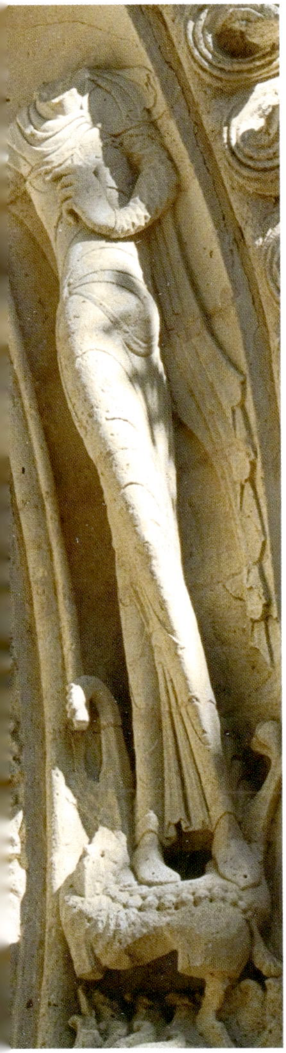

Vertu et vice, quatrième voussure

Les six voussures du portail sont sculptées. La plus haute montre d'inhabituelles scènes de chasse au cerf et au sanglier, aux animaux et personnages effilés. Des palmettes très travaillées, en fort relief, occupent trois autres voussures. Sur la première, quatre anges adorent l'agneau central qui a disparu. Détaillons un ange. La parenté avec Aulnay est évidente, tout aussi intense qu'au portail d'Argenton : les pieds qui reposent sur une guirlande de nuages, les ailes qui se déploient en orbe – ici plus resserrée – autour du visage. Plus qu'à Aulnay encore, l'ymage semble délivrée de son support, flottant dans l'air. Mais voyez surtout ce corps, fragile et présent, fluide jusqu'à l'extrême et dense dans sa rondeur. Au-delà de sa forme, des drapés si délicats, l'ange est *habité* de cette même tension précaire qu'à Aulnay ou Argenton, qui cherche à dire l'absolu de l'adoration dans l'incarnation angélique.

Aulnay, Les anges ► 88

Le même souffle se retrouve à la quatrième voussure qui montre le combat des vertus contre les vices. Nul meilleur exemple, pour terminer ces regards d'ombre et de lumière, que cette vertu, tellement allongée sans doute, mais d'où pourtant émane une grâce sans pareille. On voit bien ici, à la même période, l'écart avec Civray. Alors qu'en Poitou on cherche le réel de l'homme, aux abords de la Guyenne on garde cette idée de transcendance, héritée directement des *nouvelles ymages* qu'Aulnay avait fait mûrir des années plus tôt.

Aulnay, Une vertu ► 86

Voilà, c'est à la fin du voyage

Vous avez tressé longtemps l'une à l'autre les ymages,
cherché ce qu'il y a de bonheur improbable dans les pierres,
dans les mots entre vous

Sait-on jamais ce qu'on rapporte des regards,
de ces respirations plus accomplies,
de cette quête impossible des certitudes ?

Voilà, on cherche d'un lieu d'humanité à l'autre,
dans ces territoires semés de mémoire,
ce qui ferait viatique pour des routes nouvelles.

Du même auteur

Poésie

- L'Air accessible (St-Germain des Prés, 1971)
- Visage inépuisable (Traces, 1973)
- Réunir lentement (Traces, 1976),
  préface de Luc Bérimont, sélection Académie Mallarmé
- Vivants, lieux, mémoire (Autoédition, 1988)
- Paroles pour l'errance (Parole & Patrimoine, 2006)
- Toute la terre à vif, qu'on voit (Parole & Patrimoine, 2007)

Récit

- Le Patrimoine de l'extrême,
  un parcours en Arménie (Parole & Patrimoine, 2006)

Oeuvre multimédia

- Visages, l'imaginaire des pierres romanes (CD-Rom, Cosei, 2000),
  e-culture award, Sommet mondial sur la société de l'information,
  Genève, 2003

Impressions Bordessoules,
photographie Rémy Prin,
maquette, couverture et chromie, Philippe Petit-Prévost, Florent Dauger,
achevé d'imprimer mars 2009